나는
당신의 진료를
거부합니다

이 책은 한미약품(주)의 지원으로 제작되었습니다.

나는
당신의 진료를
거부합니다

청년의사

발간사

의사와 환자 사이의 신뢰 회복을 위해 제정된 의사들의 수필공모전인 한미수필문학상이 올해로 8회를 맞았다. 그간 한미수필수상작 모음집인 〈유진아 네가 태어나던 해에 아빠는 이런 젊은이를 보았단다〉, 〈사람, 사람을 만나다〉를 펴냈고, 이 책은 6회, 7회, 8회 수상작을 모은 3집에 해당한다. 8년간 수많은 의사들이 한미수필문학상의 문을 두드렸고, 몇몇 의사들은 수상을 계기로 수필가로 등단하기도 했다. 이젠 신춘문예 지망생들처럼 한미수필문학상에 매번 도전하는 의사들도 생겼다. 한미수필문학상이 이젠 의료계 문화의 한 부분으로 확실히 자리를 잡았다는 뜻이 아닐까 싶다. 이는 의사들이 이 상의 제정 목적인 '의사와 환자 사이의 신뢰'에 대해 최소한 1년에 한 번씩은 곰곰이 생각하는 기회를 가진다는 뜻이기도 하다. 글을 쓰는 의사들은 물론 신문 청년의사 지상에 발표되는 14편의 수상작들을 읽는 의사들도 마찬가지일 것이다.

　한미수필문학상에서는 글의 완성도도 중요하지만 인간의 생명을 다루는 '흔치 않은' 경험을 하는 '사람'의 감정을 얼마나 진솔하게 드러내느냐는 것이 심사의 결정적인 잣대가 되곤 한다. 그래서 때로 상대적으로 서툴지만 진정성을 갖춘 글들이 가작, 장려상, 때로는 대상의 이름으로 독자 앞에 나선다. 이 책에도 '의사와 인간 사이를 끊임없이 왕복하는' 의사의 운명을 갈등과 희열로, 때로는 괴로움과 기쁨으로 드러낸 42편의 글이 실려 있다.

　의사들은 이 글을 읽으면서 면허증을 받아들던 때의 초심을 돌아볼 수 있을 것이고, 환자들은 의사들이 스스로 헤집은 속내를 보면서 차가워 보이는 전문가로서가 아닌 사람으로서의 의사를 발견하게 될 것이다. 이런 발견이 의사와 환자 사이의 신뢰가 되살아나는 계기가 되기 바란다.

　신문 청년의사는 우리나라 의료의 건전한 발전과 환자 의사 사이의 신뢰 회복을 바라는 젊은 의사들이 힘을 모아 지난 1992년에 창간한 신문이다. 월간지로 창간된 후 2000년부터는 주 1회 의료계 독자들을 만나고 있다. 청년의사는 단순한 언론에 그치지 않는다. 의료계 내부의 개혁을 외치고 바람직한 대안을 제시하는 동시에, '청년슈바이처상', '연강학술상', 'LG미래의학자상', '책 읽는 의사, 의사들의 책' 독서캠페인, '메디슨 청년의사 자원봉사 체험캠프', '노바티스 MD Photo 공모전' 등 의사와 의대생들을 위한 다양한 사업을 진행하고 있다.

　의사와 환자 사이에 조용히 신뢰를 퍼뜨리고 있는 한미수필문학상도 그 중

하나다. 오랫동안 물심양면으로 후원해 준 한미약품(주)의 도움이 없었다면 한미수필문학상이 지금 같은 위상은 갖지 못했을 것이다.

아홉 번의 심사를 모두 이끌어준 황동규 심사위원장과 여러 차례 심사의 노고를 맡아 주신 성석제, 정영문, 손정수, 우찬제 심사위원에게도 심심한 감사를 드린다. 그동안 한미수필문학상에 참여해 준 많은 의사들과 독자들에게도 고마움을 전한다.

2009년 6월

신문 청년의사 발행인 이왕준

목 차

마음 속 이야기

형 양호진 / **13**

의사로서 산다는 것 정철희 / **23**

마음까지 봉합해줄 수 있다면 원영준 / **32**

나의 아픔, 남의 아픔 신홍범 / **43**

해피피트 김대동 / **49**

가상환자 허원주 / **58**

나의 작은 욕심 박진석 / **63**

가족의 힘 김성욱 / **69**

아픈 사람들 이야기

7분 24초의 통화기록 안상현 / **79**

나눔 박인휘 / **86**

동네의원, 동네의사 김연종 / **92**

병원에서 핀 코스모스 김강석 / **98**

Carpe diem의 美學 정연재 / **104**

수해의 선물 이지현 / **111**

정상렬과의 만남 김민섭 / **116**

언니, 고마워 조아랑 / **123**

자전거 왕진 이원준 / **128**

민유복래 김연종 / **133**

행복한 죽음 금민수 / **139**

잊을 수 없는 사람들

할머니 정말 미안해요 배동철 / **149**

이 부러지다 박지욱 / **156**

은혜의 손길 홍진헌 / **162**
탄생 황종하 / **170**
나는 당신의 진료를 거부합니다 김범석 / **176**
to be a psychiatrist or not to be 박선철 / **182**
모녀 김재헌 / **190**

이렇게 의사가 되다

조카 은지 고경남 / **203**
부끄러움 송윤주 / **210**
귀를 기울이면 김동구 / **215**
비로소 의사가 되다 정율원 / **222**
두 번의 이별 장지웅 / **237**
부정(Denial)에 대한 합리화(rationalization) - 아름다운 대화 김재헌 / **246**
귀갓길 김기범 / **253**
프리허그 장덕민 / **258**

'사람'을 만나다

생명입니다 이선화 / **267**
죽비 강은호 / **274**
치매, 잊어감의 아름다움 신홍범 / **280**
선물 전현태 / **286**
사랑에 대한 예의 김강석 / **293**
마이 슈퍼스타 윤석민 / **300**
저에겐 특별한 분들이에요 - 정신과 환우와의 여행 이현권 / **308**
거리의 세상살이 고근준 / **317**

마음 속 이야기

형

양호진 (충북 진천 중앙의원)

'필름 걸기는 다 했고, 환자 명단도 만들었고, 52병동 아기 주사도 줬고…'

혹시라도 빼놓은 일이 있을까 수첩에 적힌 메모들을 다시금 체크해본다. '이거면 다 끝난 건가' 라는 생각이 들자, 나도 모르게 헛웃음만 나온다. 인턴 일에 끝이라는 게 있었던가. 끝이면 또 시작되는 게 일이고, 마무리 하면 다시 벌려져 있는 게 일인 것을.

새벽 네 시. 병동에서 콜만 없으면 두 시간은 충분히 잘 수 있을 것 같다. 피곤한 몸을 이끌고 숙소로 향하는데 가운 주머니에서 요란하게 기계 진동음이 울려댄다. 습관적으로 미간을 구기며 호출기를 꺼내본다. 아무런 메시지도 없다. 그래도 계속해서 울려대는 진동음.

'이 시간에 누가 전화야.'

신경질적으로 꺼내든 휴대전화 액정화면에는 누나의 번호가 찍혀있다.

"왜?"

괜히 맘과는 다르게 짜증부터 내고 만다. 퉁명스러운 목소리 때문이었을까. 한참을 아무런 말이 없다.

"…방금 갔다…. 오빠, 방금 갔어…."

흐려진 말끝 뒤로 흐르는 누나의 흐느낌…. 일순간 머릿속은 백지 상태가 되고 만다.

*

의약 분업이라는 한차례 홍역을 치르고, 합격이 불투명했던 의사 국가고시도 무사히 마친 2001년 2월.

형과 어머니께 합격 사실을 직접 말해주고 싶은 설렘으로 서울행 버스에 몸을 싣는다. 한 달 넘게 입원해 있는데도 공부한다는 핑계로 병문안 한 번을 못 가보고, 전화 통화조차 제대로 해보지 못한 게 내내 맘에 걸렸었다. 전화로 형의 안부를 물어보면 어머니는 매번 그냥 괜찮다고만 말씀하셨고, 나 역시 그러려니 하고 있던 터였다. 아니 어쩌면 지나치게 무관심했는지도 모르는 일이다. 하긴 수술 받았던 사실조차 나는 나중에 알지 않았던가. 어머니와 형은 괜스레 걱정한다면서 일부러 알려주지 않았고, 뒤늦게 알고서도 나는 대수롭지 않게 생각했다.

'수술은 잘 됐다더라' 는 어머니의 말을 믿었고, 한층 건강해진 듯 보이는 형의 모습에 안심을 했는지도 모른다. 간암 수술은 이후 합병증이 더 무서울 수 있음을 학교에서 배우고, 임상 교육 기간에 환자를 봤음에도 불구하고 너무도 쉽게 간과하고 만 것이다. 지나치게 무지했던 내 자신에 대해 원망해도 뒤늦은 후회였고, 의사도 아닌 내가 무얼 해줄 수 있었겠냐는 어설픈 핑계로 위안을 삼았을 뿐이다.

그리고는 정확히 수술을 받은 지 일 년 뒤였다.

형은 계속해서 피곤함을 호소했고, 갑작스런 황달 때문에 다시금 입원해야만 했다.

누구 하나 말을 하지는 않았지만 그냥 별일 아닐 거라고 믿고 싶었다. 그렇게 믿는 것 외에는 아무 것도 할 수가 없었다.

*

병실 문 앞에 적힌 형의 이름을 확인한다.

서른 다섯이라는 숫자가 왜 그리 가슴 속을 후비고 들어오는 건지. 젊음을 즐기고 한창 의욕에 불타서 활동할 나이임에도 불구하고 닭장 같은 병실 한 귀퉁이에 힘없이 누워있을 형의 모습에 맘이 편치만은 않다.

문을 열고 들어서는 순간 매캐한 냄새가 코를 스친다.

병원 알코올 냄새라고만 하기에는 뭔가 다른, 기분을 불쾌하게 만드는 그런 냄새.

"왔냐? 피곤한데 집에서 쉬라니까…."

보조 침대에 앉아 계시던 어머니는 들어오는 나를 보더니 피곤함과 반가움이 뒤섞인 묘한 표정으로 말씀하신다. 가뜩이나 작은 체구의 어머니는 더욱더 조그마해지셨다.

"형은 자나보네."

형은…, 이미 내가 아는 형의 모습이 아니었다. 침대에 누워있는 형은 황달 때문에 얼굴부터 발끝까지 노랗게 변해있었다. 저건 아니다싶은 생각이 문득 머릿속에 내려앉는다. 수십 차례 배우고, 외우고 했던 내용들이 한꺼번에 머릿속을 지나가고, 임상 교육에서 봤던 간암 환자들의 모습이 잘린 필름마냥 토막토막 떠오르더니 이내 머릿속이 텅 비어버린다. 다른 사람에게 일어났을 때는 그저 그러려니 했던 일이 내 가족에게 닥칠 때는 이렇게 무기력해질 수 있다는 사실을 한 번도 상상하지 못했다.

"자는 건 아니고…. 태진아, 호진이 왔다."

어머니가 형을 살짝 흔들어대자 형은 눈을 뜨고 천장을 올려다본다. 그게 전부다.

내 쪽으로 시선조차 돌리지 않은 채 그저 천장만을 뚫어져라 응시하고 있을 뿐이다. 의아한 표정으로 나는 어머니를 쳐다본다. 어머니는 아무런 표정 변화 없이 형의 상의 단추를 채워주며 나보고 가까이 오라고 손짓을 한다. 옆으로 다가서자 그제야 고개를 돌려 나를 쳐다보는 형. 하지만 그건 나를 보는 게 아니었다. 형의 시선은 이미 나를 뚫고 지나가 어딘가 모를 곳을 응시하는 공허함 그 자체였다.

"호진이 왔어. 오늘 의사선생님 됐다고 알려주려고 온 건데 너도 기분 좋쟈?"

어머니는 형의 머리를 쓰다듬으며 물수건으로 얼굴을 군데군데 닦으신다.

'지금 못 알아보는 거야? 나를?'

애절한 마음에 덥석 손을 부여잡고 울어도 시원찮을 판에 나는 멍하니 굳어버리고 만다. 혼수까지 이르면 사람을 알아보지 못할 수 있다고 배우긴 했지만 그게 이런 거였나 하는 생각에까지 미치자 온몸에서 힘이 빠지고 만다.

어머니는 내게 손이라도 좀 잡아주라고 하지만 차마 손이 내밀어지지가 않는다.

무서웠다. 그냥…, 표현할 수 없는 두려움에 병실을 나가버리고만 싶었다. 그냥 단순히 피곤하고 황달 때문에 요양 차원에서 입원한 거겠지 생각했었는데 이 지경까지 왔을 거라고는 생각조차 못했다.

"요사이 며칠 이런다. 너한테 말해줄까 하다가 시험도 있고 해서…, 괜찮으려니 했건만…."

어머니는 놀란 나를 눈치 채셨는지 말끝을 흐리며 설명을 하시지만 귀에 들어오질 않는다. 사실을 숨긴 어머니에게 화가 나고, 저 지경에 이르기까지 제 몸 하나 제대로 간수 못한 형에게도 화가 났다. 무엇보다도 견딜 수 없는 것은 여태까지 형 일에 대해 무관심하게 그저 괜찮겠지 하고 안일하게만 생각했던 어리석고 원망스러운 내 자신이었다. 하나의 후회는 또 다른 후회를 이끌어내고 끝없는 생각들로 연이어져 가슴을 짓이기는 것만 같았다. 처음 병실에 들어섰을 때 코를 찌르던 냄새…. 분명 알코올 냄새와는 달랐던 그 냄새가 형에게서 나고 있었음을 그제야 깨달았다.

"물 좀 마시고 올께."

자리를 뜨고 싶었다. 어머니도 내심 그러길 바라셨는지 아무런 말씀이 없으시다.

복도 창가에서 놀란 가슴을 진정시키고 다시금 병실 문을 열고 들어서는데 어머니는 당황한 얼굴빛으로 잠깐 나가있으라고 하신다. 무슨 일이냐고 물어도 어머니는 잠깐만 밖에 있으라고 하신다. 수액 홀더를 지지대 삼아 넓게 펼쳐진 하얀 천은 커튼마냥 형 침대 앞을 가리고 있다.

"뭐하는데…."

괜한 신경질을 부리며 천을 밀쳐내고 안으로 들어서는 순간 한꺼번에 밀려드는 악취에 인상이 찌푸려진다. 그리고는 눈앞에 펼쳐진 광경에 할 말을 잊은 채 그 자리에서 몸이 굳어버리고 만다.

누군가가 뒤통수를 한 대 세게 후려친 것만 같다. 목덜미를 내리누르는 통증이 뱀처럼 기어 올라오더니 한꺼번에 머리를 휘감아 조이는 것만 같았다.

어머니는 당황한 내 표정을 흘끔 보시더니 이내 시선을 외면하신다. 그리고는 형의 하의를 마저 벗겨 내렸다. 형의 등과 엉덩이는 설사 변으로 범벅이 돼버리고, 침대 시트에까지 변이 흘러나와 누렇게 번져있었다.

"잠깐 자리 좀 비웠더니…."

어머니는 마치 당신의 잘못으로 벌어진 일이라 변명해주고 싶었는지 흐릿하게 혼잣말을 하신다. 그리고는 아무런 동요 없이 늘 해오던 일인 것처럼 능숙하게 뒤처리를 하신다.

내게는 아무런 말씀도 하지 않으신다. 차라리 뭐라도 시키면 좋으련만, 무엇 하나 도와달라는 눈빛조차 보내지 않으신다. 아니, 그 상황에서 나는 도대체 무엇을 해야 할지 알 수가 없었다.

아주머니 한 분이 욕실에서 대야에 물을 받아오신다. 옆자리에 누워있던 다른 환자의 보호자다.

"동생인가 보네. 학생은 가서 환자복 좀 받아가지고 오고…."

아주머니는 어머니께 화장지를 휘감아 건네면서 나에게 도움을 청하신다. 그건 도움이라기보다는 멍하니 서있는 나를 잠시 밖으로 나가있게 하려는 배려 아닌 배려였다.

병실에서 나오는 내 등엔 이미 식은땀이 배어있다. 짧은 순간인데도 긴 터널 속을 빠져나온 것만 같다. 담당 간호사에게 형 이름을 대고 환자복을 요청했다. 간호사는 무슨 일로 그러는지 묻지도 않는다.

"또 옷 버리셨나 봐요? 환자분이 요새 계속 속이 안 좋으신가 봐요. 웃옷도 드릴까요?"

'또라고? 처음이 아닌 거야, 그럼?'

생각이 여기에까지 미치자 머릿속은 뒤엉킨 실타래마냥 뒤죽박죽이다. 숨이 막혀오는 것만 같다.

병실로 다시 돌아가는 게 두렵기만 했다. 너무도 긴 복도를 걸어가는 것만 같다.

하루가 지났다. 형 앞으로 나온 점심을 드신 어머니는 보조 침대에 웅크리고 누워 새우잠을 청하신다. 새벽 내내 형이 조금이라도 뒤척이면 반사적으로 일어나시느라 어머니는 잠을 설치셨다.

병실 내에 있는 모든 사람들이 다들 곤하게 잠을 청하고 있다. 그도 그럴 것이 새벽엔 누구 하나 제대로 잠을 이룰 수가 없었다. 갑자기 형이 소리를 지르는 바람에 놀라고, 조용해지는가 싶으면 옆에 있는 췌장암 환자가 알아듣기 힘든 욕을 해대서 다시금 놀라곤 했다. 아니, 놀란 것은 나 혼자 뿐이다. 다른 사람들은 그런 상황에서 누구하나 불평하지 않았고, 오히려 서로가 서로를 걱정하며 안타까워했을 뿐이다.

형은 기분 좋은 꿈이라도 꾸는지 아기처럼 평온한 모습으로 잠들어 있다.

노랗게 변한 채 퉁퉁 부어있는 형의 손 위로 가만히 내 손을 포개어본다. 처음에는 제 몸 하나 제대로 못 챙겨서 이 지경까지 만든 형에게 화가 치밀어 올랐다. 그러나 그런 분노도 형에 대한 연민과 동정으로 바뀌더니 이내 나에게 내뱉는 죄책감과 미안함이 되고 만다.

"미안해…. 정말…. 미안하다, 형."

행여나 황달 때문에 가려운 피부를 긁다가 상처라도 날까 싶어 길어진 형의 손톱을 조심스레 깎으며 혼잣말을 한다.

"랩(Lab 혈액검사)이 좋지 않아요. 간수치도 잡히지 않고. 선생님도 배워서 잘 알겠지만 간성혼수까지 빠지면 많이 조심해야 돼요."

전날 저녁 담당 주치의 선생님을 만나 상황을 설명했더니, 차트를 보여주면서 내게 선생님이라는 호칭까지 붙여가며 자세하게 설명을 해주셨다.

"경과는 계속 지켜봐야죠. 내내 괜찮았는데 이번 주 갑자기 수치가 올라서 저희도 좀 당황했어요. 간호사한테는 미리 말해뒀으니까 선생님이 보고 싶으면 언제든지 차트 보시구요. 선생님이랑 저랑 같이 주치의 해서 노력해보게요. 좋아지셔야죠."

내가 주치의라. 무슨 자격으로…. 해줄 수 있는 게 아무 것도 없는데.

스스로에 대한 자괴감만 들 뿐이었다.

의약 분업 때문에 늦어진 국가고시 탓에 그 뒤로 벌어지는 일정은 너무도 급박했다. 합격 통보가 나온 지 며칠 안 되어 곧바로 지원한 병원에서는 오리엔테이션을 받으라는 연락이 왔고, 그래서 형을 돌볼 수 있는 시간도 며칠 밖에는 허락되지 않았다. 할 수 있는 일이라고는 형의 차트를 수시로 보는 일과 옆에 앉아서 지켜보는 일, 그리고 가끔 주치의 선생님과의 대화가 고작이었다. 한꺼번에 치솟은 간수치는 쉽사리 떨어지지 않은 채 조금씩 낮아졌고, 더 심하게 진행되지 않는 것이 고마울 뿐이었다.

의사라기보다는 간병인, 아니 간병인이라기보다는 방관자밖에 될 수 없는 그런 위치에서 며칠을 함께 하는 동안, 형이 나를 알아본 것은 고작 세 번뿐이었다. 그 세 번 동안 형은 나에게 어디가 아프다고 투정을 부린 것도 아니고, 힘들다고 도와 달라 부탁하는 것도 아니었다.

"호진아, 내려가서 밥 먹고 올라와."

그게 전부였다. 그 때는 정말 몰랐다. 그 말이 내가 형에게 들을 수 있는 마지막 말이 될 거라는 것을.

*

"양 선생님, 추운데 여기서 뭐해요?"

누군가가 등 뒤에서 내 어깨를 가볍게 흔들며 말을 건넨다. 함께 근무하는 진 선생이다. 그제야 내가 몇 시간째 줄곧 벤치에 앉아있었다는 사실을 깨달았다.

"무슨 생각을 그렇게 해요? 옆에서 불러도 못 알아듣고. 아까 선생님 찾는 방송 때리는 것 같던데…. 혹시 연락 안했어요?"

가운에 넣어둔 호출기를 꺼내본다. NICU (신생아 집중치료실)에서 호출했었나보다.

세 번째, 아니 네 번째…. 몇 번이나 호출을 했는지 모르겠다.

"초반부터 찍히지 않게 조심해요. 어지간하면 딴 사람 호출하지, 무슨 방송까지 때리는지. 암튼 맘에 드는 게 없어. 기 싸움 하자는 거야, 뭐야. 선생님, 저 먼저 가요."

진 선생은 어깨를 움츠리며 총총걸음으로 바쁘게 응급실 쪽으로 간다. 멀어지는 뒷모습에 조금씩 물방울이 어리는가 싶더니 순식간에 물속으로 가라앉는 듯하다. 그제야 나도 모르게 입술을 깨물며 고개를 떨어뜨리고 만다.

가슴 속에서 치고 올라오려는 소리를 애써 눌러가며 그렇게 한참을 고개 숙인 채 흐느낀다.

이 새벽이 이내 걷히기만을 기다리면서….

6회 장려상 수상작이다. 어느 새 형보다 나이가 많아져버렸다는 필자는 형의 죽음으로 고통스러웠지만 가족의 소중함을 더 깊이 느낄 수 있는 계기가 되기도 했다고 회상한다. 의사이면서도 형에게 아무런 도움이 되지 못했던 경험을 잊지 않고 환자를 돌보겠다는 다짐도 함께 보내왔다.

의사로서 산다는 것

정철희 (충남 정소아과의원)

먼저 내 소개를 하지.

나는 '골목대장 마빡이' 는 아니지만 얼추 비슷하게 훵해지는 앞이마를 거울로 바라보며 머리카락 한 가닥도 소중하게 다루려고 노력하고, 적은 숱이지만 눈속임으로라도 어떻게 하면 조금 더 머리카락이 풍성하게 보일까를 연구하는, 지방 소도시에서 조그마하게 개업하고 있는 평범하며 소심한 소아과 의사지.

요즘 우리나라 여성들의 출산율 저하를 안타깝게 혹은 절망적으로 생각하며 줄어가는 환자에 고민을 많이 해서 그런지 도무지 나의 앞머리, 속머리, 주변머리 할 것 없이 빠지는 바람에 정말 고민이 많아.

처음 개업할 당시만 해도 너무 어려 보이는 동안이라 보호자들이 미숙한 젊은 의사로 보고 반말도 하고 말의 권위도 서지 않아 어떻게 하면 좀 더 노숙해 보이고 노련해 보일까 걱정을 많이 했었지. 그러다가 흰머리가 멋있게 난, 개업한 선배의 머리를 부럽게 바라보며 이참에 아주 머리를 하얗게 염색해서 나이가 좀 들어 보이게 할까 고민을 했었는데 머리를 적당히 희게 염색하는 바보는 없다는 것을 알았지. 지금도 흰 머리카락은 두세 개 밖에 안 되는데, 왜 흰머리는 안 늘고 머리카락만 빠지는 거냐고.

개원해 10년도 안된 지금은 치고 들어오는 젊고 싱싱한(?) 후배 선생님들 때문에 어떻게 하면 우리 소아과에 오는 보호자들이 나를 노숙하고 숙련된 의사보다 좀 더 젊고 유능한 소아과 원장님으로 볼까, 로 바뀐 지 오래이니 흐르는 세월의 하수상함이란….

며칠 전의 일이었어.

그날도 얼추 대기환자 정리하며 무료한 오후를 보낼 때 쯤 내 컴퓨터 모니터에 환자 알림창이 뜬 거야. 우리 병원은 처음인 환자인데 고등학교 2학년쯤 되는 나이였어.

'음, 지금은 수업시간인데. 무척 아파서 조퇴한 모양이군!'

혼자 생각하며 환자 들어오기를 기다리는데 늙수그레한-요즘은 왜 아이들도 그리 늙어 보이는지 모르겠어- 학생이 들어오는 것이 아니겠어. 잠깐 존댓말을 할까 반말을 할까 고민했지.(쓰고 보니 옛날 노래가사 같네) 조금이라도 환자를 더 유치하고 싶은 생각에 될 수 있으면 아이들에게도 존댓말을 쓰며 어른 대접을 해주려 노력하고 있거든. 가끔은 젬병 같은 눈썰미 때문에 부모님 대신해 동생을 데려오는 초등학생 언니나 누나에게도 이게 젊은(어린?) 엄마인지 늙어 보이는 학생인지 구분이 잘 안가 어정쩡하게 말을 하는 경우도 많지.

어쨌든 그 학생이 처음 들어와 자리에 앉으며 이런 이야기를 하는 거야. 자기는 아파서 병원 온 것이 아니라는군. '그럼 아프지 않은데 병원에 왜 왔을까?' 하는 의문이 잠깐 들쯤 난데없이 이렇게 말하는 거야.

"내 생각이 남들에게 들려서 고민이 많고 또 누군가가 제게 자꾸 말을 해요. 쉬는 시간에 자려고 잠깐 눈을 감으면 친구들이 제게 뭐라 하는 것이 다 들려요! 그래서 친구들 생각을 다 알 수 있어요."

'헉! 아니, 이게 뭐야! 전형적인 스키조프레니아 아냐?'

학생 때 배우고 한참 지나 좀 가물가물하지만 어쨌든 그 유명한 '정신분열증' 환자가 느닷없이 내 앞에 나타난 거야. 소심한 소아과 의사한테. 아니 이건 내 관할이 아닌데…. 좀 어안이 벙벙할 때쯤 구세주가 나타났지. 아이의 어머니가 그때서야 들어오신 거야.

아이의 병력을 이야기하는데 몇 해 전부터 여러 증세가 나타나서 대학병원에서 약을 먹고는 증세가 줄어들어 약을 끊었는데 요즘 들어 심해져서 학교를 못 간다는 거야.

'알겠어요. 그런데 조그만 지역 소아과 의사에게 이런 난해한 환자를 데려오면 어떻게 하냐고요.'

이런 말이 튀어 나오려고 입안에서 맴돌 때쯤 본론이 나오시더군. 그래서 정신병동에 입원시키려고 하는데 알다시피 정신병동이라는 것이 격리병동이라 한번 들어가면 적어도 이주일(돌아가신 개그계의 황제 이주일 선생님 말고 2주일간) 많으면 몇 달 동안을 부모님과 떨어져 격리병동에 들어가 있어야 한다고 하니까 아이가 입원 안한다고 뻗장댄다는 것이야. 학교는 학교대로 안 가고 그렇다고 입원치료도 거부하고 해서 아이를 좀 설득시켜 달라고 데려 오신 것이더군. 좀 난감했지만 어떻게 하겠어. 아이를 설득하기 시작했지.

그런데 말이야. (어째 마빡이로 돌아가는 느낌이 물씬 드는군. 어투도 그렇지만 마빡이도 출연 자세가 힘들다보니 시간 끌며 이야기 하는 것 무지 싫어하잖아) 정신과 상담이 보통 감기 환자 한명 보는 것과 다르잖아. 아이와 상담해야지, 어머님 말씀 거들어야지, 한 30분은 훌쩍 잡아먹는 거야. 그렇다고 내가 정신과 상담료를 받을 수도 없고, 받을 줄도 모르고. 대기 환자는 밀리기 시작하지. 내가 환자라도 20~30분 기다리면 많이 화나지 않겠어?

어쨌든 아이와 상담하는 와중의 일이었어. 이야기하다보니 고등학교 2학년이나 된 아이가 부모님과 떨어져서 혼자 있어야 하는 것에 겁먹고 무서워하는 것이었어. 입원한 지 처음 몇 주간은 연락도 못하게 한다고 하소연하는군. 야, 이놈아! 옛날 같으면 장가도 갔을 테고 빠르면 아이도 있을 나이에 부모님과 떨어져 있는 것이 무섭고 싫다고? 그 와중에 다른 생각이 들더군. 왜 그런 것 있잖아. 꼬리에 꼬리를 무는 생각들 말이야.

아내가 언젠가 한 말이지만 남자들은 아이들 공부를 못 시킨대. 왜냐하면 생각이 꼬리에 꼬리를 문다는군. 어쩌다가 아이가 삼국시대에 대하여 아빠에게 물어 본다면 거기에 관한 것만 간단히 이야기해주면 되는데 평소 아이를 가르치지 않았다는 죄책감인지 아니면 자신이 많이 안다는 것을 과시하기 위해선지 모르지만 삼국시대 이야기가 나오다가 우리나라 역사가 나오고 그러다보면 건국이념인 '홍익인간' 이 나오고 따라 들어가다 보면 곰과 호랑이가 쑥과 마늘을 몇 일 동안 먹었는지와 토테미즘, 또 이런 것을 담고 있는 역사책이 삼국유사이고 지은이가 중 일연이며 아빠가 어렸을 적 역사 수업 시간에 한번 들었던 것을 아직도 까먹지 않고 기억하고 있다는 이야기까지 (당근(?)

홍익인간을 한자로 쓰기부터 토테미즘 신앙에 대한 여러 가지 학문적 이야기까지 나오니 뭐, 공부 시간에서 한 두 시간은 쉽게 잡아먹지) 나온다는 거야. 그런데 난데없이 왜 이런 이야기를 꺼내느냐고?

아이에게 격리 병동이 결코 무섭지 않다는 이야기를 하다가 본격적인 내 이야기가 나오니까 그렇지. 사실 내가 격리 병동에 들어가 본 것은 젊었을 때 2주간이었지. 인턴 트레이닝 때니까 벌써 20년은 된 이야기이네. 쓰고 보니 나도 참 많이 늙었군. 왜, 여러 과를 도는 인턴이야 제일 힘든 과가 신경외과나 응급실 근무이고 가장 편한 때가 마이너 돌 때인데 그중 정신과 병동 근무는 그 당시 인턴이 가장 선호하던 근무 중의 하나였지. 물론 철문으로 외부와는 단절된 곳에서의 근무였지만 그곳에서는 별로 할일도 없고 스트레스도 안주고 생각보다 근무하는 사람들도 괜찮고 환자들도 착하지. 사실 알코올 중독자들이 많았지, 다른 정신병 환자들은 적었거든. 거기에다 다른 정신병 환자들도 대부분 착해서 그리 무섭지 않은 사람들이지. 하는 일이라곤 환자들 이야기 들어주고, 같이 탁구도 치고 가끔 야유회로 놀러 나가기도 하고 말이지. 그래서 인턴 끝나고 나중에도 정신병동 간호사들과의 친분이 가장 많았지. 오랜만에 길에서 정신병동 수간호사랑 만났는데 얼마나 반갑던지. 어쨌든 그날 온 환자에게 "선생님은 네가 그렇게 싫어하고 무서워하는 정신병동에서 인생에서 가장 신나고 즐거운 시간을 보냈다"는 것을 이야기하고 결국 학교를 가든지 아니면 정신병동에 입원하든지를 택하기로 결론을 내리고 오랜 상담을 끝냈지. 그 뒤 정신없이 밀린 환자를 보고 퇴근하는 와중에 또 생각이 꼬리를 무는 거야.

생각해보니 20년이네. 그래, 그땐 정말 힘든 일이 정말 많았었지. 내 기억에서 지워버릴 만큼 힘들었던 인턴과 레지던트 1년차 때, 지금도 생각하면 눈물이 나는 일은 레지던트 1년차 100일 당직을 설 때 어머니가 속옷을 가지고 소아과 오셨거든. 어머니를 보자 설움이 북받쳐 올라 다 큰놈이, 왜 나를 의대에 보내서 이 고생을 하게 했냐며 운 적이 있었지. 정말 힘든 시기였어. 지금도 어머님은 가끔 그 이야기를 하시며 막내아들에게 죄책감이 있어서 그러시는 건지 아니면 잘 견딘 아들이 자랑스러운 건지 추억을 이야기하시곤 하지. 다행히 지금은 거의 잊었지만 정말 그 힘들었던 때는 3일 동안 딱 30분 잔 기억도 있고 일이 너무 많아 결국 '빵꾸' 내고 윗연차에게 뒤지게 혼난 기억도 있지.

그 힘든 때 앞에서도 말했던 것처럼 정신병동에서의 근무는 내 삶의 휴가 같은 기간이었던 것 같아. 그런데 생각이 또 꼬리에 꼬리를 무는 거야. 그 힘든 기간을 이겨내는데 도움을 주었던 환자 한명이 문득 떠올랐지. 내가 참 이름 외우는 데는 젬병이라 지금은 그 아이의 이름도 모르고 얼굴도 가물가물하지만 평생 그 아이는 잊지 않을 거야. 아이를 만난 것은 레지던트 1년차 봄이었어. 제대로 학교를 다닌다면 중2쯤 됐을 거야. 처음 아이를 인계받을 때는 입원기간만 반년이 넘어가는 장기 입원 환자였지. 병명은 '오스테오살코마(osteosarcoma)' 아마 골육종 쯤 되었을 거야. 전문의 따고 개원 10년만 넘어가 봐. 이런 단어를 알고 구사하는 것에, 얼마나 내가 박학다식한지에 대해 황홀감과 감개무량함을 느낄 거야.

처음 보았을 때 그 아이는 한쪽 다리가 거의 코끼리 다리만 하게 커져 있었고 암세포가 폐까지 침범해 몇 주에 한번은 폐에 찬 물을 빼주어야 하는 절망적인 상태였지. 지금이라면 호스피스 제도가 많이 활성화되어 육체적으로나 정신적으로 조금이라도 덜 힘들었겠지만 그때는 그저 악화되는 증세만 완화해 줄 수밖에 없는 Hopeless(희망없는) 상태로 더 이상의 치료는 없고 그저 고통만 완화시키며 말 그대로 죽을 날만 기다리고 있었지.

레지던트 1년차로 힘들었던 내가 해줄 건 없지만 그래도 뭔가 해주어야겠다는 생각에 조금이라도 짬이 나면 그 아이와 많은 이야기를 했어. 서로가 피할 수 없는 죽음에 대해 잘 알고 있었지만 그 이야기는 하지 않은 채 서로의 관심사나 하다못해 지루함을 이길 수 있는 만화책이란 만화책까지 다 빌려다 주었지. 원래 그 아이도 나도 낙천적이라 그랬는지 아니면 둘 다 그런 무거운 주제는 피할 수 있을 만큼 노련했었는지 지금 생각해 보면 아리송하기까지 하지. 핑계 김에 나도 틈틈이 만화도 보고 말이지. 평소 같으면 트레이닝 기간에 그럴 여유가 어디 있겠어. 피곤할 땐 옆에서 잠깐 자기도 하고. 그럼에도 불구하고 교수님도 웬만한 '빵꾸'는 사정을 감안해 눈감아 주시기도 하셨지. 해서 처음에는 나를 찾으려 방송을 하던 간호사들도 나중에는 그 아이가 입원해 있는 병동에 먼저 전화를 하고 나중에야 원내 방송을 했을 정도였으니까. 인턴 때도 그랬었어. 인턴 때야 정말 내가 맡아 치료하는 환자가 없잖아. 내가 할 일이라곤 그저 수명이 다해가는 환자의 손을 잡아주는 일 뿐이었어. 중환자실에서 가족들도 없고 조용해지면 시간 날 때마다 가망 없는 환자들에게 손을 잡아 주는 것, 그것이 내가 환자들에게 해 줄 수 있는 유일한 일일 때가 많았어. 그리고 그런 일이나마 내가 해 줄 수 있다는 것이 기뻤고.

적어도 자신의 앞날을 알았을 텐데 어린 나이에 그 아이는 상당히 의연했어. 오히려 아이의 폐에 찬 물을 뽑으며 혹시나 암세포가 든 주사기에 찔릴까, 약간 걱정했던 나보다도 말이지. 왜, 중학교인가 고등학교 교과서에 실린 피

천득 선생의 수필에서 일찍 세상을 떠난 아이를 두고, 부모님이 떠나시는 천붕(天崩)보다도 더 슬픈 일이지만 인생은 3막 4장을 다 채우기도 하지만 2막 3장으로 끝내는 경우도 있다고 하며 위안을 하시잖아. 2막 3장도 아닌 1막 2장에서 끝내는 아이를 보며 나 힘든 것쯤은 정말 아무 것도 아니라는 생각을 했었지.

인턴은 보통 2개월 만에 근무지가 바뀌는 관계로 다시 그 아이가 있는 곳으로 간 것은 4개월 뒤였어. 그래도 파트가 달라 전만큼 자주 가보지는 못했고 나만큼 그 아이에게 잘 해주지 못하는 동료에게 좀 잘 해주라고 했지만 결국 언젠가는 그 아이를 보내야 한다는 사실을 누구보다 잘 알고 있었지.

아이가 기다렸는지 운때가 맞았는지는 모르지만 결국 그 아이는 다시 내가 담당 파트가 되자마자 하늘나라로 갔어. 왜 의사들에게 불문율이라는 것이 있지. 담당 환자가 사망했을 때 영안실에 가지 않는다는 거 말이야. 그런 거 신경 쓰지 말아야 하는데 결국은 그 아이의 영전에 절을 못했어. 지금도 그것이 아쉬움으로 남아 있지.

의사는 말이야, 그런 죽음을 자주 접해. 적어도 트레이닝 기간이나 병원에 남으면 말이야. 그래서 사실 나도 내 죽음에 대해 보통 사람들보다는 많이 초연해 있다고 생각해. 집사람이나 아이들은 그런 이야기 꺼내면 질색을 하지만 나는 지금도 가끔 나 죽은 이후에 너희들 어떻게 살아라 하고 이야기를 하곤 하지. 그러면서 문득문득 생각해. 오히려 나는 죽음에 대해 더 예민한 것이 아닌가 하고 말이지.

오늘밤 나는 술을 마시며 내가 치료하기도 하고 보내기도 했던 아이들 생각을 할 거야. 그 아이들은 물론 나를 무척 힘들게도 하고 성취감과 기쁨을 또는 좌절감을 느끼게도 했지만 내 삶 속에 다가와 내 일부분도 되어 주었으니까. 그것이 의사로 살아가는 삶이었고 업보이기도 했지.

지금은 우리 병원 오는 아이가 열만 며칠 나도, 병세가 조금만 심해져도, 폐렴에 걸리기만 해도, 아니면 평소 잘 보지 못하는 병이기만 해도 벌벌 떠는 개원의지만 정말 트레이닝 때는 하룻강아지 범 무서운 줄 모른다고, 용감하고 씩씩한 청년이었던 것 같아. 그리고 그런 자부심과 또 한편으로는 슬펐던 추억만으로도 의사로서 살아간다는 것은 충분히 의미가 있다고 생각해.

6회 장려상 수상작품이다. 새벽 4시, 수련 때 만난 아이의 기억을 떠올리고 4시간 동안 글을 썼다는 필자는 인생을 1막 2장으로 끝낸 아이를 잊지 않았으며 평생 잊을 수 없을 것이라고 고백했다.

마음까지 봉합해줄 수 있다면

원영준 (경북 포항 원내과의원)

거리엔 낙엽이 풀쩍거리고 진료실 창밖으론 지나가는 사람도 별로 없어 보입니다. 이따금씩 보이는 사람들도 옷깃을 여민 채 종종걸음을 쳐서 멀어져만 갑니다. 더 이상 환자도 오지 않을 시간이라 오늘은 조금 일찍 문을 닫고 집에 갈까 고민도 해 보았습니다. 그렇지만 야간 진료한다고 간판에 붙여 놓고 일찍 집에 가면 욕 얻어먹지 않을까? 걱정이 앞섭니다.

'조금만 더 있다 가자, 조금만 더 있다가 집에 가서 집사람이랑 파전이나 부쳐서 술 한잔하고 애들이랑 놀아야지!'

그렇게 중얼거리고 있는데 병원 문이 슬그머니 열리고 한 열 살쯤 되어 보이는 어린 소녀가 이 추운 날씨에 외투도 없이 서느런 얼굴로 들어 왔습니다. 다들 그렇겠지만 문 닫기 직전에 들어오는 환자는 '아주 쬐끔' 귀찮게 느껴지기 마련입니다.

'애구 좀 일찍 오지! 그 참.'

속으로 투덜거리면서 진료는 봐야겠기에 자리에 앉았습니다.

"혼자 왔어?"

"예."

"그래, 어디가 아파서 왔니?"

"입을 다쳐서요."

"입? 입이 왜?"

"저녁 먹다가 입천장을 젓가락에 찔렸어요!"

"입천장을? 그래 어디 보자."

전 약간 긁혔나 보다, 하고 들여다보았습니다. 그런데 생각 외로 아이의 입천장에는 제법 큰 구멍이 뚫려 있었습니다. 포셉으로 깊이를 재어보니 2~3cm 이상 되는 깊이의 꽤 큰 상처가 생겨 있는 것이었습니다. 상악동 쪽으로 천공이 되어버린 것이 아닌지 걱정스러울 정도였습니다.

"애, 너 이거 어떡하다 다친 거야?"

"젓가락 입에 물고 있다가 앞으로 넘어져서요."

"그런데 너 혼자 왔어?"

"예!"

아이는 약간 겁에 질려서 대답했습니다. 저는 정말 황당했습니다. 이런 상황에 아이 혼자 보내다니 정말 부모가 정신없구나, 하고 말입니다. 솔직하게 좀 짜증이 나더군요. 아이한테 정말 무관심한 부모들 같으니라고, 하면서 툴툴거리고는 아이한테 잠깐만 기다리라한 후 일단 이비인후과 선생과 상의해 보아야 할 것 같아서 전화를 돌렸습니다. 그냥 기워 주면 무리가 갈 것 같고

혹 근처 이비인후과 선생님이 봐 주실 수 있다면 보내려고 말입니다. 그러나 선생님은 상처 이야기를 듣더니 괜히 잘못 봉합하면 문제가 될 수도 있으니 응급실로 부모와 함께 보내는 것이 좋겠다고 말했습니다. 기실 이미 퇴근 시간이 지났는지라 밤에 이런 골치 아픈 문제로 선뜻 병원에 나오겠다고 하는 사람이 이상한 거겠죠?

하지만 저도 결론은 섰습니다. 천공이라고 해도 일단 상처는 기워야 할 것이고 필요하다면 그 곳에서 추적 관찰하다가 상태가 좋지 않으면 다시 CT를 찍는다거나 다른 치료를 해야겠지 하고 말입니다. 물론 설명도 상세히 해 주지 않으면 문제가 될 테고 말입니다. 그래서 아이에게 말했습니다.

"보자, 이름이 뭐지? 그래 지은이, 지은아! 집에 엄마, 아빠는 계시니?"

"아뇨. 안 계신데요."

"아니, 어디 가셨는데? 어떡하지? 지금 여기선 힘들 것 같고, 넌 종합병원에 가야 할 것 같은데. 엄마 아빠도 없이 어떻게 가니? 혹 연락처 몰라?"

"……."

그러자 애는 꿀 먹은 벙어리처럼 아무 말도 안했습니다. 눈물까지 글썽거리면서 가만히 있는 것이었습니다. 순간 '이크, 애가 너무 겁먹었구나!' 하는 생각이 들어서 다시 말했습니다.

"울긴 왜 울려고 그러니, 너무 겁먹지 마! 큰 문제는 아니고 상처가 나서 기워야 하는데 종합병원에 가면 너 혼자 응급실에 접수하기도 힘이 들고 부모님이 안 계시면 바로 안 해주거든, 그래서 그러니까 너무 겁내지 말고, 엄마 전화번호만 좀 말해 주렴! 천천히 가도 상관없으니까, 선생님이 엄마한테 잘 이야기 해 줄게, 응?"

그러나 아이는 말이 끝나기도 전에 더 심하게 흐느끼기 시작했습니다. 처음엔 흐느끼더니, 훌쩍거리면서 닭똥 같은 눈물을 뚝뚝 떨어뜨리더군요. 참 황당했습니다. 아이구야! 내가 뭘 어쨌기에? 그때 옆에 서 있던 수간호사가 조심스럽게 저에게 말했습니다.

"저, 원장님! 지은이 보호 1종인데요."

"예?"

"아마 부모님이 안 계시는 것 같은데요."

"지은아, 너 엄마 아빠 안 계시니?"

"흑흑, 예!"

"그럼 집에 어른들 아무도 없어?"

"엉엉! 오빠가 있어요!"

"오빠? 오빠는 몇 살인데?"

"흑흑! 중학교 2학년인데요."

"……."

잠시 말문이 막히더군요! 엄청난 실수를 한 것 같기도 한데 이제 와서 주워 담기도 뭣하고 정말 어리둥절했습니다.

"자자, 지은아. 조금만 진정하고 눈물 좀 그치렴, 우리 다시 이야기 해 보자! 자꾸 울면 선생님이 이야기를 못하잖아, 그치?"

"흑흑! 예!"

"그래, 그럼 오빠랑 둘이서만 사니? 어른들은 아무도 안 계시고?"

"예."

"울긴 왜 우니? 응급실 가라고 하니깐, 무서워서 그래?"

아이는 아직 훌쩍거리면서 발개진 눈을 하고는 고개를 끄덕거렸습니다. 아마 아무 생각 없이 상태를 설명하는 내 말을 듣고는 겁도 나고 서럽기도 했을 것입니다. 부모님이 안 계시는데 있어야 된다고 당연하게 이야기 할 때 아무도 없다는 말도 못하고 눈물밖엔 안 나왔겠지요! 갑자기 무척 마음이 아프더군요.

'내가 아이한테 상처를 주었구나!' 문득 그런 생각이 들었습니다. 오빠를 불러서 둘이서 응급실 가라고 하기도 뭣한 상황이었고 내가 데리고 간다고 해도 보호자가 아니라 동의서 같은 것을 쓸 수도 없고, 우선은 그냥 응급조치를 하고 필요하면 내일 다시 고민해야겠다고 마음먹었습니다. 그래서 일단은 오빠를 오라고 했습니다. 상황 설명을 다시 찬찬히 하고 우선 내가 치료해 놓을 테니까 밤에 잘 보고 혹시 머리가 많이 아프다고 하거나 구역질이 나거나 열이 나거나 하면 바로 전화하라고 제 명함을 주었습니다. 그리곤 수간호사와 전 낑낑거리면서 성심을 다해서 기웠습니다. 새는 부분이 없도록 깨끗하게 봉합하고 나니 이미 퇴근시간도 한참 지났습니다. 그렇지만 그냥 보낼 수는 없어서 수간호사를 시켜서 우선 애들이 마실 수 있는 음료수, 1회용 죽 등을 사서 같이 좀 가달라고 말했습니다. 아까 함부로 말한 것이 미안해서라도 그냥 보내기는 싫었습니다. 물론 절대 밥해 먹지 말고 내일은 이것만 먹고 짠 음식이나 딱딱한 것은 먹지 말라는 당부도 하였습니다. 아이들은 내내 아무 말도 않고 멀뚱멀뚱 저를 보기만 하다가 마지막에 고맙다고 꾸벅 인사를 하고는 둘이서 손을 잡고 수간호사와 종종걸음으로 사라져 갔습니다. 병원 문을 혼자서 잠그고 나오면서도 내내 마음이 아팠습니다. 봉합수술 하기 전에 아이는 얼마나 마음에 상처를 입었을까? 내가 그 마음도 봉합해 줄 수 있었더라면 좋았을 텐데, 말하기 전에 차트를 좀 더 꼼꼼히 보고 주의해서 말했더라면 최소한 그렇게 마음이 아프게 하지는 않지 않았을 텐데….

집에 와서도 내내 마음이 무거워서 집사람에게 그 이야기를 하였습니다. 조용히 듣고 있던 집사람도 마음이 아픈 것 같았습니다. 말을 할수록 X-ray속에 걸린 하얀 뼈처럼 제 속이 다 드러나 보이듯이 부끄럽기만 했습니다. 나도 아이를 키우는 부모인데 참 오늘 실수를 했구나, 하는 생각이 들어 잠을 설쳐야 했습니다.

다음날 아침이었습니다. 부엌에서 무언가 심하게 덜거덕거리는 소리가 나서 잠을 깼습니다. 향긋한 냄새도 났습니다. 뭐지, 아침부터? 거실로 나가니 아내가 아침 내내 무엇을 했는지 향긋한 냄새가 가득했습니다.

"여보, 뭐해?"

"응, 벌써 일어났어? 너무 시끄러워서 깼구나?"

"음, 냄새 좋은데 뭘 한다고 이렇게 난리야?"

"응, 죽 끓였어!"

"죽?"

"어제 자기가 그 애들한테 죽이라도 끓여주면 좋겠다고 했잖아. 오늘 올 때 주라고 좀 준비했어! 질릴까 봐 우선 해물죽하고 전복죽 두 가지를 끓였는데 많이는 안했어, 상할까 봐. 아이들한테는 다 먹고 나면 또 해준다고 그래. 내가 해 줄 테니까!"

"너무 귀찮진 않겠어?"

"우리 아이들이라고 생각해 봐. 그런 상황에 아무도 챙겨 주는 사람도 없고 하면 얼마나 서러울지. 사서 줘도 되지만 파는 죽은 조미료도 많이 쓰고 집에서 해 주는 게 더 나을 것 같아. 대신 며칠 동안 아침은 죽이다?"

"여보, 고마워!"

아내의 말이 무척 고마웠습니다. 솔직히 저도 그 아이들을 볼 때 우리 애들 생각이 나서 무어라도 해주고 싶었지만 치료하고 나서 겨우 인스턴트식품을 사서 보내는 게 다였는데 아내가 당분간 죽을 끓여 주겠다고 하니 너무 고마웠습니다.

아침에 죽과 반찬 통을 들고 출근하니 왠지 어색했습니다. 간호사들도 저를 보더니 눈이 동그래져서 인사를 하더군요.

"안녕하세요, 원장님! 어, 그건 뭐예요?"

"아~예, 이거! 저기, 이거 죽인데, 가지고 있다가 지은이랑 두진이 오면 좀 줄래요? 집에서 한 거라고 좀 먹어 보라고, 다 먹고 나면 또 해 준다고 말이에요!"

"지은이하고 두진이?"

"왜 있잖아, 어제 야간에 입천장 다쳐서 마지막에 온 아이들 말이야."

"그래요. 그런데 어제 애들 사는 데 냉장고는 있던가요?"

"예, 냉장고는 있어요!"

"그럼 좀 있다 애들 오면 집에 갈 때 이것 좀 주실래요?"

"사모님이 하신 거예요?"

"예. 집사람한테 이야기했더니 오늘 아침에 준비 해 놨더라고요. 마침 집에 재료가 좀 있어서."

"안 그래도 저도 그런 생각은 들던데, 아침에 저희 집 애들 준비하기도 엄두가 안 나서 못했는데, 사모님 참 대단하세요!"

"아니에요, 저희 집사람은 수간호처럼 출근하지는 않잖아요!"

"어휴, 그래도 이렇게 하려면 시간 많이 걸릴 텐데."

"여하튼 제가 진료실에서 주긴 좀 그러니까 수간호가 좀 챙겨 주세요!"

"호호, 그러죠!"

오전 내내 진료하면서 아이들이 기다려졌습니다. 지은이가 밤새 많이 아프지는 않았는지 걱정이 되기도 했고 또 와서 얼른 아내가 만든 죽을 받아 갔으면 하는 기대도 있었습니다. 그렇지만 지은이는 점심시간이 지날 때까지 오지 않았습니다.

점심시간이 지나고 오후 서너 시가 되어서야 발간 볼을 한 채 지은이와 두진이가 들어 왔습니다. 혼자 오기가 무서워 오빠가 올 때까지 기다렸나 봅니다.

"왜 이제 왔어?"

"……."

"그래, 어제 많이 아프진 않았니?"

"예."

"불편하진 않고?"

"실이 먹을 때마다 자꾸 걸리는 것 같아요!"

"그렇지! 하지만 그건 할 수 없다. 그건 좀 참아야지? 어디 한번 보자. 음, 괜찮네! 열은 안 나고?"

"예!"

"약은 잘 챙겨 먹었지? 항생제를 써야 하기 때문에 꼭 챙겨 먹어야 된다."

"예."

"점심은?"

"학교에서 급식 먹었어요!"

"왜? 어제 사간 죽은 안 먹고?"

"그냥, 나중에 저녁에 아껴 먹으려구요."

"…우선 당분간은 매일 치료 하러 나오고, 간호사 언니가 갈 때 죽을 챙겨 줄 테니까, 지금은 학교 급식 먹지 말고 집에 와서 죽을 먹어라. 알았지?"

어리둥절하게 저를 바라보는 지은이를 보면서 가슴이 찡해지는 것 같았습니다. 어제 충분하게 사준다고 사주었는데도 바보 같이 아이들 마음에 그 밥 한 끼가 아까웠나 봅니다.

이후에 하늘의 도우심인지 지은이는 정말 잘 나았습니다. 염증 소견도 전혀 없고 봉합 부위는 쉬이 가라앉았습니다. 그래서 7일째 되던 날에는 실밥도 풀어낼 수 있었습니다. 실밥을 풀던 날 저는 왠지 아쉬워서 지은이와 두진이에게 저녁을 사 줄 테니 같이 먹자고 하였습니다. 치료 후에 정말 아빠처럼 아이들한테 맛있는 저녁을 사주고 싶었습니다.

"지은아 뭘 먹고 싶니? 한번 말해 봐?"

"……."

"괜찮아, 말해봐? 오늘은 선생님이 원하는 대로 사 줄게!"

"스파게티요!"

"두진이는?"

"자장면요!"

"애걔, 뭐 고기 같은 것이 먹고 싶은 게 아니고? 자장면하고 스파게티라고! 정말이야?"

"예!"

"음, 그럼 오늘은 지은이가 주인공이니 두진이가 양보해라! 알았지?

"예!"

"근데 왜 하필 스파게티니? 그게 좋아?"

"학교 급식에 가끔 나오는데요, 제일 맛있어요!"

"그래, 알았다! 그럼 선생님이 스파게티 전문점에 가서 스파게티를 사 줄게!"

그날 저녁 전 스파게티를 맛나게 먹는 아이들을 보면서 일 년에 단 몇 번이라도 아이들에게 이런 식사를 사주고 싶다는 생각을 하였습니다. 아빠가 되어 줄 수는 없겠지만 마술사가 되고 싶다는 착한 두진이와 말이 없고 부끄럼을 잘 타는 지은이를 보면서 옆에서 지켜주는 그런 한 사람이 되고 싶다는 생각이 들었습니다. 그러나 아직은 그렇게 다가설 수 없는 부분들이 많은가 봅니다. 뒤에도 몇 번 같이 식사를 하였지만 두진이나 지은이는 무언가 어색해 하는 모습이 사라지질 않습니다. 그러나 전 아무래도 상관없습니다. 입천장만 봉합하고 다 봉합해 주지 못했던 마음의 상처를 조금이라도 더 봉합해 줄 수 있다면 가끔씩 이런 시간들을 가지면서 아이들을 지켜 주고 싶습니다. 적어도 병원에 올 때는 발걸음이 가볍게 올 수 있도록….

이번 크리스마스에도 아이들에게 편지를 보낼까, 같이 식사를 하러갈까 생각 중입니다. 그날 이후로 가끔씩 진료실에 들어와서 멀뚱거리는 녀석들이 이번에는 좀 더 명랑해졌으면 합니다. 그리고 다른 아이들처럼 가끔은 내게도 찾아와서 투정을 부리기라도 한다면 좋겠습니다. 그러면 "두진아! 지은아! 사랑해, 힘들면 망설이지 말고 찾아와, 알았지?" 이렇게 말해 주고 싶은데 말입니다.

6회 우수상 수상작이다. 나이가 들수록 할 수 있는 게 많아지는 것이 아니라 하지 않았던 일들이 많아진다는 필자는 이젠 더 알아서 완벽해지기보다는 자신이 가진 안에서 최선을 다하려고 노력하고 최악을 만들지 않기 위해 노력한다고 전했다.

나의 아픔, 남의 아픔

신홍범 (서울 코모키수면센터)

나는 수면전문의이다. 정신과 의사이지만 수면의학을 전공하고 있고, 그래서 코골이와 수면무호흡증이 있는 환자를 치료한다.

나도 코를 조금 곤다. 그래서 수면다원검사를 해 보았더니 병적인 수준은 아니었다. 다행이다 싶었다. 이비인후과 선생님께 보였더니 편도가 조금 큰 편이라고 하신다. 그런데 이 편도가 말썽이었다. 일거리가 많아 며칠 과로하고 찬바람 쐬고 나면 어김없이 편도가 부으면서 아프다. 그런데 요즘 들어 편도선염의 증상이 그 전과는 차원이 다르다. 편도선염이 오면서 난생 처음 오한을 경험했다. 열이 난 적은 자주 있었지만 오한은 처음이다. 온 몸이 사시나무 떨리듯 했다. 그러다가 열이 나면서 조금 괜찮았다. 그렇게 오한을 겪고 나면 온 몸에 힘이 하나도 없었다. 무얼 할 엄두도 나지 않았다. 의대 다닐 때 책에서 보던 오한을 경험해 본 셈이다.

이런 일을 지난 한 해 동안 세 번 겪었다. 이제는 목이 조금 깔깔한 느낌만 나도 겁이 난다. 그 동안 편도선염이 있을 때마다 항생제를 바꾸어가며 치료를 했건만 완치는 안 된다. 늘 편도가 붉은빛을 띠며 부어 있는 듯 보였고, 이비인후과 선생님도 "잘 낫지 않네요."라며 말끝을 흐리신다. 그러면서, "그렇게 자주 편도선염이 오면 수술하는 것이 좋습니다."라고 하신다. 수술이라….

"그럼 국소 마취로 하나요?"

"국소 마취로도 하지만, 그렇게 하면 선생님께서 힘드시고 저희도 힘듭니다. 게다가 여러 번 염증이 있어서 유착도 있고 피도 많이 날 것 같은데, 전신마취를 하시는 것이 좋을 겁니다."

전신마취라…. 수술해 본 적도, 전신마취를 해 본 적도 없는데…. 편도염을 앓고 '오한'까지 경험한 터라 수술을 하겠노라고 말하고 일정까지 잡아 버렸다. 수술 전 기본검사도 그 날 마쳤다.

한 달쯤 후에 수술하기로 하고 일정도 정리했다. 아직도 부어 있는 내 편도를 거울로 들여다보며 이것이 없어지면 더 좋아지겠지 하며. 편도수술을 하게 되었노라고 지나는 말로 어머니께 알렸더니 "목에 칼을 대는 수술인데, 얼마나 위험할까…." 걱정이 대단하시다. "치아 하나 뽑는 것보다도 간단한 수술이래요."라고 안심은 시켰지만 그래도 걱정이 된다.

수술 날짜가 다가오자 조금씩 걱정이 더 된다. '수술을 받아본 사람들한테 들어보니 제법 아프고 한동안 식사하기도 힘들다고 하던데. 내가 특이체질이라 마취에서 안 깨면 어떡하지?' 하는 엉뚱한 생각도 든다.

수술을 이틀 앞둔 날 새벽 3시쯤 깼다. 무슨 꿈을 꾼 것 같았다. 쉽사리 잠은 오지 않고 수술에 대한 걱정이 된다. 얼마나 아플까? 마취는 잘 될까? 혹시 수술 후 피가 멎지 않으면 어떡하나. 아는 것이 병이라는 말을 이럴 때 쓰나보다 하는 생각을 했다.

외래 진료를 할 때는, 코골이와 수면무호흡증 환자들 중 수술이 더 적합하다고 판단되면 이비인후과에 의뢰하여 수술을 받게 하였다. 나는 그들이 어떻게 수술을 받았고, 수술 후 어떻게 지내는지 잘 모른다. 아니, 생각해보지 않았다는 말이 더 맞을 것이다.

그런데 막상 내가 수술을 앞두고 있자니, 수술을 권할 때 얼마만큼 그들의 입장에서 생각해 보고 이야기를 나누었는지 새삼 되돌아보게 되었다.

코골이 환자들은 잘 치료하기 위해서는 적절한 진단이 우선이다. 그래서 수면다원검사는 내가 맡고 있는 수면클리닉에서 시행한다. 내가 초진을 보고, 진단 받은 환자 중 코골이와 수면무호흡증 수술에 적응이 되는 환자들에게는 수술에 대해 설명한 후 이비인후과로 의뢰한다. 수술을 권하기에 앞서 환자들에게 코골이와 무호흡이 생기는 원인을 설명한다.

"연구개와 목젖이 늘어져 있어서 그 부분이 떨리면서 나는 소리가 코골이입니다. 코골이라는 것이 코에서 나는 소리가 아닌 거죠. 그리고 환자분은 편도가 상대적으로 큰 편이세요. 그래서 기도의 입구가 좁습니다. 편도를 잘라내서 입구를 넓히면 숨쉬기가 더 편해질 겁니다."

"수술하면 아프지는 않나요?"

"아픕니다. 수술 후 1~2일 입원했다가 퇴원하시는 분도 있고 조금 더 오래 계시는 분도 있습니다. 통증 때문에 일주일 정도는 음식 드시는 데 힘드실 겁니다. 그런데 꼭 해야 하는 수술이니 이비인후과 가서 예약하시고 수술 받으세요." 라고 명쾌하게 설명한다. 그리고 약 한 달쯤 지나면 그 환자가 내 외래로 온다.

"수술은 잘 받으셨어요?"

"예. 수술 받고 나니 코를 좀 덜 곤다고 하네요."

"잘 되셨습니다."

이렇게 한 환자에 대한 치료가 끝난다. 그리고 나선 그들에 대해 잊었다.

수술 전 날 입원했다. 내가 근무하는 병원이라 병동 간호사들이 친절하게 이야기해 주고 배려해 주니 불편함이 없었다. 수술 당일 아침이 되니 막연히 불안했다. 수술하러 가기 1시간 전 바륨을 먹고 나니 약간 졸리면서 마음이 편안해진다. 내가 일상적으로 처방하는 벤조디아제핀이 이런 효과가 있구나 하고 새삼 느꼈다.

걱정스런 얼굴의 아내를 뒤로 하고, 수술방으로 들어갔다. 수술대로 옮겨 누울 때는 비장한 마음도 있었지만, 마취를 하고 잠들었다 깨어나니 회복실이었다. 기억의 한 토막이 잘려 없어진 것 같았다. 반갑게 맞는 아내 얼굴을 보니 안도감이 들었다. 마취와 진통제 영향인지 통증도 거의 없이 편안했다. 거울로 목 안을 비추어 보니 양쪽 편도가 있던 자리가 움푹 들어가 있어 생경하였다. 편도가 저렇게 컸구나 하는 생각과 함께 무엇인가 해 냈다는 뿌듯함도 느껴졌다.

그런데 저녁 무렵 마취가 풀리고 진통제 효과도 떨어지자 침 삼키기도 힘들고 기침할 때마다 통증이 심해졌다. 목젖이 부어올라 기도를 막는지 바로 누우면 숨쉬기가 힘들어 수시로 옆으로 돌아누워야 했고 깊은 잠을 잘 수 없었다. 퇴원하고 집에 돌아와 죽을 먹을 때도, 물을 마실 때도 수술 부위가 욱신거리고 침 삼키는 것이 겁이 난다. 내가 결정한 수술이기에 망정이지, 누가 시켜서 한 수술이라면 그 사람을 원망할 것 같았다.

내가 코골이와 수면무호흡 수술을 권하는 환자들도 수술 받고 회복되는 일주일 동안 이런 어려움을 겪었겠구나. 그들은 나만큼 수술과 의학에 대해서 몰랐을 텐데…. 그래서 더 불안했을까 아니면 아예 몰라서 걱정도 덜하고 마음도 편했을까? 나는 의사니까 내가 아픈 이유도 알고 어떤 약이 어떤 역할을 하는지도 아니까 '이제 진통제를 먹으니 좀 편안해지겠지' 하는 생각도 하는데 그들은 아마 그러지 못했겠지.

언젠가 다리 골절로 입원한 친구는 "세상에서 제일 아픈 것이 뭔지 아니?" 하더니 그건 "자기 자신이 아픈 것이다"라고 했다. 자신의 고통이 가장 절실하다. 편도선 절제술을 하고 난 후 내 고통을 통해서 다른 사람의 고통 일부라도 헤아릴 수 있었다.

의대 4년 동안, 전문의 과정을 밟으면서, 대학 교수가 되어서도 늘 무엇인가 공부하고 배웠다. 책을 읽고, 논문을 리뷰하고, 학회에 참석해서 다른 학자들의 얘기를 들었다. 그 흔적이 책장을 가득 채운 책과 논문 모음과 워크숍 수료증으로 남아 있다. 그런데 그 공부는 머리로 한 것이라 절실하지 않은 것 같다. 편도절제술을 하고 난 후 가끔 거울에 내 목을 비춰본다. 편도가 사라진 자리는 여전히 동굴처럼 패어 있다. 그리고 수술 후 침을 삼킬 때의 욱신거리는 느낌도 남아 있다. 코골이 수술을 환자들에게 설명할 때마다 그 불편했던 기억들이 떠오르며 좀 더 자세히, 신중하게 설명한다. 몸으로 배운 것은 머리로 배운 것과 이렇게 다르다.

몸에 남은 흉터로 한 사람의 일생을 돌아보는 내용의 소설을 본 적이 있다. 몸에 남은 흔적은 내가 원치 않는다고 버릴 수 없는 나의 역사다. 어린 시절

장난하다가 생긴 내 손가락, 발등의 흉터들에 더해진 편도절제술 흔적은 의사인 나에게 질병 치료의 결과물을 넘어, 환자의 병과 고통을 내 몸으로 체험한 작은 기록으로 남았다.

7회 장려상 수상작이다. 글쓰기는 일상에서 흘러가는 빛나는 순간들을 남겨주는 수단이라고 말하는 필자는 6회에 이어 7회에도 장려상(獎勵賞)을 받았으니 상의 취지를 잘 살리고 있는 셈이라며 만족감을 표했다.

해피피트

김대동 (대구가톨릭의대병원 외과)

할머니는 급성 복통을 주소로 입원하셨다. 작은 체구가 통증으로 인한 떨림으로 더 작게 느껴졌지만 하얀 얼굴에 단정한 용모를 가지신 분이셨다. 몇 가지의 검사가 있은 후 할머니는 급성 충수염으로 수술을 받으셨다. 비교적 간단하다고 알려진 수술이었지만 수술 소견상 염증으로 인해 주위 장과의 유착이 조금 심했고 또 고령의 나이가 할머니의 장 회복을 붙들어 수술 후 회복까지는 꽤 오랜 시간이 걸렸다. 미음에서 죽으로 조금 진행했다가도 속이 불편하셔서 다시 물과 미음으로 후퇴하는 과정을 여러 번 반복했다. 시간이 좀 걸리겠지만 틀림없이 좋아지실 테니 걱정 마시라고 회진 때마다 이야기했다.

끄덕이는 할머니의 얼굴 속에 걱정스러움이 묻어났지만 바쁜 회진일정에 쫓겨 "좋아지실 거예요"하고 옆 병실로 급하게 자리를 옮겼다.

할머니를 조금 더 알게 된 그 날은 수술이 일찍 끝나서 전공의 없이 혼자 회진을 돌았다. 늘 뭔가 우울해보이고 힘이 없어 보이던 할머니라서 마음 한구석에 할머니를 향한 연민의 마음이 있었나 보다. 할머니께서는 병실 대신 복도 맨 끝에 쭈그리고 앉아 햇볕을 쬐고 계셨다. 작고 늘어진 어깨가 안쓰러워 나도 모르게 조용히 다가가서 어깨를 주물러 드렸다. 놀라는 할머니와 웃음으로 인사하고, 그렇게 시작된 이야기를 통해 할머니를 조금 더 잘 알게 되었고 할머니도 내 지갑 속에서 웃고 있는 아내와 아이들의 모습과 인사했다.

　그 때부터 할머니와 난 서로에게 '몸짓이 아닌 꽃(?)' 이 되었다. 서로가 서로의 비밀과 마음을 공유하고 있다는 뭔지 모를 친근함이 나와 할머니를 웃게 했고 행복한 웃음은 할머니의 장을 춤추게 했다. 회복이 빨라졌다. 옆에서 간호하던 둘째 딸도 우리 사이에서 윤활유 역할을 해주어서 한번은 딸의 간곡한 부탁으로 난 아내 몰래 작은 장미꽃 한 송이를 할머니께 선물하기도 했다. 장미꽃은 할머니 머리맡에서 며칠 동안 싱싱하게 있었다. 문병 온 할머니의 가족은 장미꽃과 내 얼굴을 번갈아 보며 싱긋이 웃곤 했다. 조금 부끄러웠다. 어쨌든 할머니가 행복한 꽃이 되셔서 퇴원하심으로 우리의 짧은 애정행각(?)은 끝이 났다.

　몇 주가 지났을까? 할머니가 다시 입원하셨다. 원인은 장 폐색. 충수염이 조금 심했고 주위 소장에도 염증이 있었는데 그것이 일찍부터 말썽을 부리는 것 같다. 콧줄(비위관)을 꽂고 누워 계신 할머니와 다시 인사했다. 멋쩍은 웃음을 서로 나누며 왜 또 오셨냐고 했다. 할머니는 웃으실 뿐 대답하지 않으셨다. 할머니와 나의 두 번째 연애가 시작되었다.

　할머니는 가족이 참 많았다. 상냥하고 예쁜 아줌마인 딸들, 날씬하고 샤프한 아들, 멋쟁이 할아버지, 그리고 이미 키가 나만큼 큰 것 같은 중학생 손자 손녀들…. 참 많은 사람이 할머니를 찾아왔다. 복이 많은 분이라는 생각을 했는데 세상에 근심 없는 사람은 없는가 보다. 간간이 보이는 할머니의 그늘을 걷어 내고 싶은 마음에 난 다른 환자들에게 하는 것처럼 할머니에게 밝은 모습을 보여주려고 노력했다. 그런데 어느 날인가부터 찾아오는 가족들이 유난히 내 얼굴을 유심히 보고 싱글싱글 웃기 시작했다. 처음 본 중학생 손녀들까지…. 단순한 관심 이상이라 부담스러웠는데 나중에야 그 이유를 알게 되었다. 할머니가 가족에게 자주 내 이야기를 하셔서 아마도 가족들은 할머니의 동화 속에 등장하는 내 모습이 어떤지 궁금했나 보다. 덕분에 가족들과도 많이 인사를 나누었고 나는 많은 사람과 친구가 되었다.

어느 날은 할머니가 우리 아이들을 보고 싶어 하셨다. 조금 우울했던 할머니의 기분전환을 위해 우리 아이들을 출동시켰다. 미리 할머니에 대해 사전정보를 이야기해주고 너희들이 가면 할머니가 많이 좋아지실 것 같다는 이야기를 유치원생인 두 아이에게 했다. 아이들은 엄마, 아빠가 하는 것처럼 할머니를 위한 기도를 하더니 선물을 준비해야 한다며 분주해지기 시작했다. 큰 딸 나영이는 그림을 그리기 시작했다. 지형이는 자기의 보물 상자 속에서 할머니께 줄 선물을 고르기 시작했다. 햇살 좋은 토요일 오후 퇴근 후 사복차림으로 할머니를 병문안했다. 아이들은 처음 보는 할머니를 생각보다 훨씬 스스럼없이 반갑게 대했다. 말도 잘 하고 안아 드리기도 하고…. 아마도 엄마가 잘 가르쳤나 보다. 먼저 나영이가 할머니가 나아서 손들고 있는 그림을 전해 드렸고 둘째 지형이는 빨리 나으시라는 말과 함께 뭔가를 할머니 손에 쥐어 주었다. 뭔가 했었는데 조그마한 펭귄인형이었다. 자세히 보니 꾹 누르면 작은 심장에 빨간 불이 들어오는 인형이었다. 해피피트라는 만화영화 캐릭터로 지형이가 평소에 자주 만지면서 아끼던 것이었다. 할머니 위문공연은 성공적으로 끝났다. 그리고 우리 아이들도 평소에 자주 먹지 못하던 아이스크림을 엄마의 눈치를 보면서 할머니의 허락으로 먹을 수 있었다.

걸어서 집으로 돌아오는 길에 "지형아! 왜 해피피트 드렸어?"하고 물으니 "그러면 할머니가 나으실 것 같아서요. 깜빡깜빡 살아나잖아요."하고 지형이는 짤막하게 대답했다. 그 후 가끔씩 할머니는 지형에게서 받은 펭귄을 만지고 꾹 누르면서 빨갛게 뛰는 심장의 박동을 유심히 보곤 하셨다. 많은 사람들의 사랑을 많이 받아서인지 할머니는 금방 퇴원하셨다.

며칠이나 지났을까? 병원 복도에서 할머니의 아들을 만났다. 할아버지께서 급성 간염으로 입원하셨다 한다. 건강을 위해 이것저것 드신 것이 아마 간에 부담을 주었나 보다. 비록 외과환자는 아니지만 찾아가 뵙고 인사를 드렸다. 겸연쩍게 웃으시며 인사하시는 노란 얼굴의 할아버지께 별 거 아니라고 곧 좋아지실 거라고 말씀드리고 연구실로 돌아왔다. 그 날 저녁 난 할아버지의 CT 사진을 보았다. 분명치는 않지만 췌장 주위에 있는 혹이 있었고 췌장암이 의심되었다. 조직검사를 통해 확진하지는 못했지만 임상적으로 췌장암이 의심되는 상황이었지만 워낙 고령이시라 수술적 치료는 어려운 것으로 담당교수님이 가족들에게 말씀하셨다.

할아버지는 할머니만큼 자주 찾아뵙지는 못했지만 할아버지는 내게 늘 할머니처럼 단정한 모습만을 보여주셨다. 나도 할아버지처럼 늙어야지 하는 생각을 하며 할아버지께 노하우에 대해 물었다. 할아버님은 노하우에 대해 알려주시면서 특정 건강식품도 잊지 않고 알려주셨다. 비록 암세포를 남겨 두긴 했지만 할아버지의 간염은 호전되었고 황달기 없는 밝은 모습으로 퇴원을 하셨다. 지난 번 할머니 말씀처럼 나중에 꼭 한번 식사 같이 하자는 말씀을 남기시고…. 그냥 어른 말씀이니 '네' 라고 했다.

1주가 채 지나지 않아 두 분의 아들이 내게 전화를 했다. 할머니, 할아버지께서 함께 식사했으면 하신다고…. 처음에는 사양했지만 내가 한 말도 있고 어르신들이 꼭 초대하라고 하셨다 해서 어렵게 승낙했다. 아이들도 함께 보자고 하셔서 아내와 함께 약속장소에 나갔다. 아뿔싸! 할아버지의 생신 축하자리였다. 간염 때문에 조금 늦어지긴 했지만 할아버지의 생신을 축하하기 위해 정말 많은 사람이 모여 할아버지의 생신을 축하해 드렸다. 아무것도 준비해가지 못해 죄송해 하는 나를 할아버지께서 가족들에게 소개하셨다. 칭찬으로 사람을 시험한다는 말처럼 힘든 시간이었지만 내게는 참 감사한 순간이었다. 내가 드린 작은 도움을 두 분께서 크게 생각해 주셔서 아내와 나는 함께 모인 가족과 친지들 앞에서 공치사만 받고 왔다. 부담스러운 말씀 속에 쩔쩔매는 아빠를 아랑곳하지 않고 나영이와 지형이는 맛있는 음식들을 정말 맛있게 먹고 있었다. 나쁜 녀석들 같으니라고…. 부끄러웠지만 우리 가정을 배려해주고 아껴 주시는 분들에게 감사했다.

말씀을 마치시고 할아버지께서 앞으로도 좋은 관계를 유지했으면 한다 하시며 조그만 선물 하나를 내미셨다. 사양할 수 없어 감사히 받았다. 선물은 접이용 남자지갑이었다. 아마 복도에서 아내와 아이들 사진을 보여줄 때의 내 지갑이 좀 낡았었나 보다. 할머니의 말씀을 듣고 할아버지께서 당신이 사용하지 않고 있던 새 지갑을 준비하셨다가 내가 사양할까 봐 이런 자리를 통해 주신 것이다.

"이 지갑은 내가 쓰고 있는 장지갑과 세트인데 긴 것은 내가 쓰고 있고 이건 김 선생님이 쓰셨으면 합니다. 내 지갑은 행복이 많이 들어오는 지갑인데 김 선생에게 주고 싶었습니다."

그 날로 정들었던 내 낡은 지갑친구는 아내의 강요를 못이긴 나에게 버림을 당했다.

할아버지께서 다시 입원하셨다. 그동안 외래에서 치료 받으시면서 경과가 좋으셨는데 이번에는 폐렴이었다. 약간은 가쁜 숨을 몰아쉬면서도 나를 보고 웃으면서 손을 들어 인사하셨다. 흉부촬영사진상 오른쪽 폐에 폐렴이 있는데 그렇게 심하지 않아 항생제 치료를 하면 좋아지실 거라고 말씀드렸는데 워낙 고령의 나이라 할아버지의 폐렴은 그 상태가 급속하게 나빠졌다. 다음 날 외래에서 대장내시경 시술을 하고 있는데 할아버지의 아들에게서 연락이 왔다. 담당 주치의가 치료를 더 할 것인지 여부에 대해 물었다고 한다. 무슨 말인지 몰라 할아버지의 병실을 찾았다. 지금 할아버지의 상태가 심각해져서 중환자실로 옮겨야 하는데 현재 췌장암이 있는 상태이고 고령이므로 이번에 폐렴에서 회복되신다고 해도 또 다시 그럴 가능성이 높아서 지금 중환자실로 내려가셔서 치료하시는 것이 의미가 있을지 모르겠다는 이야기였다. 너무 급속하게 빠른 경과였다. 고단위항생제를 투여함에도 불구하고 할아버지의 상태는 아침보다 훨씬 더 나빠져 있었다.

중환자실로 옮겨서 장시간의 집중치료를 하는 것과 지금 이대로 보내드리는 것 둘 중 하나를 가족들이 결정해야 하는 상황이었다. 혼란스러운 가운데 할머니와 가족들은 내 조언을 바라고 있었다. 솔직히 많이 부담스러웠다. 가족도 아닌 내가, 할아버지의 주치의도 아닌 내가 어떠한 영향을 준다는 것이 조심스러웠고 무엇이 더 좋은 결정일까를 망설였다. 가족 중 누군가가 "선생님! 만약 선생님 아버님이면 어떻게 하실 건가요?"하고 물었다. 쉽지 않은 질문이었다. 의사와 환자에서 가족 간의 관계로 더 가까이 내려서야 하는 상태에서 난 할아버지의 얼굴을 보았다. 할아버지는 아침보다 훨씬 가쁜 숨을 몰아쉬며 괴로워하고 계셨다. 짧은 순간 기도하면서 나는 생각했다. 현재 가족들이 아직 할아버지가 돌아가시는 상황에 대한 준비가 되어 있지 않은 상태였고 할아버지 자신도 죽음을 존엄하게 받아들일 만한 상황이 되지 못한 상태에서 이렇게 보내는 것은 아니라는 생각을 했다. 그래서 지금 그냥 보내드리기보다는 중환자실에서 치료하는 것이 더 좋겠다는 말씀을 조심스럽게 드렸다. 가족회의 끝에 할아버님은 중환자실로 내려가셨다.

인공호흡기를 달고 중환자실에서 3일이 경과하고 나서야 아주 조금씩 할아버지의 경과는 좋아지셨다. 인공호흡기의 도움을 일부 받으셔야 했기 때문에 말씀은 하실 수 없었지만 예전처럼 나를 보고 경례도 하시고 손도 잡아 주셨다. 완전히 회복되지는 못했지만 보름이 넘어서 할아버지는 병실로 다시 돌아올 수 있었다. 가족들은 물론 나도 기뻤다. 이제야 예전의 평안함을 다시 찾은 기분이었다. 하지만 언제 나빠질지 모르는 상황이라 지난번 미리 인사하지 못한 할아버지의 손녀, 손자 그리고 멀리 있는 가족들이 다 와서 할아버지를 보고 갔다.

할아버지는 다시 조금씩 나빠지셨다. 할아버지의 회복을 위해 기도를 부탁했던 우리 아이들이 할아버지께 가고 싶어 했다. 지형이가 할아버지를 안아드렸고 나도 할아버지께 조금만 더 힘내시라고 말씀드렸다. 다시 할아버지가 나빠지셨다. 가족들도, 나도 할아버님을 편안하게 보내드리기로 했다. 가족들은 할아버지의 주위에 모였고 할아버지는 다음날 저녁 편안한 모습으로 천천히 가족과 이별하셨다.

할아버지를 보내드리고 문상을 다녀온 뒤 문득 지형이가 할머니에게 준 해피피트의 빨간 심장이 떠올랐다. 환하게 빛나는 빨간 심장은 펭귄 왕국에서 가슴으로 부르는 노래 '하트송'을 의미한다. 구애를 하기 위해 마음으로 부르는 노래가 필요하기 때문이다. 나도 아내와 결혼하기 위해 아내에게 내 마음을 주었고 아내도 자신의 것을 내게 주었다. 오늘날 많은 만남이 있지만 마음과 마음이 만나서 서로 이어지지 않는 관계는 그냥 방황에 불과할 뿐이다. 의사와 환자도 서로의 마음을 나누지 않으면 우리는 우리의 의료적인 지식과 기술을 금전을 바꾸는 비즈니스맨에 불과하지 않을까 하는 생각을 한다.

미켈란젤로의 '천지창조' 중 '아담의 창조'에 나오는 아담의 손가락과 하나님의 손가락의 만남은 손가락을 통해서 생명을 불어 넣는 것으로 알려져 있다. 하나님이 아직 생명이 없는 아담의 손에 자신의 마음을 불어넣어 주심으로 아담이 하나님께 대하여 살아 있는 생명체가 된 것이다. 나와 다른 이의 마음과 마음이 이어질 때 우리는 진정으로 즐거운 발걸음으로 동행하는 해피피트(happy feet)가 될 수 있지 않을까 생각 한다. 마음을 잇기 위해서는 자신이 아끼는 무언가를 서로를 위해 내놓아야 하는 것을 우리 지형이는 이미 알고 있었던 것일까.

할아버지가 떠나고 난 지 벌써 1년이 넘었고 나도 다른 지역으로 병원을 옮겼지만 할아버지의 가족과 아직도 간간이 서로 안부를 묻는 전화를 한다. 비록 전화상이지만 늘 즐겁게 맞아 주시며 얼굴을 보고 싶어 하시는 할머니와 간간이 문자 넣어 주시는 아들, 그리고 명절 때마다 안부 전화 드리는 우리 아이들 간에 있는 마음의 나눔이 오늘도 병원으로 향하는 내 발걸음을 행복하게

해 주는 원천이 아닐까! 해피피트의 따뜻한 심장이 오늘을 살아가는 우리 사
회 모든 곳에 넘쳐 나기를 바란다.

8회 장려상 수상작이다. 의사로서 역할을 하면서 이 땅위에서 살아갈 수 있다는
것이 본인에게는 큰 특권이라는 필자는 존엄사 논쟁이 뜨거울 때 할아버지를 떠
올리게 됐고 수상까지 왔다며 지형이의 해피피트 인형처럼 따뜻한 마음이 의료
사회에도 더 많아지기를 소망한다고 전했다.

가상환자

허원주 (동아의대병원 방사선종양학과)

"선생님, 저는 곧 죽는 걸로 되어 있거든요. 자꾸 나을 수 있다고 우기시면 제 입장이 정말 곤란합니다."

초긴장 상태로 조심스럽게 인터뷰를 진행하던 어린 제자는 환자의 뜬금없는 이야기를 듣고 곤혹스런 표정으로 날 쳐다보았다. 무슨 이런 황당한 경우가 있느냐고 묻고 있는 얼굴이다. 나는 터져 나오려는 웃음을 참으려 어금니를 깨물며 표정관리를 하고 있었다.

토요일, 이른 아침 시간. 이제 곧 병아리 의사가 될 4학년 학생들을 대상으로 임상 실기 시험을 진행 중이다. 나는 40대 여자 환자에게 말기 암을 통보하는 의사의 태도를 평가하도록 되어 있었다. 대학 당국은 현장감 있는 상황을 연출하고자 가상환자들을 배치시켜 부속 병원의 외래 각 방에서 시험을 치르게 하였다.

가상환자란 특정 질병의 증세를 호소하면서 예비의사들의 진료 수행능력을 객관적으로 평가하도록 도와주는 도우미들이다. 그날 모인 가상환자들은 모 대학의 연극영화과 학생들과 자원 봉사자들로 구성되어 있었다. 다양한 환자의 역할을 리얼하게 연기하기 위해 한 달 전부터 각 질환의 시나리오에 맞추어 수차례에 걸쳐 리허설을 해둔 상태다. 하지만 시험에 임하는 학생들의 반응이 워낙 천태만상이라 그때그때 상황에 맞는 순발력도 절실히 요구된다.

두 자녀를 둔 40대 중반의 가정주부 '전말자' 씨. 내 방에 배정된 가상환자였다. 변에 피가 섞여 나와 가벼운 마음으로 건강검진을 받은 후, 오늘 의사에게 말기 직장암이라는 참담한 결과를 통보 받는다. 이런 경우 환자는 처음에는 검사결과를 완강히 부인하게 된다. 우리는 환자의 시나리오에 '선생님, 지금 보시는 것이 내 차트가 확실합니까?' 하는 대사를 넣어 두었다. 만약 학생이 '별 걸 다 묻는다'는 표정을 짓게 되면 바로 감점이다. 사형선고나 다름없는 결과를 부정하고 싶은 마음을 충분히 이해하는 태도를 취해야하는 것이다.

그런데 첫 학생부터 상황이 꼬이기 시작하였다. 학생의사가 환자의 시나리오를 잘못 이해하여 엉뚱한 방향으로 이야기가 진행되고 있었다.

"예, 환자분 차트가 틀림없습니다. 하지만 직장암의 경우, 간에 전이가 있다 하더라도 수술로 완치될 수 있거든요. 절대 포기하실 필요 없습니다."

아뿔싸, 맞는 이야기다. 최근에는 그 정도로 의술이 향상되었고 강의 시간에도 그런 이야기를 누차 해주었던 기억이 떠올랐다. 학생이 시험장에 들어오기 전에 치료가 불가능한 말기 암 환자라는 지문을 좀 더 확실히 알려 주었어야 했다. 사태를 더 지켜보기로 했다.

한정된 시간에 주어진 역할을 소화해야 하는 가상환자 아주머니의 표정에 초조한 기운이 역력하다. 빨리 다음 단계로 넘어 가야하는데 학생의사는 자꾸 완치가 될 수 있다고 우기니 참으로 답답할 노릇이다. 자기가 살 수 있게 되면 그동안 연습한 시나리오가 엉망진창이 된다. 급기야 환자는 자기가 곧 죽어야 될 운명이라고 말해버렸던 것이다. 웃지 못할 해프닝이다. 그쯤에서 나는 사태를 수습하고 학생에게 완치될 수 없는 환자로 가정하고 다시 시작하도록 지시하였다.

부정의 단계를 거치면 암 통보를 받은 환자는 '많고 많은 사람 중에 하필 왜 내가 이런 병에 걸렸나?' 하는 분노의 단계를 겪게 된다. 앞으로 살아갈 창창한 미래를 졸지에 포기해야 한다는 사실이 너무 가혹하고 억울하다는 생각이 드는 것이다. 이 부분에서 가상환자 '전말자' 씨는 각본에 충실하면서도 탁월한 연기력을 과시하고 있었다.

"선생님, 제가 어떻게 살아온지 아십니까. 저요, 남편과 자식 밖에 모르고 살았습니다. 남편이 벌어다 준 월급, 한푼 두푼 모으려고 뼛골이 빠졌어요. 시장 갔다 오면서도 택시 한번 탄 적 없어요. 양손에 장바구니 들고 버스 타고 흔들리면서 그렇게 모은 돈, 이자 한 푼 더 받겠다고 옆집 친구한테 맡겼더니 그 년이 부도내고 도망가 버렸어요. 외제 차 몰고 골프 치면서 흥청망청 쓰더라고요. 그런 년은 저렇게 시퍼렇게 살아 있는데, 저는 억울해서 절대 이대로 못 죽어요. 저요, 돈이 아까워 친정아버지 직장암으로 돌아가실 때 입원비도 한번 못 내 드렸거든요. 우리 남편, 나 없으면 라면도 하나 끓일 줄 모르는데…. 그리고 내 자식들은…."

연기에 몰입한 가상환자는 자기도 모르게 어깨를 들썩이고 있었다.

이쯤에서 학생의사는 부드러운 표정을 지으며 환자와 시선을 맞추는 것이 좋다. '예, 환자분의 심정을 충분히 이해합니다', 그런 진심어린 위로의 말을 건네든지 아니면 환자의 손을 따뜻하게 잡아주는 제스처를 취해야 한다. 그런데 방 안의 분위기가 어색하게 돌아가고 있었다. 학생에게 눈을 돌렸다. 이럴 수가. 망연자실한 학생은 가상 환자를 멍하니 쳐다만 보고 있는 것이 아닌가. 충혈된 두 눈엔 어느새 그렁그렁 눈물이 고였다. 나는 빨리 진행하라는 눈짓을 보냈다. 그러자 울먹이는 목소리의 멘트.

"그래요, 저희 어머니도 위암으로 돌아가셨는데…"

완전히 빵점이다. 의사로써 적절한 태도가 결코 아니다. 환자의 마음을 어느 선에서 위로한 뒤 향후 치료 방침에 대한 조언을 해 주고 이 상황을 슬기롭게 마무리해야 좋은 점수를 줄 수 있다. 나는 학생의 잘못된 태도를 조목조목 지적해 주었다. 하지만 가상환자의 과장된 연기력에도 문제가 있어 상황을 종료시키고 병원 밖으로 데리고 나왔다.

장맛비가 잠시 주춤하면서 아침 공기는 지독한 습기를 품고 있었다. 예기치 않게 학생의 눈물을 본 뒤라 가뜩이나 젖은 기분이 더 가라앉았다. 가상환자 아주머니에게 커피를 한 잔 뽑아주면서 주의를 환기시켰다.

"아주머니, 연기도 중요하지만 너무 지나치면 제가 적절한 평가를 할 수 없거든요. 아직 감수성이 예민한 학생들이라…."

"죄송합니다, 제가 주책없이 오버를 해 가지고…."

자기의 오버액션이 시험 평가를 제대로 수행하지 못한 것에 영향을 주었다고 자책하고 있었다. 다음 학생들에게는 감정도 조절하고 액션도 좀 절제하겠단다. 안쓰러운 마음이 들어 그래도 연기는 참 훌륭했다는 위로의 말을 하려는데 갑자기 정색을 하며 묻는다.

"참, 교수님은 진짜 암 환자들만 치료하시지요? 그런데 환자 땜에 우신 적은 별로 없었던가 봐요. 하긴, 나이 들면 눈물샘도 빨리 마른다던데."

연기인 줄 알면서도 눈물을 글썽이던 젊은 학생과 엄격한 평가의 잣대만 들이대는 교수가 사뭇 달라 보였단 말이다. 나는 멋쩍은 웃음을 흘리며 가상환자의 눈길을 피해버렸다. 막 삼켰던 커피의 쓴 기운이 한참동안 입안에 머물고 있었다.

시험장으로 돌아오는 긴 복도를 지나면서 방금 들은 이야기가 가시가 되어 심장을 저미기 시작했다. 눈물샘이 퇴화해 버린 의사라, 벌써 그런 나이가 되었나. 지난 세월 건조한 가슴으로 치료해 주었던 말기 암 환자들이 떠올랐다. 그래 예정된 죽음의 절차를 마무리하듯 습관적으로 치료를 하곤 했었지. 그토록 많은 암 환자들을 치료하면서 환자 때문에 울어본 적이 언제였던가. 간호사 몰래 돌아서서 흰 가운의 소매 끝으로 눈가의 물기를 닦던 젊은 암 전문의의 모습이 빛이 바랜 흑백사진으로 스쳐 지나가고 있었다, 잠깐 동안, 참으로 낯설게…. 가상환자 앞에서 울었던 학생의 평가를 약간 고쳐주어도 괜찮겠다는 생각이 들었다.

7회 우수상 수상작이다. 언제부터인가 연애하듯 글쓰기를 하고 있다는 필자는 '애인' 이 여간 까다롭지 않다며 고충을 털어놓으면서도 수필에 대한 열렬한 사랑을 고백한 소감을 보내왔다.

나의 작은 욕심

박진석 (진천성모병원 신경과)

 신경과의 특성상 뇌졸중, 치매 등으로 몸이 불편한 어르신들이 병원 주변의 여러 요양시설에서 진료를 받기 위해 종종 외래를 찾아오시곤 한다. 그러던 어느 날 작년에 새로 개원한 '은혜의 집'이라는 요양원에서 병원을 통해 촉탁의 문의를 전해왔다. 계약 전에는 병원장과 교대로 시설을 찾아 진료를 보기로 했었다. 하지만 막상 계약을 위해 시설을 찾았을 때는 상황이 달라졌다. 요양원장님은 어르신들에게는 신경과 전문의가 더 도움이 될 것 같다고 하시며 내가 전담해서 오기를 청하셨다. 그 청을 거절할 수 없었던 나는 얼떨결에 승낙하고 촉탁의로 계약하게 됐다. 그 후 일주일에 두 번씩 병원 진료가 끝나는 저녁시간을 할애해 요양원을 찾아갔다. 시간이 지나며 요양원의 입소자는 50명이 넘어섰고 얼굴만 한 번씩 봐도 한 시간은 족히 걸리곤 했다. 만만치 않은 일이었지만 병들고 어려운 어르신을 돕겠다는 정말 순수한 마음 하나로 즐겁게 진료를 봤다. '촉탁의'라는 일을 맡게 된 것도 처음이지만, 단 한 번도 정식으로 요양시설이란 곳을 찾은 적이 없었던 나는 이런 봉사가 의사로서 외래 진료를 보는 것 못지않게 뜻 있는 일이라는 생각이 들었다. 더욱이 은혜의 집은 새로 지어져 건물도 깨끗했고 시설도 좋아 '요양원'에 대한 거부감 없이 일 년이란 시간이 지나갔고 이와 함께 요양원 진료는 내 생활의 일부분이 되어가고 있었다.

그러던 중 올해(2008년) 7월부터 국가에서 실시하는 노인장기요양보험제도가 시작됐다. 제도가 시작되기 몇 일전, 몸이 불편한 어르신을 모시고 자주 외래를 찾아오시던 목사님 한 분께서 평소와 달리 어려운 표정으로 부탁이 있다며 찾아오셨다. 20여 명이 입소해 있는 교회 요양시설인 평안의 집 어르신들을 봐줄 수 없겠냐는 것이었다. 내가 이미 다른 시설에서 촉탁의를 맡고 있다는 것을 알고 있는 목사님의 입장에서 그런 이야기를 꺼낸다는 것 자체가 어려웠을 것이라는 생각이 들었다. 하지만 일주일 중 이틀을 빼서 은혜의 집을 찾아가는 상황에서 시간을 더 할애한다는 것은 나로서도 어려운 일이었다. 목사님께서는 자주 찾지 않아도 좋으니 거동이 불편한 어르신들을 도와달라고 연신 청하셨다. 일단 시작한 적 있는 일은 처음처럼 어렵지 않게 여겨져서일까. 결국 나는 또 그 자리에서 그렇게 하자며 제안을 받아들이기로 결정했다. 사실 결정을 내리기까지 오래 걸린 것은 아니었지만 그 짧은 순간 머릿속에서는 복잡한 많은 생각들이 스쳐 지나갔었다. '이젠 저녁시간이 거의 다 없어지겠구나.'라는 생각, 퇴근 후 집에 가는 길목에 위치한 은혜의 집과는 달리 평안의 집은 돌아가야 한다는 거리감, 또 평안의 집은 은혜의 집보다 위중한 분들이 조금 더 많다는 부담감이 결정을 망설이게 했다. 하지만 망설임은 잠시였다. '봉사하는 김에 조금 더하자.' 라는 결정을 내린 순간 나 스스로가 대견했고 남을 도울 수 있는 작은 능력이라도 있다는 사실이 너무나 기쁘고 행복했다.

마침내 평안의 집에 처음 방문하기로 한 저녁시간이 다가왔다. 목사님께서 사전에 대충 위치를 말씀해 주셨지만 낯선 길이라 그런지 이해가 잘 되지 않았다. 네비게이션은 없지만 나름대로 지도도 찾고 인터넷으로도 가는 방법을 확인해 뒀다. 하지만 막상 시골길로 접어들자 분위기는 예상과는 사뭇 달랐다. 밭에 거름으로 준 퇴비 냄새가 코를 찌르는 경험이 간혹 있었는데 그날은 유독 심하게 느껴졌다. 시간도 생각보다 오래 걸렸다. 평안의 집으로 가는 구불구불한 길 위를 달리는 차 안에서 과연 결정을 잘한 것인지 불안한 마음마저 들었다. 어느덧 해는 뉘엿뉘엿 서산을 넘고 있었다. 거의 다 왔다고 생각될 때쯤에는 지도에도 나오지 않는 길이 몇 갈래로 나뉘어져 있어 직감으로 찾아야 했고 그러다 교회라고 생각되는 작은 건물에 도착했다.

그 무엇이 되었든 살아가며 겪게 되는 첫 경험은 언제나 나를 설레게 한다. 설레는 마음으로 문을 열고 건물 안으로 들어서니 치매 증상이 있어 보이는 몇몇 어르신들의 애매모호한 표정을 마주할 수 있었지만 나를 기다리다 반겨 주는 이는 없었다. 대신 오랜 시간에 걸쳐 찌들었음에 틀림없는 땀과 대소변 냄새가 뒤섞여 숨을 들이마실 수 없을 정도로 뭐라 형용하기 힘든 지독한 냄새가 나를 당황스럽게 했다. 더군다나 내가 도착하기 직전에 저녁식사를 마쳐서 음식 냄새까지 섞여 있었다. 장마철임에도 불구하고 비가 내리지 않아 덥고 습하기만 한, 더욱이 바람조차 불지 않는 고약한 날씨 탓에 냄새는 더욱 심하게 느껴졌다. 병원에서 어르신들을 진료하면서 냄새에 어느 정도 자신이 생긴 나였지만 그날 냄새는 그 이상이었다.

그때 사람이 온 줄도 모르고 옆방에서 와상 할아버지의 기저귀를 갈던 목사님께서 반갑게 인사를 건네셨다. 그리고 목사님이 건넨 첫 인사말도 냄새 이야기였다. 어떤 간호사가 냄새 때문에 출근 첫날 바로 그만둔 일도 있다고 하셨다. 냄새는 피로 현상에 의해 조금씩 적응되는 듯 했지만 움직일 때는 역시나 코를 찔러댔다. 이 방 저 방, 몇 개의 작은 방에 어르신들이 누워계셨다. 마치 설탕물을 흘린 것처럼 끈적끈적한 방바닥에 발을 옮길 때마다 양말이 들러붙었다. 쩍-. 쩍-. 그렇게 붙었다 떨어지기가 계속 반복됐다. 가끔 외래 진료에서 뵌 탓에 20여 명의 어르신 대부분이 낯이 익었지만 정작 이 곳에서 다시 뵙게 되자 머릿속이 복잡해졌다. 반갑게 나를 맞이하는 밝은 낯이 오히려 무안할 정도였다. 사실 그분들은 치매 증세가 심했기 때문에 정말 나를 알아본다기보다는 사람에 대한 그리움에 낯선 이조차 반긴다는 것을 알고 있었다. 간단하게 어르신들의 상황을 파악하는 데만 한 시간이 넘게 걸렸다. 그렇게 평안의 집에서의 첫 진료가 끝났다. 목사님과 짧고 어색한 인사를 나누고 이제는 어둑어둑해진 길을 따라 집으로 향하던 중, 정말 너무도 오랜만에 뜨거운 눈물이 갑작스레 흘러내렸다. 평안의 집에 도착하고 목사님과 인사 나누며 나올 때까지 그 한 시간 남짓한 시간동안 가슴 속에 꽉 막혀있던 그 무엇이 폭발하듯 터져 나오고 말았던 것이다.

집으로 가는 길에 처음엔 나 자신조차 이해하기 어려웠던 그 눈물의 의미를 한참동안 생각해 보았다. 병들고 불쌍한 사람을 치료하고 돕고 있다고 스스로 자랑스러워하고 만족스러워했던 지금까지의 위선에 대한 죄책감, 부끄러움의 눈물이었던 것이다. 말로만 하는 봉사가 아닌 실제로 내 몸과 시간을 희생해

가며 어려운 이를 돌봐야 한다는 진정한 희생과 봉사의 뜻을 깨닫게 된 것이다.

어떻게 보면 평안의 집에서 받을 정신적 충격을 다소 줄여주기 위해 은혜의 집을 먼저 경험하게끔 나를 배려한 하느님의 섭리가 처음부터 있었던 것 같다. 어렸을 때 다른 생각 한번 않고 의사가 되리라 항상 마음먹었었고, 나이 사십이 될 때까지 의사가 천직이라 생각하며 나름대로 겸손하게 봉사하며 살아왔다. 그런 내가 그동안 정말 무엇을 했으며 진짜 낮아진다는 것과 병들고 힘든 자를 곁에서 돌본다는 것이 과연 어떤 것인지를 깨닫게 되는 시간이 찾아온 것이다. 전혀 생각지도 않은 짧은 순간에 내게 다가온 것이다.

외래로 밀어닥치는 수많은 환자들을 시간 내 진료를 끝내고 돌려보내야 한다는 극심한 강박감에 사로잡힌 지 오래됐다. 더욱이 언제부턴가는 그조차도 느끼지 못하는 매너리즘에 빠져 치매에는 이런 처방, 뇌경색에는 저런 처방이라는 식의 습관적인 진료를 봐왔다. 요양원에서의 진료는 가운을 입고 환자를 보는 것이 아니라 평소 생활하는 모습 그대로 앉아 시간 구애 없이 환자를 보고 그를 둘러싼 주변 환경까지 함께 보게 되는 것이었다. 이번 일은 지금까지의 습관적인 진료에서 비로소 벗어나는 계기가 된 것이다. 그러다 보니 그동안 내가 얼마나 형식적인 진료를 봐왔었던가 하는 후회와 부끄러움이 찾아왔다. 이를 만회하기 위해서라도 이제 환자 개개인의 차이를 발견하기 위해 노력하며 진료하고 그에 맞는 정확한 처방을 해야겠다는 목표도 생겼다.

외래 진료를 보다 보면 증상이 왜 빨리 좋아지지 않는지, 약을 복용하는데 더 심해지는 것 같은 이유가 뭔지 등을 방문할 때마다 따지듯이 묻는 환자에게 시달리는 경우가 있다. 하지만 이분들은 그런 불평이 없었다. 이 어르신들은 그저 진료를 받게 되는, 누군가 자기 몸에 관심을 가지고 청진기를 한 번 더 대주는 것 자체가 너무나 행복한 분들이었다. 아이러니하게 그러다 보면 오히려 내가 더 신중해지고 이왕이면 이분들에게 조금 더 도움이 되고 싶어 한 번 더 청진하고 증상을 먼저 여쭙게 됐다. 제대로 된 이학적 검사와 신경학적 검사를 할 수 있는 시간을 갖게 된 것이다. 돌이켜보면 순수한 마음으로 의사가 됐고, 그 뒤로는 시골에서 진료하며 많은 시간이 흘러갔다. 시간의 흐름 속에 몸과 마음은 세상에 물들어갔고 타성에 젖게 됐다. 그러던 중 요양원 촉탁의가 됐고, 이 일로 인해 나를 되돌아보게 되는 시간을 갖게 된 것이다. 인생의 목표라고 거창하게 내세우지 않아도 나는 인생의 가장 큰 가치를 과연 무엇을 위해, 또 어떤 일에 부여할 것인가를 고민하고 결정하게 한 계기도 된 사건이었다. 필요로 하는 주위의 모든 이들에게 나의 시간과 능력을 한없이 베풀고, 이로 인해 남들이 가질 수 없는 행복을 가진 진정한 부자가 되고 싶은 작은 욕심을 잠시 가지며 이 글을 마친다.

8회 장려상 수상작이다. 필자는 수상소감을 통해 경제가 빨리 좋아져서 방치되고 있는 노인들이 적절한 진료를 받을 수 있었으면 하는 것이 또다른 작은 욕심이라고 밝혔다.

가족의 힘

김성욱 (부산 구덕병원 정신과)

중학교 1, 2학년 정도로 보이는 앳되고 까무잡잡한 얼굴에 몸집이 작아 귀여워 보이는 J, 차분한 음성과 행동이 교양 있어 보이지만 어딘가 어두워 보이고 다소 경직된 느낌의 부모님. 이것이 J와 J부모님에 대한 첫인상이었다. J는 갸름하고 귀여운 얼굴에 맑은 눈동자를 가졌지만 눈을 맞추지 못하고 불안한 눈빛으로 연신 두리번거리면서 왜 병원에 왔는지 모르겠다고 했다. 그러나 부모님에게서 들은 J의 행동은 순진해 보이는 외모와는 완전히 달랐다. 어려보이는 외모와 달리 J는 고등학생이었는데 학교를 빼먹는 것은 애교요 거짓말은 기본이었다. 부모님이 안 계실 때는 같이 살고 있는 할머니에게 "빨리 죽어버려라"는 폭언을 하고, 남의 물건을 몰래 가져오고도 전혀 반성의 기미가 보이지 않는다는 것이었다.

반항적인 청소년은 거짓말을 잘하고 고치겠다는 의지가 약하며, 거기에

다가 중간에 사고라도 치면 그야말로 골치 아프다. 부모도 중간에 지치는 경우가 많다. 시간도 오래 걸리고 치료자의 기력을 소진시키면서도 노력에 비해 그 성과는 미약한 경우가 많아 별로 매력적인 환자가 아니다. 솔직히 말하면 내 시간을 빼앗기는 것 같았고 빨리 이 가족에게서 벗어나고 싶었다. 영 탐탁하지 않았다. 부모님의 태도로 보아 교육수준이 높아 기대치도 높을 것 같았다. 적당히 차트에 기록한 후 "소아청소년을 보시는 교수님께 안내해 드리겠다."고 위해주는 척 하면서 이 부담스러운 가족에게서 도망칠 작정이었다. 그런데 면담을 하면서 '이 가족에게 무언가 있을 것 같다'는 본능적인 느낌과 그것을 알고 싶다는 호기심 때문에 덜컥 내가 보겠다고 결심해버렸다.

　지루한 시간이 계속되었다. 1주일마다 만나면서 나는 어떻게 지냈냐고 묻고 J는 별일 없었다고 거짓말하고, J가 나가고 나면 부모님이 들어와서 그동안의 걱정스러운 행동을 이야기하고, 나는 다시 J를 불러서 그러면 안 된다고 훈계하고 J는 변명을 하거나 다른 곳으로 말을 돌리면서 회피하려 했다. J와 부모님을 같이 면담해도 상황은 달라지지 않았다. 면담시간은 점점 나에게 부담이 되었다. 도무지 자기행동에 대한 책임감이나 뉘우침이 보이지 않는 J도, 반대로 너무나 공손하고 깍듯하게 대하는 J의 부모님도 모두가 부담스러웠다. 나는 요즘도 농담반 진담반으로 가장 싫어하는 보호자의 직업이 3사(師)(의사, 교사(교수 포함), 목사)라고 말한다. 이 부류에 해당하는 보호자들은 가장 협조가 잘 될 것 같지만, 사실은 가장 협조가 안 되고 자기주장이 강한 사람들이라서 힘들다. 겉으로는 수긍하고 그렇게 하겠다고 하지만 결국 모든 것을 자신의 뜻대로 하려고 한다. 거기에다 기대치가 높아서 치료가 잘 되지 않으면 엄청난 비난과 질책을 감수해야 한다. '나도 배울 만큼 배워서 안다' 는 거만함과 '당신이 의사이긴 하지만 얼마나 잘하는지 지켜보겠다. 결과가 좋지 않을 때는 각오하라' 는 무언의 메시지를 계속해서 보내기에 짜증나는 경우가 한두 번이 아니었다. 그런데 J의 아버지는 대학교수, 어머니는 초등학교 선생님으로 가장 힘든 보호자에 속하지만 일반적인 이 부류의 보호자와는 무엇인가 다르다는 느낌이 들었다. 사실 그동안 나는 J와 부모님의 닮지 않은 외모와 너무도 다른 성격이 의아해서 '부모님이 밖에서 하는 언행과 집에서 생활하는 모습이 다른가?' 의문도 가졌지만 한결같은 부모님의 태도를 확인하고는 지나친 의심이라고 결론 내렸다.

몇 번의 외래진료 시간이 지난 어느 날 J의 부모님은 머뭇거리더니 그동안 이야기하지 않았던 가족의 비밀을 털어놓았다. 지금까지 J를 길러준 부모님은 J의 친부모님이 아니었다. 물론 J는 이런 사실을 모르고 있었다. 결혼 후 한참이 지나도록 아이가 없자 J의 어머니는 시어머니로부터 무언의 시달림을 당했다. J의 아버지는 장남으로 어머니를 모시고 살았는데, J의 할머니는 그때까지 손끝에 물을 묻힌 적이 없고 맞벌이하는 며느리가 들어와 저녁을 차려주지 않으면 밥을 먹지 않을 정도였다고 한다. J의 어머니는 오래 전 정신적으로 매우 혼란스러워 짧은 기간 정신과 진료를 받은 적이 있다고 했다. 독실한 기독교 신자인 J의 부모님은 '우리에게는 하나님께서 아이를 주시지 않으려나 보다' 고 아기 갖기를 포기하고 지냈다. 그러던 어느 날 교회에서 버려진 갓난아이를 맡아서 키워보지 않겠느냐는 제안이 들어왔고, 부부는 하늘이 주신 선물이라 생각하고 정성을 다해 아이를 키웠다. 할머니는 친손자가 아니라서 성에 차지는 않지만 그래도 끝까지 비밀을 지키기로 하고 강보에 쌓인 핏덩이를 데려왔다. 사람들 이야기는 아이엄마는 지능이 모자라고 아빠는 누군지도 몰라 아이를 키울 형편이 되지 않는다고 했다. 다행히 아이는 부부의 사랑으로 건강하게 자랐다. 여기까지는 별 문제가 없었는데 사춘기가 되면서 귀엽고 사랑스럽던 J는 무서운 반항아가 되어버렸다. 그러나 그렇게 거칠어진 J이지만 신기하게도 부모에게는 공격적인 말과 행동을 보이지 않았다. 겉으로라도 늘 "예"라고 대답했다. 면담시간에도 부모에 대해서는 '참 좋은 분이다' 고 표현했다. 나는 그제야 J의 마음을 조금이나마 이해할 수 있을 것 같았다. 사춘기가 되면서 분노와 공격성을 어떻게 해결할지 몰라 방황하고 있었던 것이다. 그리고 그 훨씬 이전부터 J는 부모님은 자신을 사랑하지만 할머니는 자신을 별로 좋아하지 않으며 할머니가 엄마를 괴롭힌다고 느끼고 있었던 것 같다. 실제로 J는 상당히 달변이었지만 겉만 번지르르한 말이고 자신의 생각이나 감정을 표현하는 것이 서툴렀으며 지능은 평균보다 낮았다.

그리고 한 번은 J가 진료실에 들어올 때 내가 무엇인가(자세하게 기억이 나지 않지만 볼펜이었던 것 같다) 고장 나서 만지작거리고 있는데 J가 "제가 손재주는 좀 있거든요"라며 고치기에 고맙다며 칭찬해주었다. 그 순간 나는 보았다. J의 눈이 반짝이는 것을. 그리고 그때까지 한 번도 내 눈을 똑바로 쳐다본 적이 없었던 J가 나를 쳐다보며 웃고 있었다. 늘 주눅 든 모습으로 고개를 숙이고 시선 둘 곳을 몰라 하던 어두운 아이 J가 아니라, 처음으로 행복하고 우쭐한 모습의 J를 보았다. 가만히 생각해보니 그때까지 나는 한 번도 J에게 칭찬을 해준 적이 없었다. 늘 '그렇게 하면 안 된다.' '왜 그랬냐?' 는 비난이었다. 그런 이야기는 J가 그때까지 지겹도록 들어왔을 것이다. 그 후로 J가 진료실에 들어올 때는 안녕하세요라는 말 대신 "선생님, 오늘은 뭐 고장 난 것 없어요?"가 인사가 되었고, 나는 물건을 고장 난 것처럼 보이게 해놓고 J가 고치면 "와! 대단한데"라고 오버해서 반응했던 기억이 난다. 그럴 때면 J는 무척 즐거워서 들떠있었다.

이 두 가지 일이 있은 후 J와 J의 부모, 그리고 나 사이에는 이전의 어색한 침묵이나 딱딱함보다 편하게 이야기하고 웃는 시간이 늘어났다. 가까워진다는 것은 이런 것이구나. 나 스스로도 J를 만나는 시간이 덜 부담스러워지고 좀 더 편한 마음으로 이 가족을 만날 수 있었다. J의 어머니는 J와 가정에 전념하겠다며 직장을 그만두었고, 중간에서 누구보다 괴로웠을 J의 아버지는 이 모든 과정을 말없이 지켜보면서 부인의 결정을 존중해주었다. 이후로 J의 반항적인 모습을 완전히 사라지지는 않았지만 그 강도나 빈도가 차츰 줄었다.

J와 그 가족을 통해 나와 내 가족을 돌아볼 수 있었다. 서투르고 모자란 듯하지만 자신이 가진 것 내에서 최선을 다하는 모성, 힘들지만 그것을 묵묵히 참고 지켜봐줌으로써 격려해주고 든든한 버팀목이 되어주었던 부성. J의 부모는 J만큼이나 나에게 깊은 인상을 남겼으며 책으로는 배울 수 없는 잔잔한 가르침을 주었다. 우리 부모님도 나를 그렇게 키우셨을 것이다. '부모는 한도가 없는 대출 통장이다'는 표현이 딱 맞다. 그러나 그 당시 부모님에 대한 내 생각은 부끄러울 정도로 미숙한 것이었다. 오래전 교통사고로 몸과 마음이 만신창이가 되어 이해 못할 정도로 퇴행되어버린 엄마와, 그런 엄마를 어쩌지 못하고 옆에서 지켜보고만 있는 아빠 모두에게 숨이 막히는 느낌이었다. 집으로 들어가기 전에는 '진정하자. 잘하자'고 아무리 다짐을 해도 엄마 얼굴을 보

는 순간 화가 치미는 것을 통제할 수 없었다. 그런 분노의 정체를 그때는 알지 못했다. 증오는 사랑의 또 다른 얼굴이라는 것을, 사랑하는 사람일수록 서로에게 더욱 깊은 상처를 준다는 것을. 다만 나도 모르게 신경질적으로 변해가는 모습이 나 스스로도 두려울 뿐이었다. 당시 나에게는 누군가에게 솔직히 말하고 도움을 청할 용기도, 모든 것을 박차고 뛰쳐나갈 모험심도 없었다. 의사로서 그리고 딸로서 최소한의 양심으로 엄마를 보살펴드려야 한다는 책임감과 혼자 자유롭게 독립하고 싶다는 마음 사이에서 난 방황하고 있었다. 혼자 지낼 방을 알아보고 다니기도 했지만 실행하지는 못했다. 내가 제일 싫어하는 우유부단한 모습이 되고 말았다. 십대 사춘기도 무난하게 보냈던 내가 뒤늦게 뜨거운 반항의 열병을 앓고 있었다. 전문의 시험을 앞두고 시험에 대한 걱정보다는 앞으로 진로에 대한 생각을 소처럼 되새김질 하고 있었다. 오죽하면 나는 지금까지도 포도를 잘 먹지 않는다. 과일의 물컹한 속살이 곪을 대로 곪아 진물이 나오는 내 속마음 같았기 때문이다. '젖은 빨래는 햇볕에 마르지만 내 마음은 언제 마를까' 라는 생각이 머릿속에서 떠나지 않았다. J의 가족을 보면서 가족은 서로의 허물을, 해진 사랑을 꿰매어 같은 이불을 덮는 사람들이라는 깨닫고 마음을 다잡아 가족에게 잘해보겠다고 결심한 순간, 마치 드라마의 한 장면처럼 엄마는 돌아가셨다. 그것도 온 가족이 출근하고 혼자 집에 계시다가 심장마비로.

여름이 끝나갈 무렵 나는 두 번의 이별을 맞이했다. 너무 오래 사셔서 나의 짐이 되면 어쩌나 내심 걱정했던 엄마가 내 마음을 아셨는지 나를 낳았던 무더운 여름에 내 곁을 떠나셨다. 엄마는 늘 그랬다. 나보다 한발 앞서 준비하고, 내 표정만 보고도 시험성적을 맞히고, 나 자신에 대해서 나보다 더 정확하게 평가했다. 가실 때도 가족에게 부담주지 않으려고 하셨는지 가족이 모두 출근하고 아무도 없는 집에서 혼자 조용히 돌아가셨다. 어머니 장례를 마친 후 전문의 시험 준비를 하면서 외래 진료를 그만두게 되어 J와도 자연스럽게 이별이 찾아왔다.

J와 그 가족은 나에게 도움을 받으려고 왔지만 오히려 가르침을 주었다. 우선 가족의 소중함을 알게 해주었다. 나에게 긍정적인 면과 힘이 있다는 것을 깨우쳐주었으며, 잠시 잃어버렸던 자신감을 찾아주었다. 그리고 그 힘의 근원은 가족이라는 것도 깨닫게 되었다. 부끄럽게도 그때까지 나는 가족이 나에게 해준 것은 아무 것도 없으며, 내가 이룬 것을 다 내가 잘나서, 내가 노력해서 얻은 것이라고 생각했다. 노력하는 성실함도 부모에게 물려받은 유산인데 말이다. 또한 '원하면 이루어진다' '믿는 만큼 이루어진다' 는 긍정의 힘도 가르쳐주었다. 칭찬과 긍정의 힘, 특히 아이를 키우는 데 가족의 무조건적인 사랑, 믿음, 관심, 칭찬이 얼마나 중요한지 새삼 느끼게 되었다. 가족은 시간이 필요하다는 것을 알고 내가 스스로 잠가버린 마음의 문을 열고나올 때까지 기다려 주는 것으로 나에 대한 믿음을 보여주었던 것이다. 정신분석학자 융은 '서로 다른 두 물질이 접촉하면 화학반응이 일어나듯이, 두 인격(사람)이 만나면 어떤 반응이 일어나고, 일단 반응이 생기면 양쪽 모두 변화한다' 고 했다. J가족과 나의 만남은 양쪽 모두를 서서히 그리고 조금씩, 그러나 아주 많이 변화시키기 시작했다. 짧은 시간 내에 격렬한 반응이 아니라 천천히 잔잔한 반응이었다. 그러나 그 여운은 매우 길어 지금까지도 강하게 남아있다.

'눈물로 걷는 인생의 길목에서 가장 오래 가장 멀리까지 배웅해 주는 사람은 바로 우리의 가족이다' 는 글귀가 가슴에 와 닿는다. 내 가족의 머리 위에 하늘에 계시는 엄마의 축복이 함께하길, 그리고 J와 그 가족에게도 신의 축복이 함께 하길 기원한다. J와 J의 부모는 내가 이렇게 고마워하면서 기억한다는 사실을 알고 있을까?

7회 장려상 수상작이다. 필자는 많은 고마운 사람들이 있지만 기꺼이 마음속 상처를 보여준 환자와 그 가족들이 가장 고맙다며, 그 고통을 다 덜어줄 수는 없지만 귀 기울여 들어주는 것은 제대로 하겠다는 다짐을 보내왔다.

아픈 사람들 이야기

7분 24초의 통화기록

안상현 (충청남도청 소방안전본부 방호구조과)

"때르르르릉."

오늘도 이곳 충청남도 소방안전본부 종합상황실은 충청남도 곳곳에서 걸려오는 119신고전화로 매우 분주하다. 걸려오는 전화벨 소리는 모두 동일하게 기계적인 색을 띠지만, 그것에 응답하는 수보요원(신고를 받는 소방공무원)들의 목소리는 다양한 색깔을 띤다. 일반적인 신고에 대한 약간은 기계를 닮은 것 같은 목소리, 긴박한 상황에 어울려 격앙되어 있는 칼날 같은 목소리, 당황해서 횡설수설 하는 신고자를 달래는 따뜻한 담요 같은 목소리, 달래다 못해 꾸짖는 천둥 같은 목소리 등 매우 다채롭다.

"예. 구급지도의사 안상현입니다."

그 다채로운 목소리의 향연에 나 역시 끼어들어본다.

*

아픈 사람들 이야기 · 79

나는 의사고시에 합격하고, 바로 공중보건의사로서 이곳 상황실에 배치되어 구급지도의사라는 직책으로 근무하고 있다. 구급상황에서 신고자나 구급대원에게 구급처치를 지도하거나 간단한 의료상담을 하는 역할을 수행하고 있다. 직책이나 역할은 거창해 보이지만 건수는 그리 많지 않아 하루 1,500여 건의 상황실 전화 중에 내 목소리는 열 통화 남짓에서만 들을 수 있는 정도이다. 그나마 우리나라 응급의료체계의 한계로 환자를 구하는 데 큰 힘이 되지 못하는 것 같아 '과연 이 자리에 내가 필요한가?' 하는 자괴감을 느끼기도 한다. 또한 환자를 직접 보는 것이 아니고, 수화기 너머로만 만날 수 있어 내가 진짜 의사인지에 대한 의문까지 생기곤 한다. 이제 막 첫발을 내딛는 청년의사에게는 꽤나 큰 고민이 아닐 수 없다. 하지만 내 이런 안타까움, 고민을 전혀 안중에도 두지 않고 시간이라는 녀석은 무심하게 흘러간다.

2007년 7월 11일 저녁 8시경.

오늘도 이곳 상황실을 가득 채우는 전화벨 소리는 여느 때와 다를 바 없다. 이 일을 시작한 지도 벌써 2개월이 흘러 이제 요란한 전화벨 소리에도, 수보요원들의 다양한 색깔의 목소리에도 별 감흥이 없다. 호기심이란 후각만큼 피로하기 쉬운 것일까, 지금 하는 일에 대해서도 관심이 많이 떨어졌다. 구급지도 건수가 없을 때는 소란스러운 가운데서도 그저 앉아서 책을 보거나 인터넷 서핑을 하면서 한가한 시간을 보낸다. 그것이 또 저녁 8시쯤 되면 저녁밥을 먹어서 배는 불러 잠도 조금 오고, 책이나 인터넷도 한나절 동안 봐서 질릴 때가 되어 나이 먹은 오랑우탄처럼 축 처진 상태로 있을 때다.

'몸도 찌뿌드드한데 스트레칭이나 할까.'

앉은 상태에서 몸을 이리 비틀고 저리 비틀고 마치 무심하게도 너무 빨리 지나가는 시간과 씨름이라도 하듯이 발악을 하던 중이었다. 그 때 옆에서 한 수보요원의 다급한 목소리가 들려온다.

"네? 애가 뭔가를 먹고 숨을 못 쉰다고요? 의사선생님 바꿔줄 테니까 전화 끊지 마세요."

2개월 간 놀고만 있던 것은 아니라, 전화 연결을 해주기 전 수보요원의 목소리를 들으면 어느 정도 분위기 파악이 된다. 잠? 나른함? 한순간에 정신이 돌아와 늙은 오랑우탄은 이제 이곳에 없다. 내 자리의 전화벨이 울리자마자 빠르게 낚아챘다.

"말씀하세요."

젊은 엄마의 울음 가득 섞인 목소리가 수화기 너머로 들려온다. 다양한 목소리들에 익숙해진 나는 이제 목소리를 들으면 어느 정도 상황을 짐작할 수 있게 되었다. 색깔로 따지자면 지금 목소리는 분명히 붉은색, 적색경보. 그리고 신고자와 나와의 대화는 잘 짜인 소설과는 다르다. 소설 속 인물 A, B의 대화처럼 순차적으로 A가 대사를 하고, 다음 줄에 B가 대사를 하는 논리적이고 이성적인 그런 것이 아니다. 이번에도 나는 A가 되어 물었지만 젊은 엄마는 B가 되지 못해 묵묵부답으로 울고만 있다.

"애가 몇 살이에요? 지금 상태가 어떻죠?"

18개월 아이가 숨을 못 쉰다고 한다. 아마도 가족끼리 저녁을 먹느라 잠시 한눈 판 사이에 18개월 아이가 옆에 떨어져 있는 무엇인가를 집어먹었으리라. 그런 와중에 수화기 너머로 어렴풋이 아이가 우는 소리가 들렸다. 아이가 울 수 있다면 완전한 기도 폐색은 아니므로 초응급 상황은 아니련만, "지금 애기가 울고 있는 것 아닌가요?"

약간의 기대를 가지고 묻는 나에게 젊은 엄마는 이제 울음 섞인 목소리가 아니라 아예 엉엉 울면서 말을 했다.

"우는 애는 큰애에요. 엉엉. 애가 얼굴색이 변해요. 어떻게 해요. 엉엉"

분명 완전 기도 폐색으로 청색증이 발생한 것이리라. 그야말로 1초도 아까운 초응급 상황이다. 내 가슴은 매우 심하게 뛰었다. 그럼에도 불구하고 나는 여전히 소설 속 A가 되어 이성적이고 논리적으로 상황 판단을 해야 한다. 생후 18개월이면 아직 체구가 너무 작아서 이물질로 인한 기도 폐색 때 일반적으로 시행하는 하임리히법(Heimlich maneuver)은 무리가 있다고 판단되어 다른 방법을 지도하기로 마음을 먹었다.

"어머니. 심호흡 한 번 하시고, 제 말대로 해주세요."

자기는 못한다, 구급차 빨리 보내 달라며 엉엉 울기만 한다. 분명 이 때 내 목소리의 색깔이 바뀌었으리라.

"정신 차리세요! 구급차 도착하기 전까지 아이 살릴 사람은 어머니 밖에 없어요. 제 말 들어야 합니다! 일단 어머니 무릎에 아이를 뒤집어 올리시고, 등을 5회 아래서 위로 빠르게 때려주세요. 그리고 바닥에 똑바로 눕히고 한 손으로 가슴 부분 압박을 아래서 위쪽으로 5회 해주세요. 그리고 입안에 먹은 것 나왔나 확인하세요."

울음도 터졌고, 제 정신도 아니련만 역시 어머니란 존재는 강했다. 이내 정신을 차렸는지 수화기 너머로 들리는 탁탁탁탁탁 5번 등을 두드리는 소리가 들려왔다.

"입에 아무것도 안 나왔어요. 얼굴이 파래요. 엉엉."

한 번에 되기를 크게 기대하지는 않았지만 그래도 당황스러웠다. 수보요원의 말로는 구급차가 아직 5분은 더 있어야 도착할 것이라 한다. 이대로 가다가는 저산소증으로 뇌에 손상이 생길 것이 분명하다. 재빨리 다음 단계를 지시했다.

"방금 했던 대로 한 번 더 하세요. 나왔나요?"

시험 결과 발표를 기다리는 학생처럼 수화기 너머로부터 전해져 올 결과에 대해 가슴이 조마조마했다.

"아니요, 안 나왔어요. 엉엉. 어떻게 해요."

과연 젊은 엄마가 내가 시킨 대로 제대로 하고는 있는 것일까? 괜히 그 엄마를 탓하고 싶고, 내가 지금 그 아이 옆에 있었으면 좋겠다는 생각까지 들었다. 이런 바보 같은 생각으로 이번에는 내가 소설의 B가 되어주지 못했다. 하지만 이내 정신을 차리고 다음 단계로 넘어갔다. 만약 이번에도 효과가 없으면 심폐소생술을 지도해야 한다. 심폐소생술을 비교육자에게 전화로 지도하는 것은 상당히 어려운 일이기에 나도 마음의 준비를 하고, 옆의 수보요원에게 출동한 구급대원 호출해서 CPR(심폐소생술)상황임을 알리도록 했다.

"어머니. 마지막으로 한 번 더 해보고, 그래도 안 되면 심폐소생술 지도하겠습니다. 한 번 더 시행하세요."

수화기를 통해 들려오는 탁탁탁탁탁 등을 때리는 소리. 처음보다 더 둔탁하고 강한 소리가 이번이 정말 마지막임을 알려주는 것만 같았다.

'반응이 없나? 안 되는 건가?'

이런 생각을 하면서도 마냥 손을 놓고 있을 수는 없어 심폐소생술 지도를 위해 만들어둔 지도용 스크립트를 펼치고, 심호흡을 하며 수화기에 촉각을 곤두세우고 있었다. 그 때였다.

"으아아아아아앙!"

'어어?'

"나왔어요! 애가 울어요. 엉엉."

나는 떨리는 마음을 애써 진정시키고 아이의 상태를 하나하나 체크했다. 괜찮았다. 아니 좋았다. 청색증이 있던 아이 얼굴이 이제는 우느라 악을 써서인지 빨갛다고 했다. 이제 안심이다. 머리가 멍하다. 그렇게 멍한 상태에서도 기계적으로 아이를 회복자세(recovery position) 취하도록 지도를 해주었다. 그리고는 나도 모르게 이 일을 시작한 후 처음으로 이런 말을 했다.

"어머니, 정말 잘 해내셨어요."

내 목소리는 분명히 떨리고 있었다. 비단 내 목소리뿐 아니라 온몸이 다 떨리고 있었으리라. 수화기를 내려놓고 보니 온몸이 땀으로 흥건했다. 긴박했던 7분 24초의 긴급 상황은 이렇게 갈무리 지어졌다.

선배 의사들은 실제로 임상에서 많은 생명을 구했고, 또 지금 이 순간에도 구하고 있을 것이다. 그 분들이 나를 봤을 때 웬 난리법석이냐고 한마디 할지도 모른다. 하지만 초보 의사로서 환자의 생명과 관련된 일에 무엇인가를 할 수 있었다는 사실이 너무 뿌듯하다. 학생시절 응급실 실습을 하고 있을 때 D.O.A(death on arrival; 도착 시 이미 사망) 환자들에게 사망선고가 있을 때까지 소위 말하는 쇼피알('씨피알; 심폐소생술'을 환자를 살리려는 목적이 아니라 가망 없는 환자에게 있어 보호자가 올 때까지 지속하는 것이 쇼와 같다고 하여 생긴 말)을 했었다. 그렇게 몇 명의 환자를 내 손 아래서 보냈었는데 아마도 그 기억들이 정신적인 트라우마로 남아있었나 보다. 그렇기 때문에 내가 관여한 사람이 살아났다는 것은 더욱 더 기적같이 다가왔고, 벅찬 감동이었다. 또한 2개월 간 나를 괴롭혔던 내 존재 가치를 나 자신에게 알려주었고, 내가 의사라는 사실을 다시 한 번 각인시켜 주었다.

"예. 구급지도의사 안상현입니다."

이제 내 목소리는 희망 가득한 푸른 하늘을 닮은, 그런 색깔이 아닐까?

7회 우수상 수상작이다. 간접적으로나마 환자의 생명을 구할 수 있었던 이 경험을 잊을 수 없다는 필자는 이 감동을 계기로 제대로 된 의사가 되도록 열심히 정진하겠다는 다짐을 보내왔다.

나눔

박인휘 (아주대병원 신장내과)

"통~ 못 드세요. 입에서 이상한 냄새가 나신다고 하고, 어지럽다고 하시고…. 어떡하죠? 선생님 말씀하신 대로 신이식이나 투석하실 때가 되신 건가 봐요."

오랫동안 고혈압과 만성신부전을 앓고 계신 50대 여성인 A씨의 아드님 S씨가 오늘도 A씨를 모시고 내원했다. 수개월 전부터 신기능이 감소된 터라 이식이나 투석과 같은 신 대체요법에 대해 설명하고 미리 준비가 필요하다고 말해 왔지만, 시큰둥하다가 이제야 결정을 하고 온 것 같았다. 사실, S씨는 어머니가 힘들어하실까 봐 몇 개월 전부터 본인의 신장을 주고 싶다고 했는데, A씨가 극구 반대를 해 왔었다. A씨가 힘겹게 말했다.

"그래요, 선생님. 투석은 할래요. 힘들어서 죽을 것 같아요, 그런데, 이놈 신장은 못 받으니까 이식은 생각지도 마세요. 아무리 요놈이 꼬여도 전 요놈 것은 안 받을 거예요."

신장이식에 관해 설명할 때마다 자기보다 아들 걱정을 늘 먼저 하는 A씨는 아들 것은 안 된다며 내게 당부했다. 하지만, 뇌사자로부터 신장을 이식받을 수도 있으니까 이식에 필요한 기본 검사를 하자는 제안에는 동의했다. 집이 좀 외진데다가 작은 가게를 혼자 운영하기 때문에 투석보다는 신장이식을 좀 더 하고 싶어 하셨기 때문이다.

"엄마, 나 건강한데, 내 신장 하나 엄마 주면 안 될까? 아님, 엄마. 엄마랑 나랑 수술해도 되는지 맞춰만 보자. 피검사로 알 수 있다지 않아. 왜 검사도 못하게 하는 거야? 엄마가 건강해야 나도 행복하지. 엄마가 신장 두 개 줬으니까 한 개는 도로 가져가, 응?"

S씨가 또 한 번 A씨에게 사정했지만, A씨는 정색을 하며 싫다고 말했다. S씨는 참 효자였다. 어머니가 외래 오실 때 어떻게 해서라도 같이 오려고 다른 사람의 야근도 서가며 시간을 낸다고 A씨가 자랑스레 말씀하셨던 기억이 난다. 세 자녀를 두었는데 둘은 외국으로 일자리를 얻어 나갔다고 하고 S씨도 나갈 기회가 있었는데, A씨 혼자 두고 안 나간다며 굳이 오라는 곳 마다하고 S씨가 사는 곳 근처에 직장을 얻었다고 하니 요즘 보기 드문 아들이었다. A씨도 자식들 중 S씨가 자기를 가장 닮았다며 좋아하셨다.

A씨는 투석의 종류 중 복막투석을 선택하고 수술날짜에 맞추어 입원했다. 뵌 지 며칠 되진 않았지만 더욱 수척해진 모습에 마음이 아팠다. 만성신부전에 의해 요독증이 심해져 있었다. 시기를 지나서 투석을 결정했기 때문에 더 고생하시는 듯 했다. 아들 S씨도 A씨가 걱정돼서 잠시도 곁을 떠나지 않고 있었다. S씨에게 안부를 묻는 내게 여름휴가를 내고 왔다며 요번 휴가는 시원한

병원에서 엄마랑 함께 보내게 되었다고 애써 웃었다. 그 모습에 가슴이 뭉클해졌다.

복막투석 수술을 시행하면 보통 상처가 아물기까지 2주 정도 소요되는데 그 사이 투석이 필요하게 되면 목 부위의 큰 정맥에 기다란 관을 삽입하여 임시로 혈액투석을 하게 된다. A씨의 요독증세가 심한 편이었기에 혈액투석을 시행하고 그 사이 신장 이식에 필요한 검사들을 시행했다. 혈액투석은 보통 주3회, 회당 4시간씩 시행하는데 S씨는 매번 혈액투석 때마다 A씨와 도란도란 이야기꽃을 나누는 것이 정겨워 보였다. 이를 본 다른 환자들이나 간호사들이 한결같이 '딸 같은 아들'이라며 칭찬이 줄을 이었다. 4시간씩 한자리에 있는 것을 힘들어하는 환자들도 많지만 S씨 도움으로 A씨는 별 탈 없이 혈액투석치료를 받을 수 있었다. 2주 후 구역질이나 이상한 냄새가 난다는 증세들이 다소 호전을 보였고, 복막투석 수술부위도 잘 아물어서 복막투석을 시작했다. 복막투석은 병원에 오지 않고 스스로 하는 것이기 때문에 자유롭지만 처음 시작할 때 두려움을 느끼는 환자들이 많이 있다. 하지만, S씨가 늘 도와주었기 때문에 다른 사람보다 빨리 스스로 할 수 있게 되어 퇴원하시게 되었다.

몇 개월 지나 외래진료를 마치고 진료실을 나갈 때 S씨가 나를 기다리고 있었다. 어머니가 어디가 아파서 오셨나 싶어 걱정이 됐다.

"S씨, 어머니에게 무슨 일 있으세요?"

"아니요, 선생님. 엄마는 식사도 잘 하고 안녕하세요. 오늘은 문의드릴 게 있어서요."

S씨는 다른 병원에서 시행한 혈액검사지 뭉치를 내게 건네주었다.

"사실은 엄마 몰래, 다른 병원에서 제 신장을 줄 수 있는지 검사를 해 왔어요. 엄마랑 맞는지 한번 확인해 주실 수 있겠어요?" 하며 황급히 사라지는 것이었다. 행여 A씨가 볼까 하고 달아나는 눈치였다.

나는 자리에 앉아 전에 A씨의 검사 결과와 S씨의 검사 결과를 살펴보았다.

'어? 다른 사람 것을 잘못 가지고 오셨나?'

검사결과를 보던 중 의문이 생겼다.

신장을 받는 사람과 주는 사람의 적합성을 보는 검사 중에는 조직 적합항원 검사라는 것이 있는데 혈액형이 적혈구의 형(Type)을 보는 것이라고 하면 이는 백혈구의 형(Type)을 알아보는 것이다.

혈액형은 A씨와 S씨가 같았지만, 조직 적합항원은 부모와 자식 간이라고 보기에는 맞지 않는 것이었다.

며칠 지나 오후 마지막 환자로 A씨가 진료를 받으러 왔다. 물론 S씨와 함께였다. 한층 안색이 좋아진 A씨는 진료실로 들어오며 상태가 좋다고 말씀하셨다.

"오늘도 함께 오셨네요." 나는 반기며 말했다.

"이제는 혼자서도 잘 다니는데, 애가 꼭 같이 오겠다고 하네요."

A씨가 아들을 보며 말하자 멋쩍은 듯 머리를 긁던 S씨가 말했다.

"엄마는 잘 지내세요. 그런데, 엄마, 엄마한테는 말 안 해서 정말 미안한데, 엄마한테 말하면 하지도 못하게 하니까…. 나 엄마랑 맞는지 검사했어. 만약에 맞으면 지금은 아니더라도 엄마 몸 더 좋아지면 수술하자. 응?"

S씨가 내게 물었다.

"선생님, 결과가 어떻던가요?"

"아, 그게…."

내가 말을 조심스럽게 시작하려 하자 A씨는 얼굴이 붉히며 격앙된 목소리로 말했다.

"기어이, 니가…, 넌 좀 나가 있어라."

울음 섞인 목소리에 S씨와 나는 당황했다.

"엄마, 미안해, 잘못했어. 하지만…"

S씨의 말에 A씨가 나지막이 힘주어 말했다.

"나가 있으라고 했잖아!"

갑작스런 상황에 놀란 S씨가 마지못해 진료실 밖으로 나가자 A씨가 참았던 울음을 터뜨렸다. 한참을 엉엉 울던 A씨가 흐느꼈다.

"선생님, 아셨죠? 제 아들은 친자식이 아니에요. 그 검사하면 알 수도 있다고 하기에…. 모르게 숨기려고 했는데, 그랬는데…. 기어이 재가…. S는 죽은 제 친구의 아이였는데…. 이제 어떻게 얘기하죠? 흐흑…."

내 눈시울도 뜨거워졌다. A씨와 함께 이야기를 나누고 진료실 문을 여는데 문밖에 서 있던 S씨가 얼굴이 상기된 채 울며 말했다.

"난 엄마 아들이야! 엄마가 먼저 말했어도 난 엄마 아들이라고! 달라질 건 없잖아!"

S씨는 와락 어머니를 껴안았다.

겨울이 두 번 지나고, 봄이 찾아왔다.

A씨가 외래진료를 위해 내원하였다. 물론 S씨도 함께였다.

"오늘도 함께 오셨네요."

나는 반기며 말했다.

"이제는 혼자서도 잘 다니는데, 애가 꼭 같이 오겠다고 하네요."

A씨가 아들을 보며 웃었다.

멋쩍은 듯 머리를 긁던 S씨가 말했다.

"엄마는 잘 지내세요. 그런데, 엄마 몸 속에 있는 제 콩팥도 잘 있나요?"

8회 우수상 수상작이다. 필자는 물질이나 시간뿐 아니라 몸 안에 있는 장기들을 순수하게 나누는 환자들이 전해 준 따뜻한 이야기를 나누고 싶어 글을 썼다며 나눔의 행복을 전해준 이들에게 고마움을 전했다.

동네의원, 동네의사

김연종 (경기 의정부 김연종 내과의원)

"원장님, 전화 바꿀까요?"

간호조무사의 목소리에도 이젠 짜증이 묻어 있었다. 오늘만 벌써 몇 번째인가. 나는 차라리 눈앞의 전화통을 집어던져버리고 싶었다. 몇 번은 진료 중이라는 핑계로, 또 몇 번은 시술 중이라는 핑계로 그의 전화를 받지 않았지만, 간호조무사도 이젠 더 이상 어쩔 수가 없다는 눈빛이었다. 동네의원 동네의사로 살아온 지 어느덧 10년, 웬만한 산전수전 다 겪어 이제 노련하게 대처할 때도 되었건만 아직도 참지 못할 그 무엇이 내 가슴 속에 남아 있단 말인가? 나는 끓어오르는 마음을 다독이며 수화기를 들었다. 그도 부아 끓인 내 심정을 아는지 조심스런 목소리로 말을 건넸다. 하지만 채 몇 분도 지나지 않아 그는 여지없어 제 속내를 드러냈다. 험한 욕지거리와 함께 지독한 술 냄새가 전화선을 타고 수화기 저편에서 흘러들어왔다. 나는 다시 한 번 입술을 꼭 깨문 채 그의 말을 조용히 듣고 있다. 그 거친 욕설을 듣고 있는 사이 문득 그와의 애증어린 10년 세월이 주마등처럼 눈앞을 스치고 지나갔다.

개원 초창기, 그러니까 10년 전 그와 처음 만났을 때만 해도 그는 참 단정하고 예의바른 청년이었다. 그리고 그는 또한 자신의 병에 대한 증세를 또박또박 매우 조리 있게 설명하는 모범환자였다.

"저는 과거에 알코올 중독으로 치료한 적이 있는데, 현재는 글라우코마로 모 대학병원에서 외래 팔로우업 중입니다. 비피는 노말이지만 안압은 변동이 심해 자주 체크해야 되고, 장기간 다이아막스 복용으로 전해질 검사를 주기적으로 해야 합니다. 마일드한 패티리버로 금주를 해야만 좋아질 겁니다."

모든 대화를 의학 용어만 사용해서 말하는 그를 보고 처음에 나는 무척 놀랐다. 더욱이 그는 내가 진료를 하기도 전에 자신의 건강상태를 완전히 꿰뚫고 있었으며, 거기에 대한 진단 및 치료 방법, 그리고 자신의 병에 대한 예후까지 상세히 알고 있었다. 너무 조리 있는 그의 말투와 해박한 의학 상식에 의사인 내가 오히려 주눅이 들 정도였다.

그를 처음 만났을 때, 나는 무식하고 거만한 동네의사라는 소리를 듣지 않기 위해 부단히 책을 찾고 공부하며 동료 의사들의 자문을 구했다. 더욱이 종합병원에 근무하던 시절, 가장 대하기 어려운 환자가 동료 의사나 간호사 등 의료 관련 상식이 풍부한 자라는 것을 익히 알고 있었기에 그와의 만남은 더욱 조심스럽고 부담이 될 수밖에 없었다. 나중에 안 사실이었지만, 실제로 그는 여러 다른 동네의원에서도 퍽 부담스런 존재였으며, 그 또한 웬만한 동네의원에 대한 미덥지 않은 반감으로 꽉 차 있는 터였다.

그가 왜 그토록 동네의사에 대한 반감을 가지게 되었는지는 확실치 않지만 동네의사들이 왜 그를 회피하려 했는지는 그의 두 번째 방문에서 확연히 드러났다. 여전히 그는 프레젠테이션 하듯 자신의 병세와 병의 경과 등에 대해 설명했고, 수련의 시절 과장님이 요구하듯 자신의 병에 대한 치료 플랜과 경과 등을 내게 요구했다. 난감해 하는 나에게 그는 수련의 시절 회진 현장에서 과장님이 그러했듯 나에게 자신의 병의 경과와 치료 플랜을 상세히 설명하며 실력 없는 동네의사는 의당 그럴 수밖에 없다는 표정으로 나를 쳐다보곤 했다. 그는 또한 매사에 적극적이었다. 특히 사회 참여에 아주 의욕적이었다. 실례로 그는 당시 모 텔레비전 심야 토론 프로에 시민논객으로 참여하여 막힘없는 달변으로 자신의 주장을 멋지게 펼쳐보였다. 하지만 그런 그가 내게는 여전히 자기주장이 강하고 고집이 센 골칫거리 환자일 뿐이었다. 하지만 장도 세월이 가면 맛 드는 법. 그와 그렇게 이런 저런 실랑이를 벌이면서도 세월이 흐르는 동안 미운 정 고운 정이 싹터 서로 간에 호형호제하는 사이로까지 발전하였으며, 실제로 그가 내게 형이라 부른 한참 뒤에까지도 내가 그에게 여전히 존칭어를 사용하자 그는 또 그것이 불만이라며 내게 어깃장을 부리기도 했다.

그럼에도 불구하고 늦깎이로 결혼한 탓인지 그는 아내와 아들을 무척 사랑했다. 때로는 진찰실까지 아들을 데리고 와 자랑하기도 했다. 맑은 눈동자를 가진 아들의 눈을 바라보는 그의 눈빛도 더욱 맑아졌다.

하지만 그 맑은 눈빛도 그리 오래 가지는 못했다. 다니던 회사에서 실직하고 IMF를 겪으면서 여러 차례 사업이 실패하는 바람에 그의 알코올 중독 현상이 다시 도진 것이었다. 결국 그는 아내와 이혼하게 되고, 음주벽은 더욱 심해졌으며, 마침내 자식에 대한 접근금지 처분까지 내려지면서 그의 괴벽은 극에 달하고 만 것이다. 만나는 사람마다 생트집을 잡고 싸우기 일쑤였으며, 그

덕분에 그는 동네파출소의 단골손님이 되었고, 심지어는 119 구급대와 114 교환원까지도 그의 존재를 알게 되었다. 동네사람들은 멀리서부터 그를 피했고, 어쩌다가 눈길이라도 마주치면 애써 그를 외면했다. 이제 그는 동네에서 '공공의 적'이 되었고, 아무도 더 이상 그를 거들떠보지 않았다. 그러면 그럴수록 그의 난폭한 행동은 도를 더해갔고, 점점 더 외톨이가 된 그는 전화통에 매달리기 시작했다. 그리고 전화를 걸 때마다 늘 죽고 싶다고 했다. 더 이상 희망이 없는 세상 살아서 뭐하느냐, 잠 잘 때가 가장 편한데 실제로 죽게 되면 잠자는 것과 같지 않느냐며 자살 예찬론자가 되어갔다. 그러면서도 그는 자살하면 지옥 간다는 말 때문에 차마 스스로 목숨을 끊지 못하고 산다고 말했다. 늘 반복되는 그 말에 난 별로 관심을 갖지 않고 오히려 태연하게 반응했지만 너무나 진지하고 슬픔이 묻어나는 그 모습에 입술을 지그시 깨문 채 그의 말만 듣고 있었던 것이다. 그러다가 갑자기 그가 느꼈을 복잡한 갈등이 내 가슴 깊숙이 스며들었다. 지난 10년 동안 동네 사람들로부터 온갖 고통과 멸시를 받고 산 그의 삶과 곁에서 그 모습을 지켜보며 동네의사로 살아온 내 10년의 삶이 겹쳐지면서 여태껏 알 수 없었던 어떤 우울의 정체가 실체를 드러내며 내게로 몰려들었던 것이다. 하루 종일 새장 같은 진찰실에 갇혀 남의 하소연을 들으며, 그러나 실제로는 정작 그들에게 아무런 도움도 줄 수 없는 나약한 존재이지만 철저히 자신을 위장한 채 장단을 맞추는 박수무당 같은 내 삶이 더욱 우울하게 느껴졌던 것이다. 그런 기분이 들자 깨물고 있던 입술을 열고 오히려 그에게 하소연하기 시작했다.

'오늘처럼 비가 오면 나도 어디론가 뛰쳐나가고 싶다. 나도 삶에 대한 회의가 심하다. 죽고 싶은 건 네가 아니라 나일지도 모른다. 자유로운 영혼의 소유

자인 네가 오히려 부럽다···.'

전혀 예상치 못한 내 하소연에 이번엔 그가 침묵했다. 이제 서로 간에 입장이 바뀌어 내가 하소연하고 그가 나를 위로하기 시작했다. 그는 왜 자살하면 안 되고 희망을 가져야 하는지 나를 설득하려고 애썼다. 그러면서 설명 말미에 나를 참으로 존경한다고 말했다. 그런데 갑자기 '존경한다'는 그의 말이 비수처럼 내 가슴에 내리꽂혔다. 존경, 존경이라니? 마지못해 받는 전화에 한 번도 성심껏 답해주지 않는 나에게 존경이란 말은 전혀 어울리지 않았다. 그리고 도무지 가식적인 말이라곤 할 줄 모르는 그에게 들은 '존경'이라는 말은 전화를 끊은 뒤에도 내내 내 마음을 옥죄었다.

정도의 차이는 있지만 그 뒤로도 그와의 '전화 신경전'은 그의 병세와 더불어 한동안 계속됐다. 그리고 마침내 대학병원에서 실명판정을 받았을 때 그의 만행은 극에 달했다. 모두가 그를 외면하고 등을 돌릴수록 그의 행동은 성난 사자처럼 더욱 난폭해졌으며 그럴수록 더욱 집요하게 그는 나와의 전화에 매달렸다. 어쩌면 그는 단절된 세상과의 소통을 위해 전화기를 잡고 무던히도 발버둥 쳤던 것이다. 그러면서 상실한 세상과 자신의 삶에 대한 체념을 습득하고 학습한 것이었다.

그런 그가 언제부턴가 술을 멀리 하고 시각장애인을 위한 점자를 배우기 시작했다. 전화 통화 태도도 예의 발라지기 시작했고 말도 점점 조리있게 되어 갔다. 그리고 희망은 체념에서 나온다는 말이 있듯이 몇 달 뒤에 그가 자원봉사자의 도움을 받으며 병원에 들렀다. 지팡이를 짚고 애써 웃음을 지어보이는 그 모습이 참 해맑아 보였다. 얼마 전 전화 통화에서 내게 위로의 말들을 해주었던 모습이 바로 저 모습일 것이다. 나는 진정으로 위로하고 싶은 마음에 그에게 몇 마디 말이라도 건네고 싶었지만 정작 아무 말도 할 수가 없었다. 그는 내 마음을 이미 다 알고 있다는 듯 평온하게 웃으며 내 손을 꼭 잡았다. 그러면서 그 동안 왜 자기가 그토록 몹쓸 짓을 하고 다녔는지 알 수 없다고 말했다. 그리고 덧붙였다. 한 가지 아쉬운 것은 아들놈의 모습을 머릿속에 똑똑히 그려 넣지 못한 것뿐이라고. 그리고 또 아들놈에게 자기의 이런 모습을 보이는 것이 두려울 뿐이라고. 병원 문을 나서는 그의 뒷모습을 보며 나는 깊숙이 고개 숙였다. 그리고 그 동안 내 삶이 얼마나 무기력했는지, 또한 얼마나 사치스런 감상에 젖은 삶이었는지 부끄러워 오랫동안 고개를 들 수 없었다.

그가 다녀간 지 며칠이 지났건만 전화가 없다. 그래서 그런지 그의 근황이 내심 궁금해진다. 오늘처럼 찬바람이 부는 날이면 더욱 그렇다.

7회 장려상 수상작이다. 필자는 글쓰기가 때로는 가슴 속 응어리를 녹여줄 봄비 같기도 하지만 한편으로는 어깨를 짓누르는 시시포스의 바위 같기도 하다는 부담감을 표현하면서 이번 수상이 게으름과 타성의 늪에 빠진 필자를 구해준 동아줄과 같다는 말로 고마움을 표했다.

병원에서 핀 코스모스

김강석 (원자력병원 외과)

세상에는 너무나 많은 사람들이 있습니다. 그 많은 사람들과 인연을 맺어가는 것이 인생이라면 병원을 찾아온 환자와 그 가족들과 맺는 인연이 제 인생의 소중한 한 부분일지도 모릅니다. 돌아보면 이곳에서 5년이라는 비록 짧은 시간이었지만 가슴 뭉클한 인연으로 간직하고 있는 기억이 있습니다. 지금부터 3년 전 유난히 눈물이 많았던 한 아주머니와 남편, 그리고 주치의였던 저와의 이야기를 꺼내볼까 합니다.

코스모스가 피기 시작한 가을, 일상과 다름없던 어느 오후에 1인실 외과 병동으로 수술 예정 환자 한 분이 입원했다는 연락이 왔습니다. 수술을 이틀 앞둔 그 환자의 진단명은 위암이었고, 우리 병원을 찾는 사람들 대부분이 암환자이기에 별다른 생각 없이 병실 문을 두드렸습니다.

"환자분 오늘 입원하셨죠?"

"······."

검게 그을린 얼굴과 유난히 작은 체구의 아주머니는 절 보자마자 눈물을 삼키고 있었습니다. 특실에 입원했던 다른 환자들과 달리 수수한 외모와 옷차림을 보고 저는 병실이 없어서 어쩔 수 없이 비싼 병실에 입원했나보다 라고 생각했습니다. 뒤늦게 말문을 연 아주머니는 무슨 병인지는 모르지만 남편한테 이끌려 여기까지 올라왔다고 하였고, 남편은 지금 잠깐 편의점에 갔다고 했습니다. 그냥 속이 좀 쓰리고 살이 갑자기 많이 빠져서 동네 병원에서 내시경 검사만 해봤는데 얘기를 안 해주니까 무섭고 걱정 된다고 하였습니다. 일단 보호자를 만나기 전까지 아무 말도 말아야겠다는 생각에 수술만 하면 좋아지실 테니 걱정 말고 계시라는 말만 남기고 병실을 나왔습니다. 아마 암이라는 사실에 너무 놀라 환자에게는 비밀에 부치고 부랴부랴 서울로 올라온 듯 보였습니다.

병동 컴퓨터 앞에 앉아 업무를 보고 있던 중, 방금 전 그 아주머니의 차트가 눈에 띄었습니다. 30대 초반에 경상도에서 올라온 아주머니는 갑상선으로 병원 치료를 받은 적 이외에는 별다른 특이사항이 없었고 남편과 농사를 짓고 있는 모양이었습니다. 그렇게 얼마나 지났을까, 막 자리를 뜨려는 순간 1인실 환자 보호자라며 한 남자가 저를 찾았습니다. 남편이라고 자신을 소개하며 금방이라도 눈물이 떨어질 듯한 얼굴로 저와 마주했습니다.

"선생님, 우리 주치의 선생님인교?"

"네, 안녕하세요? 여기 앉으시고 잠깐 설명해 드릴게요."

저에게는 너무나 일상적인 일이었고 녹음기를 틀어놓듯이 반복되는 설명은 순식간에 지나가고 있었습니다. 보호자는 제 말은 듣는지 안 듣는지 그냥 넋

놓고 앉아있는 사람처럼 아무 말 없이 묵묵히 고개만 떨구고 있었습니다.

"선생님요, 정말 수술만 하고 나면 괜찮습니꺼?"

"반반이라고 생각하시면 됩니다. 환자 분 같은 경우는 아주 초기에 발견된 경우가 아니라서 조금만 더 일찍 알았더라도…"

말이 채 끝나기도 전에 보호자는 거친 손으로 눈물을 훔치고 있었습니다. 그리고 그간 살아온 이야기를 꺼내기 시작합니다. 시골에서 농사만 짓고 있는 사람이지만 암이 얼마나 무서운 병인지는 알고 있다며 세상이 끝난 것 같다고 하였습니다. 어린 나이에 나이 차이도 많이 나는 자기한테 시집와서 십년 동안 고추밭에서만 지내게 해서 너무 미안하다고 하였습니다. 마누라 볼 면목이 없다면서 병원에서라도 호강시켜주고 싶어 특실에 들어왔는데 병실료 비싸다고 자꾸 다인실로 옮겨달라는 부인을 생각하면 더 마음이 아프다고 하였습니다. 속 쓰리다고 한 지가 한참 되었는데도 무관심하게 모른 척한 자신이 대신 병에 걸렸어야 한다고 자책하였습니다.

사람이란 누구나 그런가 봅니다. 소중한 것이 다쳤을 때야 비로소 다시 한 번 돌아보게 되나 봅니다. 환자를 잘 간호하려면 마음 단단히 먹고 옆에서 꼭 같이 돌봐주라는 말밖에는 나오질 않았습니다. 앞에서 얘기했던 설명들은 벌써 그 남편 머릿속에서 다 사라져 버렸을지도 모릅니다. 그건 그저 자판만 몇 번 두들겨도 몇 페이지씩 나오는 인터넷 정보와 다를 바 없었을 것입니다. 아무쪼록 수술이 끝나면 자기가 다 얘기할 테니 그때까지는 비밀로 해달라며 당부를 하고 이틀이 지났습니다.

수술 당일 날 아침 회진을 마치고 수술실로 향했습니다. 불과 10미터도 안 되는 수술실과 대기실 사이에는 아무도 가늠할 수 없는 슬픔과 희망이 교차하고 있습니다. 기다리는 것 말고는 내가 해줄 수 있는 게 아무것도 없다는 것이 밖에서 기다리는 사람들을 더 힘들게 하는 것 같습니다. 대기실에 앉아 있던 남편 역시 그렇게 자신과 싸우며 수술이 잘 되길 바라고 있었을 것입니다. 기도하는 사람, 서로 부둥켜안고 울고 있는 사람, 가만히 눈을 감고 있는 사람, 매일 들락날락 하는 우리들에게는 익숙한 이곳에서 보내는 3시간의 수술 시간이, 기다리는 사람들에게는 3년 아니 어쩌면 30년과 같은 시간이 될지도 모릅니다. 그 초조한 시간이 지나고 수술방을 걸어 나오는 집도의에게 애타게 기다리는 한 마디가 있습니다.

"수술이 성공적으로 잘 끝났습니다."

저 또한 이 한마디를 기다리고 있는 사람 중 한명입니다. 전이가 발견되어 수술을 하지 못했다거나 수술해도 가망이 없을 것 같다는 말은 마취에서 깨어난 환자에게 더 큰 절망을 안겨주는 것 같아 지금도 그런 말들을 꺼내기가 익숙지 않습니다.

3시간 동안 수술을 마친 그 환자는 다행히 수술 전 예상과 크게 다르지 않아 위 일부를 남기는 부분 절제를 할 수 있었습니다. 체력이 약해서 걱정되었지만 남편의 극진한 간호로 병실에 올라와 회복도 빠르게 하고 있었습니다. 회진돌 때마다 아프다는 말 대신 고맙다는 말을 하였고, 빨리 돌아가서 고추 농사를 지어야 된다고 남편 속을 태웠습니다. 누가 당신보고 농사지으라고 했냐며 화를 내는 남편을 어리둥절하게 쳐다보는 아주머니는 그게 남편의 사랑인 줄 눈치 챘을까요?

어느 덧 1주일이 지나 병리과에서 검사 결과가 올라왔습니다. 예상대로 진행성 위암이었지만 특이하게도 점막을 따라 위 전체에서 암세포가 발견되었습니다. 육안으로 관찰된 암 덩어리 이외에 절제 부위 근처에서도 현미경 검사에서 암세포가 나온 것입니다. 환자가 젊기 때문에 절제한 부위에서 암이 재발할 확률이 높아 위 전절제 수술이 불가피하게 되었습니다. 1년에 한두 번 나올까 말까 하는 특이한 경우였고, 그런 결과에 대해 재수술을 이해해주는 환자나 보호자는 없을 것이라고 생각했습니다. 한숨만 나왔습니다. 수술은 성공했다면서 왜 재수술을 해야 하느냐, 왜 처음부터 다 절제를 하지 않았느냐 등의 원망이 들려오는 듯 했습니다.

좋지 않은 결과를 들고 병실로 들어섰습니다. 또 수술을 해야 한다는 말에 병실 안에서는 잠시 정적이 흘렀습니다. 그리고 얼마 후 남편은 그냥 우리를 믿고 있으니 맡긴다고 하였고, 아주머니는 그 힘든 수술을 또 해 주신다니 감사하다고 하였습니다. 이렇게 자기를 위해서 애써주는 게 고맙다고 하였습니다. 준비해왔던 많은 말들을 순식간에 잊어버리고 무슨 말을 해야 할지 몰랐습니다. 당장 짐 싸서 다른 병원으로 간다고 하지는 않을까, 병원비 물어내라고 소리 지르지는 않을까, 이렇게 당연히 화를 낼 줄 알았던 이들에게 나온 뜻밖의 말들은 제 자신을 부끄럽게 만들었습니다.

모두의 바람대로 2차 수술도 문제없이 잘 되었고, 위를 다 떼서 그런지 저번보다 좀 아프다고 농담 반 진담 반 얘기하는 아주머니는 이제 남편의 따뜻한 배려를 조금씩 알아챈 것 같았습니다.

두 번의 수술로 한 달 가까이 병실생활을 하며 울고 웃던 그 가족들을 보면서 앞만 보고 매너리즘에 빠져가는 제 자신을 잠시 돌아볼 수 있었습니다. 퇴원하는 날도 눈물을 보이며 낫게 해줘서 고맙다고 인사하는 모습이 또 한 번 저를 감동시켰습니다.

환자보다 더 나은 교과서는 없다는 말이 있습니다. 환자를 통해 보고 배우는 것은 임상에서 얻는 지식과 경험뿐만 아니라 이면에 있는 그들의 또 다른 아픔과 진심이라는 것을 이제 어렴풋이 알 것 같습니다. 지금은 비록 어떻게 지내고 있는지 모르지만 어디선가 건강하게 잘살고 있으리라 기원합니다. 코스모스가 피어있는 시골길 고추밭을 지날 때면 그 때 그 기억이 떠올라 저도 모르게 미소가 그려집니다.

7회 우수상 수상작이다. 필자는 4년간의 전공의 기간이 가장 순수하고 열정적으로 환자를 볼 수 있었던 시절이 아닐까 한다며 수필을 쓰는 동안 외과를 선택했을 때의 열정과 신념을 되새겨볼 수 있었다는 소감을 전해왔다.

Carpe diem의 美學

정연재 (경북 영덕군보건소)

　의사들이 가끔 매너 없는 환자를 칭하는 비속어 중에 'KBS'라는 말이 있다. 풀이 해본즉슨 '개백성'이라는 아주 흉흉한 의미를 담고 있는데 이런 용어를 차트에 기록해 둠으로서 이런 특성을 가진 환자가 다시 내원할 경우 참고 목적으로 곧잘 이용한다. 현재 의료계는 대부분의 의사들이 체감하듯 의사의 권위와 전문성이 무시되고 의사-환자 사이의 공감을 바탕으로 한 신뢰관계(Rapport) 또한 그 고색창연했던 색채가 빛바래져 버린 지 오랜 듯하다. 이런 흉흉한 비속어가 심심치 않게 회자되는 현상이 어쩌면 이 시대 의료계의 서글픈 자화상이 아닌가 하는 생각도 든다. 현재의 열악한 의료 환경을 개탄하며 "의사는 사람이지 예수가 아니다"라는 글을 인터넷에 올려 화제가 되었던 한 개원의의 절박한 외침은 아마도 울분에 찌들어 있는 요즘 의사들의 내면을 엿볼 수 있는 대목인 듯도 하다.

이런 현실과는 동떨어져 나는 동해안의 바람 부는 어촌마을에서 공중보건 의 생활을 하고 있다. 이른 아침에 일어나 바닷바람을 한차례 쐰 후에 사랑스 런 아내가 준비해 주는 아침식사를 하고 관사 내의 숙소를 나선다. 그리고 진 료실에서 저녁까지 당뇨, 고혈압 등의 만성질환이나 가벼운 상기도 질환으로 내원하는 어르신들과 함께 담소를 나누기도 하고 상담과 진료도 한다. 종종 군에 나가 보건소 진료를 할 때도 있지만 주말에는 등산을 한다든지 이런저런 여가생활도 즐기는 편이다.

그런데 단조로운 일상 속에서 매스컴을 통해 흡사 몸살을 앓고 있는 듯한 의료계가 흘러가는 동향을 지켜보고 있노라면 한숨이 절로 나오고 바깥세상 은 나와 다른 차원의 세계인 듯한 착각이 들 때가 있다. 허나 공중보건의 신분 인 내가 한숨을 쉬고, 핍박받는 의료현실을 개탄한들 달라질 것은 없기에 '죽 은 시인의 사회'에서 로빈 윌리엄스가 했던 대사처럼 현재를 즐기고('Carpe Diem') 현실에 최선을 다하는 공중보건 시골의사로서의 삶에 충실하기로 마 음먹고 있다. 어떤 면에서 현실도피와 은둔의 생활이 되는 듯도 하지만 이곳 의 비릿한 바다향기 속에 구수함이 묻어나는 어르신들의 얼굴 주름을 마주하 는 일이 이따금 내 가슴 속에서 작열하고 있는 의사로서의 열정을 재무장하는 계기가 될 때도 있다.

몇 개월 전 50대 후반의 남자 환자 한 분이 술에 잔뜩 취해 지소에 내원한 적이 있었다. 대개가 그렇듯이 이런 경우 의사가 아무리 애를 써도 환자와 소 통이 잘 안되어 실랑이가 벌어지기 일쑤다. 마음속으로 "'KBS' 한 명 떴구 나!"싶었다. 진료실 밖에서부터 혼자서 10원짜리 욕을 연신 중얼대며 접수도 안 하고 여사들의 제지를 뿌리치며 진료실 안으로 돌진해 온다. 어이가 없었지만 일단 간단한 인사말을 건네고 자리에 앉도록 했는데 앉자마자 한숨을 푹 내쉬며 벼락같이 진료실 책상에 강스파이크를 날린다. 일순간 화가 나는 걸 꾹 참고 어떻게 오셨느냐고 정중히 물었는데 내 말에는 아랑곳하지 않고 다짜고짜 자신의 과거사에 대한 긴긴 이야기를 시작했다. 우여곡절이 많아 감옥에 들락거린 얘기하며 집사람이 다른 남자랑 눈 맞아서 도망간 얘기, 사기를 당해서 전 재산을 날린 얘기 등등 자신이 술에 취해 살아갈 수밖에 없는 구구절절한 사연을 혀 꼬부라진 소리로 이어나가기 시작했다. 사실인지 아닌지는 알 수 없는 일이었지만 환자가 참 불쌍하다는 생각이 들어 화가 누그러졌지만 환자의 얘기는 끝없이 계속되었다. 이런 경우 얘기 중에 말을 끊으면 환자가 야수로 돌변하는 경우를 몇 번 겪어봐서 조금 짜증이 나긴 했지만 그의 얘기를 끝까지 들어주기로 마음먹었다. 자리에 앉은 지 약 20분 정도가 지나서야 환자가 내게 말할 기회를 주었다. 일단 나긋나긋한 말투로 서두를 열었다.

"살아오신 게 참 우여곡절이 많으셨네요. 많이 속상하신 어르신 마음 십분 이해합니다. 그런데 오늘 어디가 불편하셔서 여기까지 발걸음 하셨습니까?"

그러자 환자가 대뜸 양말을 벗고서 진료실 책상 위에 자신의 한쪽 다리를 올려놓는다.

"나가 말이요. 이짝 다리가 아파 죽겠소. 이거 땜에 찍은 엑스레이 사진도 수백 장이 넘소. 근데 저개 가면 허리에 척추신경이 잘못돼서 그렇다 카고 여개 가면 당뇨 땜에 신경이 닳아서 글타 카고 근 반년을 여개저개 댕기바도 암 것도 안 낫고 마 다리 빙신이 돼 가고 있는 기라. 내가 첨부터 허리는 안 아팠는데 허리 척추신경이 어쩌네, 저쩌네…. 확 불을 싸질러뿔라, 마 ○○"

그러면서 환자는 10여분 이상 동안을 세상에 대한 한풀이로 일관하며 신세

한탄을 해댔다. 간신히 어느 정도 진정을 시킨 후 힘겨운 줄다리기 문진을 통해 알게 된 것은 환자가 10여 년 동안 당뇨를 앓아왔고 투약은 하지 않았으며 술과 담배 없이는 단 하루도 살 수 없는 사람이라는 정도였다. 일단은 진료실 침대에 눕히고 간단한 이학적 검사를 해보았다. 건측에 비해 환측으로 약간의 근육위축이 있긴 했지만 시진 상 다른 특이소견은 없었다. 하지 직거상 검사, 패트릭 검사와 하지관절 가동역 또한 모두 정상이었다. 압통이나 스트레스부하 검사에도 특이사항을 보이지 않았고 요천추부 시진, 촉진 상에서도 특별한 이상을 발견할 수 없었다. 헌데 건측에 비해 환측 슬와동맥과 족배부 동맥의 맥동이 유난히 약하게 촉지됨을 알 수 있었다. 양측 장골동맥의 맥동이 비교적 정상인 걸로 보아 그 이하 레벨에서 혈관성 파행이 발생하고 있을 것으로 추정되었다. 환자가 찾아갔다고 하는 병의원의 선생님들이 몰라서 놓쳤을 것 같지는 않았고 아마도 환자가 만취한 상태로 진료를 받으러 갔다가 제대로 협조가 되지 않았고 또 병의원 특성 상 충분한 시간을 가지면서 문진이나 이학적 검사를 할 여력이 없었을 것으로 생각되었다. 한숨이 나왔다. 환자에게 이런 사실을 곧이곧대로 얘기한다면 여러모로 사회경제적 지지기반이 불안정한 환자의 특성 상 자신의 질환을 치료해 보겠다는 노력보다는 이차적 이득을 노린 여러 가지 문제만 파생시킬 게 불을 보듯 뻔했다. 일단 환자의 지지와 공감을 이끌어내어 환자 자신이 질환을 치료해 보겠다는 의지를 심어주는 일이 급선무라 생각되었다.

"어르신, 이렇게 아프신데 그동안 얼마나 힘들고 답답하셨어요? 그래서 항상 술을 드시는 건가요?"

그러자 환자가 갑자기 울기 시작했다. 각질이 뿌옇게 일어나고 거칠어져 고

목과도 같은 그의 새까만 손을 꼭 잡고 나도 한동안 침묵을 유지했다.

"내가 말이오. 이 날 이 때꺼정 여개 살면서 날 사람거치 봐 주는 사람을 못 봤소. 같은 동네사람들도 날 전과자라꼬 얼매나 눈치를 주는지. 다리가 짜개질 거거치 아파서 병원가도 술 취했다꼬 아무도 내를 인간거치 안 봐 주고…. 내가 마 하루에도 몇 번씩 주거뿌고 시픈 맴이 드는 기라. 불쌍한 우리 노모 없었쓰면 내사 마 농약묵고 주거뿌도 몇 번을 주거뿟을 거요! 흐흑…."

환자는 서러움에 북받쳐 어깨를 들썩였다.

"어르신. 얼마나 속상하셨겠습니까? 저도 마음이 많이 아픕니다. 어떻게 해서라도 어르신이 다리 안 아프시도록 돕고 싶습니다. 제 부탁 좀 들어줄 수 있겠습니까?"

환자가 고개를 들고 시뻘겋게 상기된 눈으로 나를 바라봤다.

"하모요. 내를 이렇게 치료해 줄라 카는데 내가 사람이모 소장님 말을 안 들어야겠습니꺼." 순간 나도 가슴 속에서 뜨거운 느낌이 벅차올랐다. 그 순간 이 사람은 나에게 더 이상 'KBS'가 아니었다. 몸과 마음의 상처를 보듬어 줄 따뜻한 손길이 너무도 간절한 가엾은 환자! 그 이상도 그 이하도 아니었다. 일단 다음날 술을 드시지 않고 내원할 것을 약속받고 집으로 돌려보냈다. 환자가 지소 문을 나간 후에 난 긴 한숨을 몰아쉬었다. 만성적인 경과를 취해오신 분이라 당장 응급조치를 할 필요는 없겠지만 일단 환자의 상태를 정확히 진단하려면 어쩔 수 없이 도플러나 동맥조영술 등을 할 수 있는 혈관외과가 있는 대학병원 급으로 가야 할 것인데 과연 환자가 그렇게 할 수 있을 것인가? 과연 내일 술을 안 드신 상태로 내원하시긴 할 것인가? 이런저런 상념이 교차했다.

다음 날이었다. 오전 11시를 조금 넘긴 시각에 무언가가 든 조그만 까만 비닐봉지를 들고 누군가 지소 안으로 들어왔다. 어제 그 환자였다. 어제와는 사뭇 다른 표정으로 진료실에 들어온다.

"오늘 내 소장님하고 약속한대로 술은 안 먹었소. 잘 했지요?"

환자의 주름진 눈가 위로 구수한 눈웃음이 피어오른다. 누가 취하지 않은 이 사람을 전과자에다 망나니 'KBS'로 생각하겠는가? 되도록 오해가 없도록 환자의 표정을 살피며 조심스레 자초지종을 얘기해 드렸다. 잠깐 심각한 표정이 되긴 했지만 곧 원래의 표정을 되찾은 환자가 대학병원에 가야 치료가 된다면 그리하겠단다. 미리 작성해 두었던 진료의뢰서를 환자의 손에 들려주고 나서 환자와 뜨거운 악수를 나누었다.

"잘 다녀오십시오. 어르신! 다리 치료 잘 받고 돌아오시면 당뇨조절은 제가 해 드리겠습니다. 부디 치료 잘 받고 돌아오세요."

환자가 아까 들고 온 까만 비닐봉지를 내민다.

"목 마를 때 자시소. 내 다리 치료받고 다시 들르지요."

환자가 돌아간 후에 그 까만 비닐봉지를 열어보니 앙증맞은 캔식혜 2개가 들어있었다. 순간 코끝이 찡했다. 그건 음료수가 아니라 앞으로 내가 의사로서 살아가는 동안 잊지 말아야 할 환자가 보여준 진심이었고 환자의 아픔을 나누는 의사로서의 자부심이었다.

환자는 친절하고 자신을 성심껏 잘 돌봐주며 자신의 고통과 기대를 잘 이해해 주면서 실력 또한 좋은 의사이기를 원하는 듯하다. 소위 질병에 대한 이해도 완벽하며 환자 자신에 대한 이해도 완벽한 그런 의사를 기대하는 것이리라. 그런데 요즘 유행하는 환자 중심 진료라는 용어는 환자를 유치하려는 경쟁 속에서 의료공급자가 인테리어를 좋게 하고 예약 시스템, 검사과정, 수납 과정 및 입-퇴원 과정 등 모든 진료 프로세스를 환자의 편의에 맞추고 환자 편에 서서 개선시키는 물질적인 차원의 것으로만 이해되는 듯하다. 하지만 환자 만족과 의사-환자 관계의 진실이 적나라하게 드러나는 순간은 바로 의사와 환자가 마주하고 이야기하는 진찰과 상담시간에 있다 해도 과언이 아닐 것이다. 환자를 'KBS'로 만드는 건 아마도 의료계의 서글픈 현실 탓이나 환자의 못돼먹은 매너 탓 때문만은 아닐 것이다. 비현실적인 이 나라의 수가체계만을 탓하며 모든 면에서 환자의 요구와 기대를 100% 충족시킬 수는 없다고 변명만 할 게 아니라 한 번 쯤은 의사 본연의 모습으로 돌아가 진정으로 우리 자신이 환자의 고통과 기대를 인간적이고 정감어린 시선으로 마주하고 있는가를 자문해 볼 필요도 있지 않을까?

7회 장려상 수상작이다. 당선 소식을 듣고 헐리웃 명예의 전당에 입성한 듯 날아가는 기분이었다는 필자는 지인들에게 고마움을 전하면서 동시에 외진 어촌마을 보건지소장을 '의지해주는' 여러 어르신들의 건강장수를 기원했다.

수해의 선물

이지현 (강원 평창 진부보건지소)

"이 선생, 영동고속도로 뚫리는 대로 빨리 와줘야겠어."

"네, 원장님. 알겠습니다."

상기된 목소리로 전화를 하시는 원장님의 목소리에서 그 시급함이 느껴졌다.

'아… 왜 하필, 이 때에….'

조금은 원망스런 마음이 들었다. 그 전화를 받았을 때, 나는 모교 도서관에 있었다. 미국의사시험(step1)을 20일 정도 남겨두고 막판 정리를 하고 있었을 즈음, 내가 근무하는 평창군 진부면에는 큰 수해가 발생했다.

다음날(제헌절) 아침 일찍 영동고속도로를 타고 평창으로 향했다. 영동고속도로는 이미 흘러나온 토사로 엉망이 됐고, 진부IC를 통과한 후 진부의 모습은 마치 개펄을 연상케 했다. 인근 초등학교와 많은 집들이 산사태로 무너졌고, 침수가옥은 이루 헤아릴 수가 없을 지경이었다. 하지만 다행히 내가 일하는 보건지소는 물에 잠기지 않았다.

허겁지겁 도착한 나를 반겨주는 사람은 세수도 못하고 나온 간호사들과 많은 환자들이었다. 서둘러 진료를 시작했다. 물이 갑자기 집으로 들이쳐서 신발도 신지 못하고 나온 수재민들이 많았다. 때문에 발에 심한 상처가 난 사람들이 많았다. 오염된 물에 상처가 노출되면 심각한 감염을 일으킬 수 있었지만, 진부는 의약분업지역이라 보건지소에는 약이 구비되어 있지 않았다. 방문 보건 환자분들을 위한 소량의 약이 있었지만 그것으로는 턱없이 부족했다. 환자들은 의사들의 처방 없이 항생제를 복용할 수 없지만, 그렇다고 우아하게 진료실에 앉아 볼펜으로 처방전 갈겨쓰고 있을 수만은 없었다. 더욱이 그들은 돈도 없었다. 의료원에서 약국에 전화를 걸어 나중에 의료원에서 보상할 테니 약을 무상으로 달라고 얘기를 했고, 약사님도 흔쾌히 승낙하셨다. 도대체 몇 명이나 봤을까? 얼마 후 갑자기 원장님께 다시 전화가 왔다.

"이 선생, 체육관으로 좀 가봐. 빨리."

진부 중고등학교 체육관에는 수많은 수재민들이 모여 있었다. 간호사 선생 두 명과 함께 구급약과 간단한 처치도구를 가지고 체육관에 들어섰다. 아직 다른 의료지원팀들이 도착하지 않았다. 많은 사람들이 줄을 서서 진료를 기다렸다. 내 인생에 이처럼 많은 사람들이 날 필요로 했던 적이 있을까?

체육관 저편에 이불을 뒤집어쓰고 계신 어느 할머니가 눈에 띄었다. 평소 방문 진료를 나가서 보던 할머니였다. 심한 퇴행성관절염으로 거동이 불편하셔서 줄을 서지 못하셨다. 평소 관절염, 당뇨, 고혈압, 고지혈증, 그 나이에 가질 법한 대부분의 병을 앓고 계신 할머니였다. 그런데 오늘은 할머니 얼굴이 평소와 달랐다. 할머니 얼굴이 노랗게 보였다. '조명 때문이겠지.' 눈꺼풀을 올려 공막(눈의 흰자위)을 보니, 의심할 여지없는 황달이었다.

"할머니 언제부터 얼굴이 노랗게 되셨어요?"

"오늘부터 그런 것 같은데?"

"소변 색깔이 검지 않아요?"

"응, 좀 거무튀튀하던데."

"소변 마지막으로 언제 보셨어요?"

"어제 점심 즈음 봤나?"

'이런…. 큰일인데.' 난 속으로 생각했다.

여러 가지 원인이 있을 수 있지만, 가장 의심되는 것은 급성간염과 그로 인한 급성신부전이었다. 빨리 입원해서 치료를 받고, 검사를 해야 하는데, 119는 이미 수해현장으로 나갔고, 할머니를 도울 사람은 우리 밖에 없었다. 애써 태연한 척 할머니께 지금 간염이 의심되니깐 치료를 받으셔야 된다고 설명 드리고, 원장님께 전화하여 환자 상태를 설명한 후에 간호사 선생이 할머니를 평창의료원으로 모시고 갔다. 그날 저녁부터 장티푸스 예방접종을 시작했고, 그렇게 정신없이 하루가 지나갔다.

TV에서 수해지역 감찰하러 간다던 국회의원들이 골프 치러 갔다는, 이제는 놀랍지도 않을 뉴스가 들렸지만, 난 진부로 들어온 날부터 시험 2일 전까지 주말에도 비상근무를 해야 했다. 하루 일과는 오후 10시 즈음에 끝이 났고, 그때부터 한숨 쉬며 책상에 앉아 공부를 시작했다. 졸다가 키보드에 침을 흘릴 만큼 몸은 피곤했지만, 지금 생각해보면 그때만큼 보람을 느껴본 적도 없었다.

2주 후에 할머니 소식을 들었다. 큰 병원으로 다시 옮겨져 여러 가지 검사를 받고, 내 예상과는 다르게 담관암 진단을 받으셨다고 한다. 그리고 1주일 후 할머니가 돌아가셨다는 소식을 들었다. 내가 치료해서 좋아진 환자들은 기억에 많이 남지만, 그렇지 않은 경우는 왠지 쉽게 잊혀지는 것 같다. 일종의, 의사들이 가지는 방어기제일까? 며칠 후 아들이 찾아와 평소에 할머니께서 고맙게 생각하셨다면서 콜라 한 상자를 주고 갔다. 평소에 내색은 안했지만 조금은 귀찮아하던 방문 진료였는데, 이렇게 가실 줄 알았더라면 좀 더 잘해 드릴 걸 그랬다.

진부에서만 약 2,000명의 수재민과 여러 사상자를 냈을 만큼 이번 수해는 대단했다. 그리고 그것이 남긴 흔적들은 아직도 완전히 복구되지 않았다. 내가 이번 수해를 겪으며 한 가지 감명 깊게 느낀 것이 있다면, 적어도 '우리 동네에는 인심이 살아있구나' 라는 것이었다. 중국집은 자장면을 무료로 사람들에게 대접했고, 약국은 무료로 약을 배포 했으며, 많은 자원봉사자들이 있었다. 올해 언젠가 가슴이 아프다는 연락을 받고 찾아간 한 할아버지께서 불안정 협심증으로 구급차로 실려나가시며 우리 집 옥수수가 맛있으니 몇 개 가져가라고 나에게 하셨던 말씀이 갑자기 떠오른다. 난 그때 솔직히 할아버지께서 어떤 유언을 남기려고 하시는 줄 알았다. 그 상황이 난센스하다고 혼자 피식 웃고 말았는데, 그것이 바로 이곳 인심이었던 것 같다.

우려하던 미국의사시험(step1)을 본 지 한 달 후에 미국으로부터 합격통보를 받았고, 올해 10월 수해 때 열심히 일한 공로로 대한 공중보건의사협회에서 수여하는 모범 공중보건의상을 받았다. 혹시나 시험을 망치지는 않을까 걱정을 많이 했는데, 난 올해 값진 수확과 함께 평생 잊지 못할 뜻 깊은 경험도

함께 얻었다. 그리고 그들의 인심도 새삼 느껴보았다. ■

6회 장려상 수상작이다. 지금도 수해로 힘들어하던 분들의 기억이 생생하다는
필자는 이번 수상의 기쁨을 함께 고생한 공보의 동료들과 함께 하고 싶다는 소감
을 보내왔다.

정상렬과의 만남

김민섭 (경북 군위 의흥보건지소)

한쪽에서는 십여 명의 발자국소리가 점점 가까워지고, 다른 쪽에는 두 사람이 시비가 붙었는지 언성이 조금씩 높아지고 있다. 간간히 욕지거리가 들리기도 하고, 한숨소리가 들리기도 하고 드물게는 짧게나마 싸움이 터지기도 한다. 다른 한쪽 구석에서는 커다란 웃음소리가 들리기도 하는 복합적인 장면이 연출된다. 10평 남짓한 사무실 안에 10명이 넘는 사람들이 모여 있기에, 여름에는 말도 못하게 더운 곳이고, 난방을 전혀 하지 않더라도 겨울에도 춥지 않으리라는 생각마저 드는 곳이다. 이곳에 있는 사람들, 대부분 남자이고, 그것도 다 덩치가 웬만큼 되고 목소리가 커서 항상 시끄럽다. 그래서 차분한 사람들도 여기서 생활하다보면 금방 득음(?)을 하게 되고 자연스레 목청이 커지는 것 같다.

*

공중보건의 1년차 때 있었던 교정시설 의무과의 한 모습이다.

그때에는 참으로 많은 사람들을 만났었다. 하루에 거의 150명씩 일주일에 5~6일(그때 토요 휴무는 월 2회이었다) 그렇게 한 달에 3천명이 넘도록, 일년 동안 3만 명이 넘는 사람들을 만나고, 말하고 뭔가 적어 넣고 그렇게 지냈었다. 앞으로 그렇게 많은 사람들을 만날 일이 또 있을까 싶은 생각이 들기도 한다.

출근하면 오전에는 사동별로 진료 받을 재소자들을 데리고 온다. 매일 같은 얼굴을 보기도 하지만 새로운 얼굴들도 상당히 많다. 신입들은 무조건 데려오기 때문이다. 수용 인원이 700명 정도 되는 중소 규모 교정 시설인데도, 세상에는 참 죄짓는 사람들이 많은가보다. 매일 구속되는 사람만 해도 이렇게나 많다니. 그렇게 오전에는 꼼짝하지 않고 계속 진료만 본다. 오후에는 그나마 조금 한가한 편이지만 정말 힘든 일은 오후에 생긴다. 정기적인 오전 진료가 아니고 오후에 진료를 한다는 자체가 조금 좋지 않은 상황이라는 의미도 된다. 사실 정말로 진료가 필요한 사람도 있지만, 바깥세상에서 제가 대장인 듯 호령하며 살다가 그 좁은 감방에 들어와 지내려니 무지하게 답답할 테고 그러다 보니 잠시나마 감방을 나오기 위해서라도 진료를 받으려 하는 사람도 있다. 그러다보니 소위 '짝퉁' 환자가 무척이나 많아지는 것이다. 또는 화가 나서 그걸 의무과에서 터뜨리려고 오는 경우도 있다. 그러면 의무과 직원들이 다독이기도 하고 혼내기도 하고 그렇게 재소자들을 다룬다.

어느 날 오후 전화를 받던 직원 얼굴이 어두워졌다.

"야, 정상렬이 또 왔단다."

정상렬. 그 이름을 어찌 잊어버릴까? 30살에 키 185cm, 몸무게가 120kg

가 넘는데 그 120kg는 전부 다 근육덩어리이다. 조직폭력집단의 중간 간부쯤 된다고 하는데, 온몸이 칼자국 투성이고 성질이 몹시 좋지 않은데 더군다나 마약사범이다. 이 인간은 세상에 무서운 것이 없는 듯하다. 제 뜻대로 되지 않거나 화가 나면 자해소동도 무지하게 많이 벌였다고 한다. 한번은 교정시설 내에서 머리를 박아 실신하기도 하고, 볼펜 스프링을 몇 개씩이나 삼켜서 병원으로 나가서 내시경으로 꺼내기도 하고 조금이라도 날카로운 게 있으면 전신을 상처 내는 짓도 다반사다. 그래서 그 인간은 무조건 독방이고, 진료도 단독으로 하며, 해달라는 것은 거의 다 해준다. 안 그러면 교정시설 전체가 시끄러워지고 직원들이 더 힘들어지기 때문이다.

그를 처음 보았을 때는 약간씩 추워지기 시작한 10월말이었다. 그 힘들다는 교정시설 공보의도 이제는 적응되어 가고 그리고 곧 다른 곳으로 옮긴다는 생각이 들기 시작하는 그런 희망에 부푼 때였다. 이곳에 처음 왔을 때 재소자들이 소리 지르고 욕하는 게 그렇게 짜증나곤 했었는데, 이제는 그런 상황도 한쪽 귀로 듣고 흘릴 수 있는 경지에 이르러, 그렇게 재소자들 다루는 법도 나름대로 터득했다고 생각했었고 자연스레 생활도 편해지던 때였다. 그런데 정상렬은 좀 달랐다. 정말로 무서운 게 없는 건지, 아무데서나 욕을 하고 소리를 지르고, 때로는 주먹이 날아다니기도 했다.

한번은 오후에 정상렬이 진료를 받으러 나왔다.

"어디가 아파요?"

"허리가 아파 미치겠습니다. 속도 안 좋고, 머리도 아프네요. 막 빈혈기도 있는 것 같고, 어제부터 화장실에서 변도 잘 못보고 팔다리도 막 쑤십니다."

"정상렬 씨는 지금 이미 진통제랑 근이완제를 최대용량으로 먹고 있거든요."

"그거 먹어가지고는 택도 안됩니다. 제가 밖에 있을 때 남들 5cc하는 뽕을 30cc씩은 했습니다. 그래도 끄떡없었고요. 혹시나 어디 아파서 약 먹는다 고면 진짜로 한 번에 열개씩은 묵습니다. 좀 다른 걸로 해 달라니까요!"

슬슬 짜증이 났다. 혼자서 고래고래 고함지르며 말하는데, 이거 정말 너무 제멋대로 아닌가 하는 생각이 났다. 보아하니 주사 맞고 싶어서 온 듯한데, 다른 재소자들에게는 웬만하면 안 주는 주사를 이 사람이라고 꼭 줘야 하나? 그런데 옆에서 안절부절못하고 있는 우리 의무과 직원이 계속 이런 말을 한다.

"쇼패낙 IM(근육주사)으로 하나 좀….."

평소 같으면 직원들이 그렇게 말할 때에는 그냥 주는데, 그날은 별로 그러고 싶지 않았다. 내가 안 준다는데, 저런 제멋대로인 재소자가 뭐 어쩔 건데?

'나도 이 바닥 알만큼은 안다고!'

이런 오기가 생겨서일까?

"정상렬 씨한테 약을 그렇게 많이 드릴 수는 없고요, 그 약 용량도 있는데….."

"뭐라고! 이 XXX이?"

그때 태어나서 처음으로 주먹 휘두르는 소리를 들었다. 조금만 더 가까이 있었으면 정말로 큰 거 한방 얻어맞을 뻔 했다. 체중을 실어서 휘두른다는 것이 바로 저런 거구나 싶을 정도였는데 자칫 거기 내 턱이 스쳤더라면 이빨 두 개는 날아가지 않았을까.

순간적으로 사무실 내의 직원들 5~6명이, 전부 달려들어 팔 하나에 한 명씩, 허리에 2명이나 달라붙어 제지하고 있었는데도 정상렬이 움직일 때마다 직원들은 이리저리 휘청댔다. 그 길지 않았던 시간 동안 온 몸의 교감신경이 찌릿찌릿해 왔다. 예전 의대 시절에 생리학 교수님이 교감신경과 부교감신경에 대해 잘 이해하려면 교감신경이 발현할 때는 앞에서 미친 개가 침을 질질 흘리고 있다고 생각하면 쉽다고 했었는데, 바로 그 상황이구나, 이런 게 바로 공포감이구나 싶었다.

며칠이 흐른 후 정상렬을 또 한 번 마주치게 되었다.

"그렇게 살지 마. 이 XXX아, 내가 밖에서 니 만나면 진짜로 직이뿐다."

참 마음이 그랬다. 출근하기도 싫고, 사실 겁도 좀 나고. 빨리 이곳에서 떠났으면 하는 바램뿐이었다.

그런 식으로 일주일이 지난 어느 오후, 뭔가 사고가 났다. 뭐가 그렇게 마음에 안 들었는지 정상렬이 자해를 했는데, 머리가 많이 째졌다고 한다. 젠장. 이거 정말 뭐야. 의무실로 온 정상렬은 머리에서 피가 참 많이 나고 있었다. 그래도 다행히 의식은 있었고 호흡, 혈압은 괜찮았다. 지혈을 하고 머리 X선 촬영을 했는데, 두개골은 그래도 괜찮아보였다. 째진 두피를 보고 꿰맸다. 워낙 많이 째져서 꿰매는 데 1시간이 넘게 걸렸다. 덩치도 크고 마약도 많이 하던 사람이라 마취가 잘 안 되면 어떡하나 고민했었는데, 희한하게도 마취가 잘 됐는지 전혀 아프다는 내색 한번 않고 가만히 누워서 치료를 받는 게 신기할 정도였다.

'워낙 많이 싸워서 웬만한 통증은 느끼지도 못하는 건가?'

시원한 계절이었는데도 좀 더웠다. 나도 모르는 사이에 땀이 한 방울 정상렬이 누운 침대에 떨어졌다. 검은색 계통의, 조금은 딱딱한 처치실 침대라서 땀이 떨어지는 소리가 톡하고 들렸다. 사실 내가 봉합이 그렇게 익숙한 편도 아니었고 그래서 불안한 마음에 방안이 더 덥게 느껴졌을 것이다. 더군다나 환자는 정상렬이 아닌가.

"다 됐습니다."

마침내 봉합을 끝내고 머리에 감긴 새하얀 붕대를 보니 그렇게 미쳐 날뛰던 재소자가 이제는 환자로 보였다. 그렇게 정상렬은 챙겨준 약 봉지를 가지고 자기 방으로 돌아갔다.

"휴."

나도 모르게 한숨이 나왔다.

"선생님 수고했어요. 잘하시데요."

옆에서 지켜보던 직원이 한마디 했다. 봉합을 잘 했다는 건지, 정상렬한테 잘해줬다는 건지 조금은 모호한 느낌이었다.

다음날 다른 직원이 나한테 와서 이런 말을 해줬다.

"정상렬이가 선생님한테 죄송하다고 말 좀 전해 달라네요. 니가 직접 하라고 했더니만 얼굴 보기 좀 미안하다고 해서요. 원래 양아치들이 좀 그렇잖아요. 남한테 억박지를 줄만 알지 고맙다거나 미안하다는 말은 잘 못하잖아요. 선생님도 그때 일 마음 그만 푸세요. 허허."

어제 아무 말 없이 가던 정상렬 뒷모습에서 조금은 눈치 챘지만 그래도 그런 말을 전해 들으니 기분이 참 좋았다. 이제는 마음 편히 지낼 수 있겠구나. 혹시 밖에서 정상렬을 만나도 도망가지 않아도 되겠구나. 후후. 아무리 생각해도 그때 내가 정상렬에게 잘못한 일은 없는 듯한데, 그래서 더 답답했었는데, 이제야 몇 년 묵은 체증이 가시는 듯했다.

시간이 흘러 겨울이 지나고 봄이 왔고 이제 구치소를 떠나 대구 부근의 보건지소로 옮기게 되었다. 구치소를 떠나는 마지막 날 우연히 정상렬을 만났다. 옆에 있던 직원이 말했다.

"야, 인사해라. 선생님, 이제 여기 떠나고 대구 근교로 가신단다."

"아, 예. 그러십니까? 대구요? 대구라카면 지는 대구교도소, 화원교도소밖에 모르는데, 왜 그리 멀리 가십니까?"

한바탕 웃음이 터져 나왔다. 나도 웃을 수 있어 참 좋았다. 그 동안의 앙금이 정말로 말끔히 사라져 버린 증거겠지? 구치소를 나와 걸어가는 발걸음이 정말로 가벼웠다.

7회 장려상 수상작이다. 공보의 시절을 마감하는 의미로 이 글을 썼다는 필자는 참여에 의의를 두었던 이번 공모전에서 당선소식을 들어 더욱 기뻤다는 소감을 보내왔다.

언니, 고마워

조아랑 (경희대 동서신의학병원 정신과)

얄궂은 월요일 아침이었다. "만날 집에 늦게 오는 회사는 쓰레기통에 버려!" 네 살 된 녀석의 울음 섞인 투정에 이미 마음은 보랏빛이었는데, 놓고 온 자료들은 왜 그리 많은지 녀석의 눈물을 뒤로 하고 들락거리기를 두어 번. 죄책감은 곱절이 되었다. 게다가 어제까지 씩씩했던 내 낡은 차는 번개에 맞은 것처럼 꼼짝도 하지 않았다. '그래. 이런 날도 있지, 뭐.' 하면서 올라탄 택시. 우리 병원을 나름대로 설명했으나 택시기사는 감을 못 잡다가 결국, "아, 그 새로 생긴 한방병원이요? 진작 그렇게 말씀하시지" 그런다. "한방병원 아니거든요" 하면서 구구절절 설명할 여유는 이미 내게 없었다.

하루에는 또 그 하루만큼의 고민이 자라는 것 같다. 어제 많이 힘들었다고 오늘부터 좀 나아지는 너그러움은 시간과 현실에선 결코 찾아볼 수 없다. 한방병원에 근무하는 정신과 의사라…. 수련 받은 뒤로 의심 한번 없이 무성하게 키워

온 정신과 의사로서의 정체성이 요즈음엔 젖은 옷 입고 한겨울 칼바람을 맞듯 사소한 자극에도 쨍하니 건드려진다. 당연한 게 더 이상 당연하지 않을 때의 낯설음은 꼭 감정반응을 동반한다. 택시기사의 무심한 말은 월요일 탓으로 모든 불행을 내몰며 유치하게 넘기던 내 방어막을 뚫고 기어이 내 안의 민감한 주제를 건드렸다. 혼자만의 사고의 흐름 속에서 결국 참 가볍지만 분노에 가까운 종류의 감정이 일었음을 인정해야겠다. 대상을 향한 감정이기보다는 내가 당연히 품고 살아야 할 정신과 의사로서의 최소한의 정체성이 자꾸 도전을 받는 우리네 사회적 현실에 화가 났던 것 같다. 의사로서의 사명감은 우리에게 의식주를 해결하는 직업 그 이상의 책임감을 갖게 한다. 자본의 논리나 속성이 순수하기만한 직업적 고지식함을 평가하려 들 때는 헛헛해진다. 아직은 타협도 잘 안 되고 내 안에 둘러쳐진 직업적 경계가 너무 뚜렷해서 허허실실 살아가기가 힘든 것 같다. 아침나절의 얄궂음을 잊어갈 때쯤 간호사의 전화가 걸려왔다. 외래를 다니던 환자가 사망해서 경찰서에 낼 진단서가 필요하다며 가족이 왔다는 것이었다. 자살이라고 했다. 간호사가 말하는 이름과 나이, 진단명을 들으면서 환자 얼굴이 선연히 떠오르는데도 기억이 안 나는 척하며 가족을 만나러 가겠다고 했다. 외래까지 가는 길은 내 마음의 길이기도 했다. 주치의가 갖게 되는 여러 마음을 주섬주섬 추스르며 인간적인 감정을 다스리도록 짧게 허락된 시간이다. 그녀는 오십대 후반의 우울증 환자였다. 외출도 안 하고 여기저기 아프다하고 건망증이 심해진다며 딸이 데려왔었다. 첫 면담 시 초등학교밖에 못 나왔다고 심하게 부끄러워하며 기분에 대해서는 "사는 게 다 그렇죠, 뭐"라고만 했었다. 자기 얘기를 하지 않는 편이었다. 딸 얘기로는 환자와 비교적 친했던 큰 딸이 수년 전 교통사고로 사망했고 그 뒤로 더 멍해지고 무기력해진 것 같다고 했다.

또한 남편은 전형적인 폭군에 술꾼이었다. 치료 과정 중 외래를 한번 방문했던 남편은, 전엔 한 마디도 못하던 사람이 남편한테 덤비기도 하고 자기 주장을 한다면서 이상해졌다고 내게 따진 적이 있다. 그녀가 맘대로 하려했던 일은 옥상을 예쁘게 꾸미는 일이었다. 남편은 쓸데없이 돈 쓴다며 일갈했다는데 그 순간 그녀는 꾹 참아둔 마음 속 뭔가가 확 올라왔다고 했다. "홧김에 속 얘기 좀 했더니 남편이 놀랬나보네"하면서 배시시 웃던 그녀의 천진한 얼굴이 생각난다.

약물치료와 면담 진행 중 그녀는 눈에 띄게 호전되었다. 우울한 기분도 많이 나아져서 어느 날은 참 밝은 목소리로 "언니! 고마워. 언니 약 먹고 내가 운동도 하고 기운도 나요. 너무 좋다"고 했다. 언니라는 호칭에 얼마나 당황스러웠는지. 혹시 환자가 뜬 건가 잠시 고민했지만 그녀에게 manic해졌다고 할 만한 다른 증상은 없었다. 아마도 그 호칭이 못마땅한 내 심리가 반영되어 더 걱정하지 않았나 싶다. 그녀의 표현력으로는 친밀감과 고마움을 표현하는 최선의 선택이었을 수 있다는 생각이 든다.

호전된 뒤 외래에 잘 오지 않던 그녀는 교통사고를 당해 입원하면서 다시 보게 되었다. 그녀에게 나는 여전히 언니였다. 눈물을 글썽이며 내 손을 붙잡더니 우울증이 좋아져서 빨간 윗도리에 하얀 바지를 입고 자전거 타러 나갔다가 사고가 났다고 했다. 그렇게 그녀는 너무 솔직했다. 빨간 윗도리에 하얀 바지. 우울하지 않은 그녀가 바라는 삶은 그 옷처럼 참 예쁘고 소박했다. 그녀는 내게 미안해했다. 언니가 잘 치료해줘서 정말 행복했는데 주책부리다가 다쳤다면서 말이다. 불안기 서린 눈망울로 도움을 청하던 슬픈 이미지를 차마 못 지운 채로 그녀의 아들을 만났다. 진심어린 위로의 말과 함께 병에 대해서나 그녀에 대해서 뭔가 말해주어야 할 것 같았는데 막상 필요 없었다. 아들은 진단서만을 원했다. 아들 말로는 사고 후 허리 통증 때문에 외출도 더 못하고 기분도 좋진 않았던 것 같았는데 어제 새벽에 자던 방에서 목을 매었단다. 경찰이 자살인지 확실히 해야 하니까 진단서 받아오라고 했다는 것까지 담담하게 전달해주었다.

아들의 태도는 너무 일상적이었다. 엄마를 그렇게 잃은 충격 때문에 감정이 분리되어 그럴 수도 있다는 생각도 해봤지만 아들은 그녀의 삶에 관심이 많지 않았고 죽음 또한 아주 많이 슬프진 않았던 것 같다. 주인을 못 찾은 내 위로의 말들은 새로 산 휴대전화를 자랑하며 통화하던 아들의 모습에 기막혀하는 간호사에게로 향했다. 예순을 바라보던 그녀의 인생은 참 잔인할 정도로 솔직해서 슬프다. 매 맞는 아내로 살면서 나름대로 정성껏 키운 자식들. 하나는 교통사고로 잃고 아들도 저리 보면 마음에서 이미 잃은 듯 보였다. 여성이고 싶고 소중한 존재이고 싶었는데 살다보니 다 얻지도 못하고 잃어지는 것뿐이라면 얼마나 허탈했을까. 심한 우울로 자살을 생각할 때까지 그저 내쳐둔 가족들을 탓하기엔 그녀의 존재감이 너무 가벼웠다. 딸과 같은 교통사고를 당하면서 수년 전 겪었던 상실감이 되살아났을 수도 있다. 더욱이 그녀는 요추 두 개가 내려앉은 압박골절이었다. 통증으로 괴로울 때도 보살핌이나 지지를 기대할 수 없는 가정에서 통증보다 더한 외로움이 함께였을 것 같아서 지금도 안타깝다. 치료자로서 갖는 죄책감에서도 아직 자유롭진 않지만 그래도 잠시나마 그녀가 꿈꾸던 색깔과 향기를 알아줄 수 있었다는 것으로 참 어설프게 위안을 삼으며 명복을 빈다.

늘 그렇듯 의사는 환자를 통해서 결코 녹록치 않은 직업적 무게감을 느끼게 된다. 그녀 말대로 사는 게 다 그렇다. 그러나 빨간 윗도리와 하얀 바지만으로도 행복해할 수 있는 우리이기도 하다. 사랑하기 때문에 온전히 내 것이 아닌 삶을 누구보다도 열심히 사는 많은 어머니들. 그이들의 외로움 한 줌이 얼마나 치명적인지 아는 사회였으면 좋겠다. 아, 그녀가 좀 더 자신을 사랑했더라면, 가족이 우울증의 심각성을 받아들였었더라면, 치료자와의 관계가 좀 더 견고했더라면, 좀 더 공격적으로 약물치료를 했었더라면, 사고를 당하지 않았더라면. 수많은 가정들을 떠올려보고 또 대답해보기도 했었다.

의사는 이렇게 상처받고 번민하며 결국은 고스란히 견뎌내야 한다. 누가 시키지도 않는 철저한 자기 검증을 시도하며 되묻고 캐묻고 날선 긴장감에 익숙해하며 의사로서의 삶을 산다. 그래서인지 부족한 나로서는 참 몹쓸 직업이라고 여겨질 때가 많다. 그녀의 우울증 진단서를 쓰던 그 날은 집에서부터 병원까지 그리고 또 집까지 너무나 긴 하루였다. 정체성을 건드리는 사소한 자극들에 발끈하다가 외부 자극과 상관없이 존재하는 정신과 의사로서의 적나라한 정체성을 마주하기도 하였다. 어쩌면 지금쯤 그녀의 가족들은 그녀의 빈자리를 절실히 느끼고 있을지도 모른다.

우울증 환자의 고통이나 괴로움은 기억하지 못하더라도 그녀가 소중히 여겼던 인연들이 그녀의 존재감만큼은 깊이 기억해줬으면 싶다. 수개월이 지났지만 그렁그렁 눈물 맺힌 두 눈, 그리고 외치듯 건넸던 그녀의 말은 아직도 선명하다. "언니! 고마워. 언니 약 먹고 참 좋네."

7회 장려상 수상작이다. 정반대의 성향을 가진 두 아이를 보면서 마음의 균형을 잡고 살아간다면 얼마나 행복할까 생각했다는 필자는 이번 글쓰기가 마음의 균형을 가다듬을 수 있는 기회였단다. 앞으로도 균형을 위해 노력하며 환자들을 만나겠다는 의사다운 다짐을 전해왔다.

자전거 왕진

이원준 (경기 가평군보건소)

첫 의사생활은 예방접종 예진과 방문 진료로 시작되었다. 오전에는 울면서 발버둥치는 아이들과 한바탕 전쟁을 치르고, 오후에는 방문간호사와 함께 약 처방이나 특별한 처치가 필요한 환자를 찾아다녔다. 주사를 놓는다고 아이를 울려 보호자에게 따가운 눈총을 받는 것보다, 혼자 사는 어르신이나 재가 암 환자에게 풋내기 의사인 내가 쓸모 있다는 것이 재미났다. 자전거를 구하고 난 뒤로는, 방문간호사 없이 혼자 다니는 일이 많아졌다.

길가의 은행나무가 온통 노랗게 타들어가는 가을, 좀 귀찮은 민원이 들어왔다고 방문간호사가 전해주었다. 어머니가 담도암에 걸려서 수술하고, 항암치료를 받았는데, 요양 차 가평에 내려왔다고 한다. 전화를 건 딸에게 잘 이야기해서 등록하지 말자고 한다. 보통은 자식들이 보건소에 부모를 맡겨놓고, 연락을 끊어버리기 일쑤이다. 그러다 문제라도 생기면, 당신들 책임이라며 생떼를 쓰거나 고소할 수도 있다. 아직은 추측에 불과하고 실제로 어떤지는 가 봐야 아니까 일단 방문날짜를 잡았다.

누추한 집에 할머니 혼자 덩그러니 있을 것이라는 예상은 깨어졌다. 집은 말끔하게 정돈되어있고, 전화를 건 딸이 우리를 맞이했다. 오랜 병간호에 지쳐 보이면서도 말하는 내내 미소를 잃지 않았다. 수술한 병원에서 더는 해줄 것이 없으니 퇴원하라는 이야기를 들었을 때, 딸네 식구들은 어머니를 모시고 혹시 공기 좋은 곳에 있으면 나아질까 하고 가평으로 이사 왔다고 한다. 남편은 가평에서 서울로 출퇴근하고, 자신은 다니는 회사를 쉬며 어머니를 돌봐왔다. 초등학생 두 딸도 가평으로 전학했다. 대부분 혼자 사는 할머니, 할아버지의 자제분들은 명절이나 되어야 얼굴을 비출까 말까인데, 이 딸과 사위는 참 대단하다. 같이 이야기를 듣는 동안 방문간호사는 어느새 코를 훌쩍이고 있다. 딸이 안방으로 우리를 안내했다. 할머니는 햇빛을 받으며 창가에 누워 있었다. 침대 주변에는 각종 의료기와 약품들이 사용하기 편하게 정리되어있다. 인사를 하고 침대 곁으로 가까이 갔다. 우상 복부에 배액 관을 심은 할머니는 심한 황달 탓에, 마치 단풍 든 은행나무 같다.

두 번째 방문에는 간성혼수에 대한 교육 자료와 초산 메게스트롤(Megestrol Acetate)을 가져갔다. 담도암이 간으로 전이된 정도가 심해, 할머니의 간은 거의 제 구실을 못했다. 그래서 딸에게 어머니가 식사를 하거나 약을 복용할 때 조심해야 할 것을 일러두었다. 초산 메게스트롤은 식욕 촉진제로도 쓰이는데 할머니가 입맛이 없어 미음도 못 드셨기 때문이다.

독감예방접종으로 보건소가 북적대던 무렵, 문득 할머니가 생각났다. 알코올 솜을 챙기고, 인플루엔자백신을 넣은 아이스박스를 자전거에 싣고 방문하였다. 엘리베이터에서 내려 벨을 눌렀다.

"누구세요?"

"보건소에서 왔습니다."

집안으로 들어가서 아이스박스를 내려놓고 볼펜과 예진표를 꺼냈다.

"독감예방접종 가지고 왔어요, 여기 예진표 작성해주시고, 혹시 어머니가 계란 알레르기가 있나요?"

"저기 선생님, 저희 어머니는 예방접종을 안 해도 될 거 같아요. 어머니가 병원 생활을 오래하셔서 주사 맞는 걸 싫어하세요. 그리고 지난번에 주신 약은 고맙게 받았는데요. 수술한 병원에 가지고 가니까 담당교수님이 혈전이 생길 위험이 커진다고 드리지 말래요. 죄송합니다."

"예⋯, 할 수 없죠. 그럼 제가 해드릴 것이 없네요."

"죄송합니다. 선생님."

아이스박스를 가져온 그대로 자전거에 싣고, 보건소로 달리는데 마음 한구석이 허전하다. 병원에서 퇴원할 때 가져온 약으로 통증 조절은 잘되고 있고, 초산 메게스트롤은 그쪽 선생님이 먹지 말라고 하니까 할 수 없고, 독감 예방접종도 거부한다. 더 해줄 것이 없다. 방문할 이유도 없다. 그런데 엘리베이터를 기다릴 때 들은 한마디가 마음에 걸린다.

"이제 안 오시는 건가요?"

다음 주 월요일, 예방접종으로 아이들을 울리고 달래고 하는데 어머니가 돌아가실 것 같다는 전화가 왔다. 자전거 기어를 최대한으로 넣고 헐레벌떡 달려가 보니 할머니는 다소 느리지만 숨을 쉬고 있었다. 약하게 손목과 발목에도 맥박이 느껴진다. 딸은 할머니가 숨을 안 쉬는 것 같아 놀라서 전화했다고 한다.

딸에게 할머니 상태를 설명하고, 한숨을 돌리는데 고구마를 한 아름 주신다. 한 것 없이 고구마를 받아가는 것 같아 여러 번 사양하였는데 막무가내시다.

금요일은 접종실이 한가해서 방문 진료를 많이 하는 편이다. 다른 환자 방문을 준비하려고 드레싱 세트를 챙기다 보니 할머니가 궁금해졌다. 전화를 하려고 수화기를 들었다가 다시 내려놓았다. 돌아가셨느냐고 물어보기가 뭐하다. '에라 모르겠다. 일단 나가자!' 매주 수술부위를 드레싱 해야 하는 아저씨 집에 도착했는데 비어 있다. 아주머니한테 전화를 해보니 아저씨가 기침이 심해 병원에 입원하셨단다. 다시 자전거에 몸을 싣고 마음을 졸이며 할머니 댁으로 갔다. 할머니는 주무시고 계셨는데 지난번과 큰 차이는 없었다. 혈압과 맥박을 재고, 통증은 참을만한지 물어보고, 날씨 이야기하고 나왔다. 이번에는 따님이 귤을 한 아름 주신다. 씩 웃으면서 넙죽 받았다. 퇴근길에 자전거 자물쇠를 풀고 보건소를 나서는데 얼굴에 찬 것이 떨어진다. 첫눈이다. 눈은 다음날까지 펑펑 내려 세상을 온통 하얗게 바꾸었고, 노랬던 은행나무도 하얀 눈으로 뒤덮였다. 우리 집 아파트 통로에도 눈이 쌓여, 작은 눈사람 두 개를 만들어 나란히 세워 놓았다. 아내는 외롭지 않아 보여 좋다고 한다.

"따르릉~"

"여보세요. 보건소 예방접종실입니다."

"선생님 안녕하세요."

"아, 어머니는 좀 어떠세요?"

"…선생님, 그동안 찾아주셔서 감사합니다."

마지막으로 방문한 다음날 아침, 할머니는 큰 고통 없이 편안히 운명하셨다고 한다. 장례가 끝나고 삼우제를 지내기 전에 전화한 것이다.

"저희 어머니가 쓰던 의료물품이 있는데요, 제가 드려도 될까요? 깨끗이 소독했는데, 가져가기 전에 소독은 한 번 더 할게요. 참, 병원에서 받은 약도 많이 있는데요, 쓸 수 있으면 가지고 갈게요. 필요한 분에게 나누어 주세요."

며칠 뒤, 딸은 어머니 유품을 가지고 보건소에 왔다. 조그만 두 손에 가득히 들고 온 쇼핑백을 정리하는 사이, 또 그만큼을 차에서 가져왔다. 성인용 기저귀며 변비약, 좌변기, 주사기 등 방문 진료하는 환자에게 요긴하게 쓰이는 것들이다. 방문 진료를 나가 환자에게 주기는 해봤어도 이렇게 보건소에 앉아서 받아보기는 처음이었다. 이렇게 값진 선물을 받고 배웅해 드렸는데, 아차, 커피 한 잔 대접하지 못했다. 특별한 의료행위 없이 네댓 번 자전거로 찾아간 할머니와의 짧은 인연은 그렇게 끝났다. 의사인 내가 할머니에게 해준 것보다 받은 것이 많다. 병든 어머니를 지극히 모시는 딸과 부인의 어머니를 위해 기꺼이 가평으로 이사 온 사위를 알게 되었다. 그들은 국외로까지 자기 부모를 버리는 시대가 병든 것임을 알려 주었다. 그리고 환자와 가족이 질병에 아파하고 다가오는 죽음을 불안해하는 순간에, 의사가 그들과 함께하는 것이 상황에 적절한 의료행위를 하는 것에 못지않음을 깨달았다. 그전과 마찬가지로 필요한 약을 처방하고 드레싱 용품을 챙겨 자전거 뒤에 싣고 방문 진료를 간다. 그러나 턱을 지날 때마다 덜컹대는 짐을 환자들에게 나눠주는 것만이 전부가 아니라는 생각을 하며 엉덩이를 들고 힘주어 페달을 밟는다.

7회 장려상 수상작이다. '머리털' 나고 상금 있는 상은 처음이라는 필자는 모녀를 소재로 글을 쓰면서 받은 것을 꼼꼼히 되씹게 됐고 글을 통해 당시의 감동을 간직할 수 있어서 기쁘다는 소감을 전해왔다.

민유복래

김연종 (경기 의정부 김연종 내과의원)

'민유복래'. 사자성어처럼 세련된 이름이 내 눈길을 끌었다. 차트에 적힌 이름을 보며 상상한 환자는 아버지가 민씨고, 어머니가 유씨인 고상한 페미니스트이거나 아니면 유복한 민씨 집안의 딸로 한세상 떵떵거리며 살다 곱게 늙은 할머니였다. 하지만 진료실에 나타난 모습은 그와는 정반대의 몰골이었다. 미소와 슬픔이 뒤섞여 묘한 조화를 이루는 얼굴. 처음 보면 웃는 듯하지만 자세히 들여다보면 우는 듯한 형상을 하고 마치 죄인처럼 몸을 낮춘 채 두리번 거리는 노파. 가슴 속 깊은 곳에는 분명 분노를 가졌음에 틀림없지만 이를 삭여서 겉으로 보기엔 온유한 표정을 짓고 있는 민유복래.

73세, 급여1종의 민유복래 할머니는 다짜고짜 해어진 종이 한 장을 꺼내보였다. 날짜를 보니 3년이나 지난 보건소 처방전이었다. 할머니는 폐가 좋지 않아 숨도 가쁘고 가끔은 한 바가지씩 객혈을 쏟을 때도 있으니 가져온 처방전 그대로 처방해 달라고 했다. 나는 날짜가 너무 지났고 그 당시와는 상태도 많이 다를 테니, 우선 가슴 사진만이라도 찍어 봤으면 좋겠다고 말했다. 하지만 할머니는 처방전에 적힌 그대로 약을 처방해 주기만을 끈질기게 요구했다. 동네의원에서는 흔히 있는 일인데다가 워낙 완강한 할머니의 태도에 결국 난 거담제, 기관지 확장제, 필요시 드실 수 있는 지혈제를 처방전 그대로 처방했다. 그리고 객혈이 계속되면 종합병원을 찾아 필요한 검사를 추가적으로 받았으면 좋겠다는 말을 덧붙였다. '종합병원'이라는 말을 듣는 순간 할머니의 굳어지는 얼굴을 보았다. 할머니는 종합병원에 대해 강한 거부감을 보이면서 동시에 처방전을 발행했던 보건소와 의사에 대한 굳건한 신뢰를 드러냈다. 이유는 너무나 짧고 명확했다. '사람으로 취급해주는 곳', '그렇지 않은 곳'. 할머니는 종합병원과 보건소를 그렇게 표현하며 구분을 짓고 있었다. 알고 보니 할머니에게는 종합병원에서 겪은 쓰라린 기억이 있었다.

몇 년 전, 피를 쏟고 의식을 잃은 채 길바닥에 쓰러진 할머니를 마을 이장이 발견해 종합병원으로 이송한 뒤, 입원 수속을 밟고 치료를 받도록 도왔다. 할머니는 오래도록 앓아온 폐결핵의 후유증으로 피를 쏟은 적은 여러 번 있었지만, 이렇게 많은 양의 객혈로 의식까지 잃은 적은 그때가 처음이었다고 한다. 이렇듯 생사의 고비를 넘어 이제 겨우 의식을 회복한 할머니에게 병원 측에서 베푼 것은 냉대와 멸시밖에 없었다. 이유는 단지 보호자가 없다는 것이었다. 할머니는 주위의 만류를 뿌리치며 의식을 회복하자마자 병원의 처방전을 들고 서둘러 퇴원했다. 그리고 할머니가 찾은 곳은 대도시의 시설 좋은 종합병원이 아니라 그녀가 살고 있는 시골 보건지소였다. 그곳에서 민유복래 할머니를 따뜻하게 맞아 준 사람은 새내기 공중보건의사였다. 의과대학을 갓 졸업하고 보건지소의 관리의사로 파견 나온 이 새내기 의사는 죽음의 고비를 이제 막 넘어온 할머니의 병력을 오래도록 들어주었다고 한다. 그리고 종합병원에서 가져온 처방전 그대로 약을 처방해 주었다. 보건지소 의사는 할머니의 유일한 희망이 되었다.

할머니는 자신을 버리다시피 했던 가족에 대한 원망도, 삶에 대한 간절한 애착도, 또 목숨부지에 필요한 의학적 도움에도 관심이 별로 없었다. 오로지 생의 마지막 강을 혼자 힘으로 날개를 퍼덕이며 날아갈 수 있을까만을 고민하는 한 마리의 새였다. 단지, 마지막 다리를 건널 때 아들과 조금 더 가까운 곳에서 건너고 싶었다. 이런 사연으로 우리 동네에 이사하게 된 할머니와 나의 인연은 그때부터 시작됐다.

급여 1종에 대한 할머니의 집착은 대단했다. 그 혜택마저 사라진다면 자식에게 버림받을 때보다 더 큰 충격에 빠질 것이라 생각해서인지 급여 1종을 받기 위해 필요한 자격요건을 빠짐없이 알고 있었다. 우선 자신의 소득이 없어야 했으며 모실 자식도 없어야 했다. 또 본인의 재산이 없어야 하는데, 심지어 은행통장의 잔고도 없어야 한다고 굳게 믿고 있었다. 이런 믿음 탓에 할머니는 동사무소에서 나오는 몇 푼의 생활보조금은 단 한 푼도 쓰지 않았지만 이를 은행이나 새마을금고에 저축할 수는 없었다. 그렇게 집안 죽석 밑에 차곡차곡 쟁여 두었던 돈이 어느 정도 모아지자 할머니는 이 돈을 들고 진찰실로 들어왔다. 돈을 나에게 맡기겠다는 것이다. 나는 무척 당황스러웠지만 딱히 거절하기도 힘든 상황이었다. 그렇게 해서 할머니와 나 사이에는 이상한 관계가 시작됐다.

내가 가진 민유복래 할머니의 차트에는 이제 그녀의 증상 외에도 마치 은행통장처럼 돈의 액수가 기록되기 시작됐다. 때로는 돈에 대한 할머니의 강한 집착 탓에 우리는 의사와 환자로 마주하고 있는 것인지, 고객과 은행창구의 직원이 서로 마주하는 것인지 헷갈릴 정도였다. 그리고 잔고가 점점 불어나면서부터는 깊은 숲 속 나무 밑에 감추어 둔 금괴를 보며 가슴 뿌듯해 하는 나무꾼처럼 미소 짓는 할머니를 종종 볼 수 있었다. 마침내 기쁨이 슬픔을 앞질러 입가에 웃음이 번지기 시작하던 어느 한가한 오후, 나는 기어이 궁금증을 풀어보기로 했다. 영자, 순자가 대부분이요, 기껏해야 미자, 말자가 대세이던 그 시절에 어떻게 그런 세련된 이름을 가질 수 있었는지를 물어본 것이다. 질문을 받은 할머니는 곤혹스러운 표정이었다. 한참을 고개 숙이고 있던 할머니가 마침내 입을 열었다. 이름 때문에 창피해서 견딜 수 없었노라고, 차라리 이름이 없었으면 더 좋을 뻔했다는 할머니의 사연은 기구했다.

유복자로 태어난 그녀에게 이름을 지어준 사람은 아무도 없었다. 이름이 없는 그녀는 그냥 '유복녀'로 불리다가 시골의 면서기가 그를 그대로 호적에 올리면서 지금의 이름이 되었다고 한다. 죄인 아닌 죄인으로 태어난 그녀가 어쩌다보니 유부남을 알게 됐고, 결혼도 하지 못한 채 유복자 아닌 유복자를 낳게 되어…. 제대로 말을 다하지 못한 채 애써 눈물을 감추려는 할머니는 자식에 대한 죄의식과 서운함이 뒤섞여 자기감정의 실체가 무엇인지조차 혼란스러워하는 모습이었다. 단지 부모 복 없는 여자가 남편 복 없고, 남편 복 없는 여자가 자식 복 없다는 말로 복잡한 심정을 대신했다. 이제 죽을 때가 가까워져 자식 사는 곳과 가까운 곳으로 이사해 이렇게 살고 있지만, 이제껏 한 번도 자식을 찾지는 않았다고 했다. 할머니는 마치 보호색을 띠고 있는 청개구리처럼 그날 이후에도 가족 얘기는 단 한 번도 하지 않았다.

가족처럼 편안해진 민유복래 할머니를 만난 지도 어느새 3년째 접어드는 작년 가을이었다. 찬바람이 불어오기 시작하면서 할머니의 모습은 거리의 은행잎처럼 눈에 띄게 푸른빛이 약해져 갔다. 진찰 소견으로는 특별히 달라진 바 없었지만, 말수가 줄고 홀로 남아 떨고 있는 은행잎마냥 누런 고독의 빛깔이 얼굴 가득 드리워졌다. 그러던 어느 날, 할머니는 돌연 종합병원으로 전원을 요구했다. 본인이 그토록 증오했던 종합병원으로 말이다. 나는 아무 말도 묻지 않고 할머니의 요구대로 해주었다. 그동안 맡겨 놓았던 돈도 챙긴 할머니는 내게 오래도록 작별 인사를 했다. 그리고 일주일이 채 지나지 않아 나는 할머니의 임종소식을 접했다. 전혀 예상치 못한 죽음이라서 순간 당황했지만 이내 차분하게 받아들여졌다. 오히려 그 후 가끔 들려온 할머니의 행적에 관한 이야기들이 가슴을 아리게 했다. 할머니는 난방도 제대로 하지 않고 전기장판 하나로 겨우 몸만 덥히고 살았다고 한다. 전기세가 아까워 뜨거운 물 한 번 제대로 쓰지 않았다고 한다. 그렇게 꼬박꼬박 죽석 밑에 돈을 모아가며 마지막 갈 길에 대한 준비를 하고 계셨던 것이다. 그런 줄 알았으면 저승 가는 길에 노잣돈으로 쓰시게 이자라도 좀 쳐드릴 걸 하는 후회가 들었다.

이마저도 잠시, 나는 곧바로 민유복래 할머니의 차트를 찾았다. 진료를 하다보면 수많은 죽음과 맞닥뜨리게 된다. 그때마다 슬퍼할 겨를도 없이 혹여 내가 어떤 식으로든 그 죽음에 관여된 것이 있는지 방어본능을 가지고 진료기록을 보게 되는 것이다. 임종소식을 접한 뒤, 할머니의 차트도 무거운 돌멩이가 되어 내 가슴을 짓눌렀었다. 하지만 막상 차트를 살펴보게 되자 그 돌멩이는 깃털처럼 가볍게 하늘을 날다 낙엽들과 뒤섞여 먼발치로 날아갔다. 마치 삶과 죽음이 한데 섞여 날아가듯. 우리의 삶이 누군가에게 빚진 삶이듯 죽음도 누군가에게 빚지기 마련이다. 이렇듯 죽음도 삶의 일부이지만 우리는 언제나 그것을 부정하고 멀리하려 한다. 죽음이 턱 밑에까지 밀어닥쳐야 이를 실감하고 부랴부랴 준비하기 때문에 갑자기 들이닥친 죽음 앞에서는 무기력하게 주저앉고 만다. 그런 모습과는 대조적으로 죽음을 담담하게 준비하던 할머니의 모습은 지금까지도 뇌리에 선명하게 남아있다. 어떻게 보면 깃털처럼 보잘 것 없는 삶, 하지만 민유복래 할머니는 한 번도 주어진 생을 원망하지 않았듯 죽음도 사랑하고 있었다.

한껏 가을빛이 짙어진 며칠 전, 나는 진료용 컴퓨터에 '민유복래'를 쳐 보았다. 할머니는 그곳, 아직 종결되지 않은 차트 안에서 아주 평온한 모습으로 살아 계셨다. 이제껏 단 한 번도 누군가에게 피해 주지 않았던 삶, 기어이 아들조차 부르지 않고 한 마리의 새가 되어 요단강을 스스로 건너가던 당당한 뒷모습. 웃는듯한, 아니 자세히 보면 우는듯한 표정의 민유복래.

"07. 10월 25일. 이제 더 이상의 희망이 없는 채로 할머니가 그토록 싫어하시는 종합병원으로 스스로 걸어 가셨다."

"07. 10월 31일. Hopeless discharge, Expired $ Eternal Life."

10월의 마지막 날 차트에 기록된 한 줄의 콩글리시는 아마 민유복래 할머니의 임종소식을 전해 듣고 내가 따로 기록해 놓은 것일 게다.

8회 장려상을 수상한 작품이다. 작가는 의사로 생활한 지 꼭 20년째로 많은 죽음을 겪어왔지만 아직도 죽음은 낯설고 두렵다고 고백한다. 그래서인지 초연하게 살아온 것처럼 죽음도 차분히 준비한 민유복래 할머니에게서 많은 것을 배웠다고.

행복한 죽음

금민수 (경북 안동병원 내과)

이슬이 맺힌 진홍빛 장미를 보면 누구나 그 아름다움에 감탄할 것이다. 그 화려함 속의 생명과 예정된 소멸의 운명이 그 아름다움을 더 빛나고 안타깝게 한다. 또한 그 찬란한 아름다움의 순간은 그 순간 속에 영원성을 지니고 있기도 하다. 사람의 생명도 태어날 때부터 그 속에 이미 죽음의 씨앗을 품고 있다. 죽지 않는 사람은 없다. 나는 의사가 되면서부터 여러 안타까운 죽음을 지켜보았고 인생과 죽음에 대해 많은 생각을 하게 되었다. 그 죽음들 중에 인생의 가장 행복한 순간에 죽음을 맞이하였고 그로써 영원한 행복을 꿈꾸었을 한 장애인의 이야기를 하고자 한다.

전날 잠들기가 힘들어 싱숭생숭하더니 무언가 예감이 있었나 보다. 가장 잠에 깊이 빠져 있을 새벽 4시에 응급실 과장님의 호출이었다.

"과장님이 촉탁의로 진료 나가시는 장애인 복지촌의 원생입니다. 김현식 씨, 35세 남자 환자로 토혈한 흔적이 있고 실종 만 하루 만에 도로변에서 혼수 상태로 발견 되었습니다. 현재 혈압이 낮은 쇼크 상태이며 맥박도 불규칙합니다."

전화를 받는 내 머리 속에 익히 잘 아는 한 얼굴이 떠올랐다. 그는 눈이 작고 입매가 얇고 날카로우며 넓은 이마에 몇 개의 굵은 주름이 있었다. 키는 작고, 검은 얼굴에 표정이 거의 없어, 모르는 사람이 보면 일견 정이 안가고 매정한 듯이 보이는 원생이었다. 그러나 실제 그는 말을 거의 못하는 정신지체 장애인으로 나이는 원생들 중 많은 편이나 정신 연령은 4, 5세에 불과했다. 더욱이 B형 간염에 의한 말기 간경변증에다 조절 안 되는 당뇨병까지 앓고 있는 중증 질환자였다. 거의 웃는 법이 없었는데 누군가 현식 씨 이마의 주름이 깊어지면 그게 바로 웃는 것이라고 했다.

집을 나서니 어두운 새벽, 뺨을 스치는 12월의 공기가 푸르게 느껴졌다. 잠이 금세 달아났다. 응급실에 도착하여 죽은 듯이 누워 있는 창백한 그를 보았다.

"현재 혈압은?"

"80에 60으로 저혈압 소견 보이고, 맥박 수는 120회로 빠릅니다."

응급실 간호사의 목소리에서 긴박함이 느껴졌다.

청진기를 통해서 들리는 심장소리가 급박하면서 불규칙적이었다.

"눈을 떠 봐요. 여기 한 번 봐요. 어디가 아파요?"

환자의 의식 상태를 확인하기 위해 억지로 가슴의 통각점을 눌러 깨우자 겨우 눈을 떴다.

'그래, 지금 빨리 내시경적 치료를 시행하지 않으면 생명을 잃게 된다.'

"가족이 와 있나요?"

"연락은 되었으나 멀리 있어, 아직 오고 있는 중이라고 합니다."

이러한 상황에서는 내시경으로 검사 및 치료를 하는 도중에 환자가 심장마비나 과다한 출혈로 사망하는 경우가 있다. 특히 실신과 저혈압은 좋지 않은 징조이다. 나중에 보호자가 와서 소란을 피우는 경우도 있다. 항상 결과가 좋을 수는 없기 때문이다. 그러나 이러한 상황에서의 판단은 빨라야 하고 치료는 시기를 놓치면 아무 소용이 없을 수도 있다.

"내시경실 준비시키고 혈액 수혈하면서 바로 내시경 들어갑시다."

기다릴 여유가 없었다. 만약의 사태는 의사인 내가 책임져야 했다. 전화로 위험성을 설명하고 있을 시간도 없었다.

중심정맥천자, 지혈제, 항생제, 수액제제, 산소, 혈액 등을 신속히 지시하고 내시경을 시행했다. 내시경이 입으로 삽입되자마자 기다렸다는 듯이 위내에 고여 있던 혈액이 쏟아져 나왔다. 가운과 구두가 피로 얼룩지고 내시경실 바닥이 피바다가 되었다. 가득 찬 혈액으로 어지러운 내시경 화면에 식도하부와 위의 경계부 바로 하방, 가장 치료하기 곤란한 지점에서 혈액이 폭포수처럼 분출하는 것이 포착되었다. 재빨리 내시경을 이용한 고무 밴드 결찰술을 시행한 후 출혈이 멎은 혈관을 확인하고 치료를 종료하였다.

환자를 중환자실로 무사히 입원시키고 진료실에 앉으니 온 몸이 노곤했다. 또 하나의 생명을 살렸다는 보람에 뿌듯한 마음이었고, 팽팽한 긴장의 이완과 함께 심장 박동의 여운이 기분 좋게 혈관을 타고 흘렀다.

병원 앞으로 흐르는 강에서 새벽안개가 피어오르고, 하얀 아침이 어스름한 모습을 보일 때쯤 보호자인 현식 씨의 어머니가 오셨다. 처음 보는 어머니의 얼굴은 그 날 아침처럼 왠지 하얗고 창백하게 보였다.

"식도정맥류의 대량 출혈로 인한 여러 장기의 손상 소견이 보입니다. 내시경으로 출혈부위를 묶고, 수혈 및 지혈치료를 같이 하고 있습니다. 할 수 있는 치료는 다 하고 있으나, 간 기능이 워낙 밑바닥인데다 당뇨병까지 심해서 회복을 자신할 수는 없는 상황입니다. 이런 말씀드리면 좀 죄송하지만 운이 나쁜 경우 사망할 수도 있겠습니다."

자신 없는 말을 할 때, 그리고 어쩔 수없이 사망이라는 말을 할 때는 항상 주저하면서 말을 하게 되고 이런 말을 하는 나 자신이 혐오스럽게 느껴진다. 마음 같아서는 다른 말은 다 걷어치우고 '아무 걱정할 것 없습니다. 이제 저에게 오셨으니 깨끗하게 나아서 퇴원하실 것입니다' 이렇게 말하고 싶다. 그러나 현실은 그렇지 않다. 아직 최신의 현대의학으로도 살리지 못하는 생명이 많으며, 신중하지 못한 말 한마디가 엄청난 오해를 불러올 수도 있는 것이다.

내 긴 설명을 들으시는 현식 씨의 어머니는 자그마한 체구에 단아한 모습으로 별다른 말씀이 없으셨다. 장애인이 아닌 정상인이 환자인 경우라면 대부분의 보호자분들은 좀 더 확실한 회복을 요구하거나 안 될 경우 치료방법은 같지만 다른 더 큰 규모의 병원으로 옮겨 달라고 요구한다. 그러나 장애인의 보호자분들은 평소에 환자로 인해 모두 다소간 사회 경제적 고통을 받아 오셨기 때문에 다소 체념하거나 달관한 듯한 태도를 보이는 경향이 있으신 것 같다.

그 날 이후 하루 2번씩 아침저녁으로 중환자실에서 현식 씨의 상태를 보면서 복수가 차면 복수천자를 해주고 거의 매일 혈액검사를 해 가면서 나름대로 최선을 다했다. 그러나 처음 출혈이 많아서 이미 여러 장기에 손상이 와 있었고, 당뇨병에다 간경변증 말기여서 전신상태가 쉽게 회복되지 않았다. 그러던 중 입원 5일째 재출혈을 하고, 이어서 병발한 폐렴으로 결국 인공호흡기를 연결하게 되었다. 안 그래도 말을 못해서 눈빛과 손짓으로 아픈 곳을 물어 보곤 했었는데 이제 더 의사소통이 어렵게 되고 말았다. 보호자인 어머니는 일 다니시는 데가 있다 하여 거의 만나지 못하고 환자를 잘 봐 달라는 부탁만 듣고 있었다. 인공호흡기를 연결한 지 2주일 째, 항생제를 수차례 바꾸고 갖은 노력을 다해 보았으나 병세의 호전이 없었다. 수년간 보아오던 환자라 그대로 보내기엔 너무 안타까웠다. 이제 장기간 인공호흡기 치료를 위한 기관 절개술을 해야 할 때가 되어 부득이 현식 씨의 어머니를 오시라고 했다. 그 날 오전 중환자실 회진을 돌다가 현식 씨의 손을 잡고 있는 어머니를 보았다. 어머니의 어깨가 가늘게 떨리고 있어 아무 말도 못하고 지나쳐 왔다. 잠시 후 어머니를 나오시라고 하여 기관 절개술의 필요성과 지금의 위중한 상태에 대해 설명을 하였다. 한참을 담담한 표정으로 듣고 계시던 현식 씨의 어머니는 가벼운 미소를 보이셨다.

"지금까지 선생님께서 잘 봐 주셨으니 모든 것을 선생님이 알아서 해 주십시오. 잘못되어도 원망하지 않겠습니다. 너무 걱정하지 마십시오."

미안한 표정으로 도리어 걱정하는 나를 위로해 주셨다. 부담을 덜어 주시고 나를 믿어 주시는 마음이 감사했다. 그리고 이제는 현식 씨 곁에 계속 있겠다고 하셨다.

그 날 저녁 회진 때, 현식 씨는 어머니의 손을 잡고 있었고 눈을 감고 의식이 없었으나 이마의 주름이 깊어 보였다. 그 얼굴이 행복해 보인 건 그 날이 크리스마스 이브여서 내 마음이 들떠 있었기 때문일 것이다.

그런데 퇴근 후 몇 시간이 지나지 않아 병원으로부터 급한 연락이 왔다. 현식 씨의 호흡기능에 문제가 생겨 혈액 내 산소농도가 떨어지고 있었다. 내가 병원에 도착하여 중환자실에 들어가자마자 현식 씨의 심장박동이 멎었다. 바로 심장마사지를 시작하면서 응급 약물들을 수차례 투여하였다. 30분이 넘도록 심장박동은 돌아오지 않았다. 어떻게든 살리고 싶었다. 간절한 마음은 내 입에서 하느님께 올리는 기도가 흘러나오게 하였고 온 몸의 힘을 다해 심장마사지를 하였다.

'하느님, 제발 이 한 생명을 살려 주십시오. 너무나 불쌍한 생명입니다. 조금만 어머니의 따뜻한 손을 더 잡고 있게 하여 주십시오! 간절히 기도하오니 멎은 심장이 다시 뛰게 하여 주십시오.'

내 마음은 이미 현식 씨가 살아날 거라고 믿고 있었던 것 같다. 조금만 더 노력하면 현식 씨의 심장이 돌아오리라 느껴졌다. 꼬박 네 시간을 교대도 없이 심장마사지를 한 후에야 내 가슴 속에서 나를 지탱하던 굳은 마음과 믿음이 흩어지고 기적이란 없는 것이구나 하는 체념이 떠오르는 것을 느꼈다. 그렇게 허무하게 현식 씨는 저 세상으로 갔다.

예수님이 이 세상에 오신 깊고 어두운 그 날 밤은 유난히 포근했고 바람도 없이 솜털 같은 눈이 내렸다. 나는 하늘에서 떨어지는 눈을 보며 현식 씨의 영혼이 하얀 눈과 닮았다고 생각했다. 정신지체 장애인들의 마음은 5월의 하얀 도화지와 같았고 나이가 들어도 세사에 물들지 않았다. 수년간 장애인 시설의 촉탁의로 있으면서 나는 그들의 말없는 미소와 천진난만한 행동에 묘한 정을 느끼고 있었다. 천사와 같은 마음으로 정신의 지체와 육체의 중병을 견디며 살아온 현식 씨가 우리의 죄를 대신하신 예수님과 닮았다는 생각이 문득 들었다. 그 모든 고통에서 벗어난 현식 씨는 이제야 행복과 안식을 찾은 것인지도 모른다. 그 날 밤 나는 현식 씨를 데려가신 하느님의 뜻을 이해하고 싶었다.

다음날 영안실에 문상을 간 자리에서 현식 씨 어머니를 만났다. 절을 하고 일어서는 내 손을 잡으시는 어머니의 화장기 없는 얼굴에 두 줄기 눈물이 흘렀다. 영안실에는 장애인 친구들과 돌보던 선생님들 외에는 문상객이 없이 한산했다. 앉은 자리에서 복지촌의 간호사 선생님으로부터 모르던 이야기들을 듣게 되었다.

"현식 씨 형제들이 모두 정신지체예요. 아버지는 젊은 나이에 간경화로 돌아가시고 그 이후 어머니 혼자 여기저기 돈 벌러 다니며 애들을 키웠다고 해요. 현식 씨가 복지촌에 온 지 10년이 넘었는데 그 동안 얼마나 우리 복지촌 직원들을 고생시켰는지 아세요? 어머니만 왔다 갔다 하면 꼭 그 다음날부터 어머니가 간 방향으로 무작정 걸어 나가요. 어떨 때는 사흘 만에 찾은 적도 있었어요. 이번에도 그래서 실종되었는데 추운 날씨에 너무 늦게 발견된 것 같아요. 현식 씨 죽기 전날 어머니가 옆에서 손을 꼭 잡아 주는데, 말도 못하고 한 번 울지도 못하던 현식 씨의 눈에 눈물이 맺히더래요. 그 모습이 마지막이었다며 얼마나 흐느껴 우시는지…. 살아 있을 때 옆에 오래 있어 주지 못한 것이 많이 후회된대요."

그래 현식 씨가 원한 것은 바로 어머니였다. 그의 행복은 어머니가 옆에 있어 주는 바로 그것이었다. 현식 씨는 어머니가 옆에서 다정하게 손을 잡아 주는 바로 그 가장 행복한 순간에 영원히 머물고 싶었던 것은 아닐까? 그리고 하느님께서 일 년 중 가장 축복 받은 날, 현식 씨의 간절한 소원을 들어 드린 것은 아닐까?

그 날 깊은 슬픔 속에서 다소곳이 앉아 계시던 현식 씨 어머니의 하얀 뒷모습이 아직도 잊히지 않는다.

　그로부터 거의 일 년이 지난 후에 장애인 복지촌 선생님으로부터 현식 씨 어머니의 소식을 다시 듣게 되었다. 현식 씨 동생이 있는 장애인 요양시설에서 밥을 해주며 살고 계시다고 했다. 예전의 기억을 거슬러 갑자기 눈시울이 뜨거워졌다. 눈물을 감추려 쳐다본 파란 하늘에 딱 한 번 본듯한 현식 씨의 웃는 얼굴이 어렴풋이 떠올랐다.

8회 장려상을 수상한 글이다. 글쓰기란 내 마음을 남이 쉽게 이해할 수 있도록 풀어내는 것이라고 생각한다는 필자는 최선을 다해 진료를 보면서 녹초가 되고 나면 글을 쓰면서 하늘 아래 한 점 부끄럼이 없는 사람이 되고 싶다는 마음을 전했다.

잊을 수 없는 사람들

할머니 정말 미안해요

배동철 (대한생명 대구 검진센터)

지금도 할머니들을 진료할 때면, 그 때의 일이 떠오르곤 한다. 한 명의 완성된 의사가 되기 위해, 얼마나 많은 고통과 시련이 필요한 것인지 또한 앞으로-지금도 역시- 스스로 깨우치며 자신을 다그쳐야 할 일이 얼마나 많을 것인지 매일 새롭게 느끼면서 내가 아닌 내가 되어야 한다는 중압감에 시달리곤 한다. 그저 부모님의 뜻에 따라 의대를 갔고, 정해진 교육 과정을 아무 생각 없이 밟아 왔지만, 정말 내가 의사인가, 나 자신의 힘으로 의사에게 주어진 책임을 얼마나 감당 할 수 있는가하는 회의가 들 때가 많다. 부끄럽지만, 그 때의 일을 잠시 이야기 하려 한다.

*

의사 자격증을 따고, 인턴을 마치고, 공보의 생활을 처음 시작하던 때였다. 김천에서도 차로 1시간 넘게 국도를 달려야 간신히 도착할 수 있었던 오지에 배치되어, 아내와 둘이서 낯선 환경에 적응하느라 무척 힘든 시간을 보내었다. 여러 가지 많은 일들을 겪으면서 낯설기도 하고 조금씩 재미도 느끼면서 한해가 거의 끝나갈 무렵 겨울이었다. 그 지역에 엄청난 폭설이 쏟아졌다. 오후부터 시꺼멓게 몰려든 구름이 마을을 뒤덮었고, 벚꽃잎 같은 눈송이들이 하늘을 가득 메웠다. 촘촘히 쏟아지는 눈송이들은 한 치의 빈 공간도 용납하지 않았다. 빈틈없이 마을 곳곳에 쌓여 면사무소를 중심으로 드문드문 펼쳐져 있는 농가들을 하나씩 삼켜버렸다.

후드득, 후드득.

굵은 눈송이들이 창문에 부딪히는 소리를 들으며 아내와 나는 불안감에 떨어야 했다. 아침이 되어서야 눈이 그쳤고, 문밖으로 나선 나는 처음 보는 낯선 풍경에 넋을 잃고 말았다. 한마디로, 흰색의 바다였다. 나는 바다 한복판에 서 있었고, 흰색의 바다는 조금의 미동도 하지 않은 채 나를 둘러싸고 있었다. 마을을 끼고 돌며 김천과 안쪽 마을을 연결하는 유일한 2차선 국도가 흔적 없이 사라져 버렸다. 어디가 도로고 어디가 하천인지 그리고 어디에 마을이 있었는지, 언덕 위에 위치한 보건지소 앞마당에서 바라보는 풍경은 그저 흰색뿐이었다. 유일한 교통수단인 버스도 보이지 않았고 사람들의 통행도 완전히 두절되었다. 보건지소 인근에서 살던 직원들만 출근해 눈 이야기와 걱정으로 시끄러운 그 때, 한 통의 전화가 걸려 왔다.

"여보세여, 여보세여."

더듬거리면서도 다소 다급하게 들리는 할아버지의 음성이었다.

"여기 유천인데여, 거, 보건지소 아니라여? 아, 우리 할마시가 갑자기 정신을 못 차려여. 우야면 좋아여?"

"할머니가 어떠신데요?"

나는 갑자기 엄습해 오는 불안감을 느꼈다. 인턴을 했다고는 하나, 혼자서 중환자를 감당하기엔 역부족이었고 보건지소의 형편 역시 매한가지였다. 게다가 폭설로 도로까지 끊긴 이 상황에서 왜 이런 일까지 생겼는지 불안과 함께 짜증이 나기 시작했다.

"할머니가 어떠시냐고요?"

"아, 글쎄, 아침 먹다가 갑자기 어지럽다며 눕디, 계속 토하고…, 어, 또 토한다! 이거, 우야노!"

나는 중풍을 떠올렸다. 연세가 있으시고, 어차피 내가 환자를 본다 하여도 현 상황에선 대책이 없을 거라 판단했다.

"할아버지, 김천으로 나가셔야 되겠어요. 아무래도 중풍 같으신데, 구급차라도 불러서 김천으로 가세요. 우선, 고개를 옆으로 돌리셔서 기도에 이물이 들어가지 않도록 하시구요."

"우째 김천까지 가노. 큰일 났다, 이거…."

정말 난감했다. 평소 유천까진 차로 5~10분이면 도착할 거리였다. 하지만 지금은 상황이 달랐다. 나는 간호사에게 응급의료기관과 소방서에 연락해 보라고 하였다. 그러나 여기저기 전화를 걸어 보았지만 아무도 차를 보내주려 하지 않았다. 교통이 완전히 두절됐다는 것이었다.

나는 잠시 창문에 펼쳐진 흰색 바다를 묵묵히 바라보았다. 그리고 지금 내가 할 수 있는 일이 무엇인지 생각해 보았다. 할아버지는 면내의 유일한 의료기관인 보건지소에, 그리고 유일한 의사인 나에게 도움을 청하셨다. 그 요청을 뿌리칠 수 없음을 잘 알면서도 외면하고 싶은 내 자신이 은근히 미워지기 시작했다.

'가야한다.'

나는 5% 포도당 수액제와 주사기, 진토제와 이뇨제 주사액, 혈압약과 혈압계를 주섬주섬 챙기기 시작했다. 그리고 큰 숨을 한 번 몰아쉬고, 문밖으로 첫걸음을 내디뎠다. 유천까진 이어진 도로를 따라가기만 하면 되었지만 그게 만만치 않았다. 무릎까지 쌓인 눈이 한 걸음 한 걸음 내디딜 때마다 내 발목을 붙잡았다. 숨이 목까지 차올랐다. 열 발자국 가다 잠시 쉬고, 다시 쉬고 하면서 조금씩 앞으로 나아갔다. 발과 다리에 들러붙은 눈이 체온으로 녹아 발걸음이 더욱 무거워졌다. 한 30분을 걸었을까. 나는 잠시 멈춰 서서 숨을 가다듬곤 주위를 둘러보았다. 눈밭 사이를 뚫고 나온 전봇대가 나를 바라보고 있었다. 전봇대와 내가 같은 신세처럼 느껴졌다. 이젠 가지 않을 수도 없었다. 주저앉거나 되돌아가는 것이 더 힘들게 느껴졌다. 그렇게 거의 한 시간을 걸어서야 할아버지의 집을 찾을 수 있었다. 할아버지는 반갑게 나를 맞아 주셨다. 방안에 들어서자, 쏟아진 토사물을 대충 걸레로 닦은 흔적과 방 한 구석에 모로 누워 계신 할머니가 보였다. 온통 물에 젖은 양말을 질질 끌며 할머니에게 다가갔다.

"할머니!"

할머니는 힘겹게 눈을 뜨시고는 나를 쳐다보았다.

"지금 어떠세요?"

"어지러워여."

맥없이 한 마디 하시고는, 눈을 다시 감으셨다. 나는 가지고 온 링거액을 주사하고, 진토제 주사액을 근육 주사했다. 그리고 할머니를 살펴보기 시작했다. 머릿속이 복잡했다. 학교 때 받은 지식을 총 동원해 할머니의 증상을 파악하려 애썼다. 그런데, 이상하게도 신경학적인 이상은 보이지 않았다. 바빈스키 사인도 없었고, 동공의 대광 반사도 정상이고, 마비 현상도 관찰되지 않았다. 다만 할머니가 눈을 뜨시기가 힘들고 눈동자를 관찰하던 도중 안진이 보일 뿐이었다. 할머니의 상태를 관찰하면서 나는 다소 안심이 되었다. 응급을 요하는 중환은 아니라는 생각이 들었다. 길이 트이기를 기다리며, 좀 더 상태를 관찰해봐도 괜찮겠다는 생각이 들었다. 그 때, 할아버지가 대접을 한 개 들고 들어 오셨다.

"내가 직접 키운 벌통에서 얻은 꿀이여. 한 번 잡솨봐."

할아버지가 건네주신 대접엔 맑은 물이 담겨져 있었고 꿀벌 사체 하나와 작은 꽃잎들이 둥둥 떠다니고 있었다. 할아버지의 성의에 눈을 찔끔 감고 한 모금 들이켰다. 진한 아카시아 향기가 콧속으로 파고들었다. 달콤하면서도 아리한 꿀의 향이 목에서부터 위까지 타고 흘렀다. 나는 대접에 떠다니는 꿀벌을 후후 불면서 요리조리 피해가며 꿀물을 다 마셨다. 맛은 좋았다.

할머니는 잠시 잠이 드신 것 같았다. 안방을 나와 마당으로 나갔다. 녹이 슨 경운기 한 대가 보였다. 머리와 몸통에 잔뜩 눈을 뒤집어쓰고 있었다. 말라빠진 백구 한 마리가 제 집에 틀어박힌 채 나를 쏘아 보고 있었다. 집 앞 도로에서 사람들의 소리가 들렸다. 면사무소 직원들과 마을 사람들이 농기구와 제설기구들을 손에 들고, 눈을 치우고 있었다. 왁자지껄한 소리와 찬 공기를 비집고 솟아오르는 그들의 입김이 이 외지에 다시 생명을 불어 넣는 듯한 느낌이었다.

할머니는 다시 토하기 시작하셨다. 증상의 호전이 보이지 않았다. 나는 할아버지를 설득해 할머니를 병원으로 이송토록 했다. 점심 때가 되자 도로의 사정이 다소 좋아졌기 때문이었다. 경운기의 짐칸에 쌓인 눈을 쓸어 내고, 박스를 뜯어 바닥에 깔고, 이불에 칭칭 감긴 할머니를 태웠다. 털털털, 눈을 헤치며 도로를 위태하게 달리는 경운기를 쳐다보는 마음은 무척 무거웠다. 정확한 진단도 내리지 못하고 할머니의 증상을 호전시켜 드리지도 못했었다. 하얀 시야의 지평선을 달리며 나에게서 멀어지는 경운기의 뒷모습이 지금도 선명하게 뇌리에 떠오른다. 그것은 나에 대한 질책이자, 새로운 의사로 거듭나기를 향한 경험이었다.

며칠 뒤 나는 할아버지의 집을 다시 찾았다. 미안한 마음에 차마 전화는 걸지 못하고 그저 상황이 어찌 되었는지 한 번 보고 싶은 마음에서였다. 엉성하게 닫힌 대문의 문틈 사이로 마당이 보였다. 뒤꿈치를 세우고 마당을 살피던 중, 갑자기 카랑카랑한 할머니의 음성이 들렸다.

"아이, 이 눔의 자슥이, 어따 똥을 싸고 캐쌌노!"

빗자루를 들고 부엌에서 나오신 할머니가 백구의 머리통을 후려치셨다. 두들겨 맞으면서도 열심히 꼬리를 흔들어 대는 백구가 안쓰러웠다. 할머니는 건강해 보이셨다. 나는 안심이 되면서도 할머니를 마주하는 것이 두려웠다. 황급히 허리를 굽히고 대문 앞을 빠져 나왔다. 할머니가 혹시라도 나를 볼세라 서둘러 길을 따라 종종 걸음을 쳤다. 왜 그렇게 뒤통수가 따가웠는지. 정말 내 자신이 한심스럽게 여겨졌다.

공보의를 마치고, 레지던트 과정을 밟으면서 당시 할머니의 병이 양성 체위성 발작성 현훈(BPPV)이었음을 알게 되었다. 만일 그때 나에게 그런 지식과 경험이 있었다면 그 눈길을 헤치며 할머니를 경운기에 태워 보내는 일은 없었을 것이라는 생각이 들었다. 지금 생각해도 할아버지와 할머니에게 미안한 감정이 든다. 의사의 능력과 경험, 그리고 환자를 사랑하는 마음이 참의사의 자격 요건이라는 것을 다시 한 번 깨닫게 된다. 그 때 도망가듯 길을 뛰어가던 내 머릿속에는 오직 한 문장만이 뱅뱅 맴을 돌고 있었다.

"할머니, 정말 미안해요!"

 6회 장려상 수상작이다. 공보의, 전공의 시절을 경험도 부족하고 아는 것도 별로 없었지만 환자에 대한 열정만은 뒤지지 않았다고 회상하는 필자는 이번 당선을 계기로 자신을 뒤돌아보는 시간을 가졌다고 전했다.

이 부러지다

박지욱 (제주 박지욱 신경과의원)

이가 부러졌다.

미처 내가 손쓸 겨를도 없이 부러졌다.

여느 때보다 더 쉬운 삽관이라고, 1분이면 끝날 일이라 생각했다. 후두경을 환자의 목 안으로 부드럽게 밀어 넣고, 성대도 쉽게 찾았다. 검게 보이는 기관지를 향해 튜브를 집어넣으려는데 갑자기 분홍빛 성대가 파르르 떨렸다. 이게 왜 이래? 전진하던 튜브가 잠시 멈칫한 순간, "으으으" 하는 소리가 들리면서 성문(聲門)이 닫히고, 후두경을 쥐고 있던 왼손으로 거센 압력이 전해왔다.

경련이다!

기관내 삽관 중에 경련이라니! 후두경의 날카로운 날이 경련하는 환자의 목이라도 찢으면 큰일이다 싶어 재빨리 튜브와 후두경의 날을 뽑기 시작했다.

그런데 아뿔싸! 후두경의 날이 미처 다 빠져나오기 전에 환자의 앞니(門齒)가 날에 닿는다 싶더니 그만….

"두두두둑."

앞니가 부러지고, 잇몸이 뜯겨져 나가고, 붉은 피가 튀어 올랐다. 순식간에 벌어진 일이지만, 그 모든 것들이 영화의 느린 장면처럼 확실하게 한 장면씩 내 눈으로 들어왔다. 서둘러 설압자를 잡히는 대로 밀어 넣어보았지만 역부족 이었다. 삽관하다가 이를 부러뜨리는 무능한 1년차들의 이야기를 듣기는 했 지만, 정작 내 자신이 그 비극의 주인공이 될 줄이야! 열 네 살이면 젖니가 아 닌데…. 이걸 어쩌나! 입에서 붉은 피를 내뿜으며 경련하는 소녀를 바라보면 서 정작 내 머리 속은 하얗게 비어갔다.

짧고도 강한 경련을 끝내는 긴 한 숨소리를 듣자 그제야 정신이 번쩍 돌아 왔다. 이제 잇몸을 지혈해야하고, 피가 숨길(氣道)로 넘어가지 못하게도 막아 야하고, 또 이틀 동안이나 소녀를 잡고 흔드는 경련을 없애기 위해 강력한 항 경련제를 주사해야한다. 그러려면 이제 삽관이 급해졌다.

"석션."

후두경이 다시 목안으로 들어갔다. 날 끝에 매달린 램프의 노란 빛이 비추 는 곳은 이제 온통 핏빛이다. 마치 용암이 들끓어 오르는 화산 동굴에 들어서 면 이런 기분일까? 피가 섞인 가래 소리가 "그르렁"거리며 목 안에서 묘한 울 림을 만들었다. 2분전까지만 해도 손에 잡힐 듯 보였던 성대는 이제 이 붉은 장막 뒤 어디로 숨어버린 걸까? 그러는 사이 잇몸에서 내려오는 피는 붉은 용 암처럼 후두 벽을 타고 계속 흘러들었다. 흡입기로 아무리 뽑아내어도 쏟아져 내리는 피를 막기에는 역부족이라, 빨리 성대를 찾아 삽관을 하고 그 다음에 잇몸 출혈을 막아야 했다. 왼쪽 손목을 앞으로 힘을 주어 혀를 들어올렸다.

환자가 반사적으로 "켁켁"거리며 기침을 했다. 튜브가 제대로 밀려들어갔고 동시에 얼굴에 피와 침으로 뒤섞인 분비물 세례를 받았다. '에이, 이게 무슨 꼴이람!' 하는 불평이 채 나오기도 전에 환자는 다시 경련을 일으켰다. 후두경은 이번에 재빨리 빼냈다. 하지만 이번에는 미리 물려둔 바이트 블록이 남은 이 사이에서 씹히는 것을 보아야했다.

경련이 끝나자 튜브가 단단히 고정되고 새로운 바이트 블록이 두 개나 물려졌다. 하지만 잇몸에서 피는 아직 계속 흘러나와 방금 묶은 하얀 거즈를 금세 붉게 적셔버렸다. 잇몸에서 피가 멈추고 나서야 겨우 한숨을 돌렸다.

"그런데 이는 어디 갔지…. 이 못 봤어요?"

처음에는 이가 밖으로 나온 줄 알았다. 시트 위를 샅샅이 뒤져보아도, 베개를 털어보아도, 침상 주변의 바닥을 훑어보고 쓸어보아도, 심지어는 내 가운의 호주머니를 뒤집어보아도 이는 보이지 않았다. 튜브가 들어가 있는 입을 벌리고 훑어보아도 종적을 알 수 없었다. 도대체 어디로 간 것일까? 어디 다른 곳에 떨어졌겠지. 하지만 혹시?

급히 흉부방사선 촬영을 하게 한 후 환자의 어머니를 만나 경련중첩증(status epilepticus)에 빠져있는 딸의 상황을 설명했다. 설명의 마지막에는 이가 부러진 이야기도 추가되었다. 삽관 중에 경련을 하는 바람에 어쩔 수 없었다고. 하지만 보호자는 부러진 이에는 별로 관심이 없었다. 다만 딸을 잘 낫게만 해달라는 간곡한 부탁을 했다. 최선을 다하리라 약속하고 돌아섰지만 감쪽같이 사라진 이가 내 뱃속으로 들어와 속을 예리하게 긁는 기분이었다.

15분 뒤 흉부 촬영사진이 도착했다. 튜브의 끝은 양 기관지 분기점에 있고,

허파에 공기도 잘 차있었다. 하지만 그 사진 속에는 내가 그토록 애타게 찾아 헤매던 것도 보였다. 성대 윗부분에서 하얗게 보이는 앞니, 찾아서 반가웠지만 하필 거기에 안착한 녀석이 정말 원망스러웠다. 지나가던 어느 1년차가 사진을 보더니 한마디 던지고 갔다.

"저거 설마 이는 아니겠지?"

이가 부러진 것도 문제인데, 저 이를 어떻게 빼내지? 저 위치면 성대를 자극해서 퉁퉁 붓게 만들 텐데…. 하지만 지금 무리하게 빼내려다 경련이라도 하면 곤란하고…. 일단 경련부터 잡고 나서 어떻게 정리할지 고민을 해야겠다. 일단 삽관은 되어 있으니 말이다.

하지만 강력한 약물치료에도 아랑곳없이 소녀는 이틀 내내 경련을 했다. 하는 수 없이 가장 강력한 약물인 전신마취제 주사치료를 하기 위해 소녀는 인공호흡기를 달아야 했고, 이때 미리 해둔 삽관이 도움이 되었다. 여러 가지 정황과 단층촬영 소견으로 소녀를 괴롭히는 병은 헤르페스성 뇌염으로 의심되었다. 단기간에 끝날 병이 아니고 치료도 어려운 병이었다. 힘든 싸움이 예상되었고, 곧 소녀의 목에 기관절개를 하라는 지시가 떨어졌다.

중환자실에서 기관절개 시술을 하러 내려온 이비인후과 의사를 만났다. 그가 시술 준비를 마치자 나는 잠시 양해를 구하고 그에게 방사선 사진을 보여주었다.

"엥, 이게 뭐야?"

"이입니다."

"이 부러 먹었어?"

"예…(제 실수가 아니라 환자가 경련을 해서요)."

"쯧쯧쯧(아직도 실력이 그 모양이야?)"

"그래서 이 녀석을 먼저 빼도 되겠습니까? 그냥 삽관을 뽑았다가는 녀석이 어디로 도망갈지도 모르고, 다른 곳에 박히면 곤란하니까요."

"그래 아직도 안 빼고 뭐했어?"

"몇 번이나 시도했는데 실패했어요."

"그럼 빨리 빼봐, 어서."

"예 (실은 저도 그러고 싶거든요. 아침 회의시간마다 녀석의 방사선 사진이 걸리면 그때마다 교수님들 시선을 피하느라 저도 엄청 힘들어요)."

삽관된 상태에서 다시 후두경을 넣는 내 꼬락서니가 얼마나 우스울까? 목 안에서 마치 사막을 가로지르는 파이프라인처럼 떡하니 버티고 선 튜브를 피해 이리저리 탐조등을 힘겹게 비추다보니 붉게 상기된 성대 위에 피 묻은 하얀 물체가 반짝 윙크를 했다.

중환자실 입구에는 소녀의 어머니가 긴장한 얼굴로 나를 기다리고 있었다. 나는 거즈에 싼 앞니를 자랑스레 내밀었다.

"어머니, 이제 찾았어요, 이. 기념으로 가지세요.

뭘 기념하라고? 뭐 좋은 일이라고? 그걸 건네주면서 그렇게 말한 나는 바보가 아니었을까?

소녀는 3개월이 지나서 퇴원했다. 걸을 수는 있었지만 뇌염의 후유증 때문에 정상적인 열네 살 소녀로 되돌아오지는 못했다. 그날 환하게 웃으며 병동을 나서던 모습이 지금도 눈에 선하다. 하지만 그 환한 미소 속에 보이던 앞니를 잃은 붉은 잇몸의 기억은 아직도 내 가슴을 쓰라리게 한다. 지금은 어디서 어떻게 살고 있을까? 더 나아졌으면 좋으련만. 그리고 그 이는 어떻게 되었을까?

6회 장려상 수상작이다. 소녀와의 일이 아직 악몽으로 남아있다는 필자는 소녀가 그 아픈 기억을 잊고 행복하게 살아주었으면 하는 바람을 전했다.

은혜의 손길

홍진헌 (강원 정선 동면보건지소)

"선생님, 환자가 많이 밀렸어요." 손님 태우려고 마냥 줄지어 기다리는 역전의 택시기사처럼 굳은 얼굴을 한 환자들을 보다 못한 간호사가 애가 타 건넨 말이다. 감기환자를 뭐 그렇게 오래 보느냐 식의 약간의 짜증이 섞인 목소리도 들리는 듯하다. 사실 모든 감기환자에게 일일이 청진할 필요가 없음은 나뿐만 아니라 그들도 잘 알고 있다. 하지만 난 연신 기침을 하거나 힘들어 하는 환자들을 보면 반사적으로 청진기를 꺼내 든다. 그리고 진공청소기로 청소하듯이 놓친 곳이 없나 군데군데 확인한다. 기다리는 환자나 간호사는 조바심이 날 수도 있지만 나에게는 일상이다. 그렇게 해야 마음이 조금이나마 편해지는 것은 '그 분'을 만난 뒤가 아닐까 한다.

내과 레지던트 2년차 때의 일이었다. 당시 환자 보는 것과 내과 지식에 나름대로 자신이 있었던 나는 아무리 어려운 환자나 보호자가 온다 해도 말로써 잘 다스릴 수 있다고 생각했었고, 실제로 상대하기 힘든 환자를 만난 적이 거의 없었다. 그러던 어느 더운 여름날, 오후 회진을 막 돌려던 참이었다. 나는 세수하는 것조차 잊은 탓에 덥수룩한 수염에 기름기로 번들거리는 너저분한 얼굴을 하고 한동안 빨지 못해 누렇게 변색된 가운을 입은 채로 환자를 보고 있었다. 새로 입원한 환자를 보며, 처음 만나게 된 그 환자는 60세 정도로 보이는 아저씨였다. 평소 스테로이드제를 복용하고 있어서인지 얼굴은 붉으락 푸르락 약간 상기되어 있었는데, 부리부리한 눈이 얼핏 봐도 속칭 'VIP 환자'임에 틀림없었다. (우리는 의사에게 잘 협조하지 않고, 잘난 척하거나 있어 보이려 하는 환자들을, 또 아무것도 아닌 일에 쉽게 짜증내는 환자를 Very Irritable Patient, VIP 라고 불렀다.) 이런 만남에서 으레 그렇듯 기선 제압이 가장 중요하다. 나는 약간 긴장하며 힘센 황소의 뿔을 억누르듯 큰 목소리지만, 친절함이 섞인 말투로 그 환자의 눈을 응시하며 "환자 분, 어디가 불편하셔서 오셨어요?" 라고 물었다. 경험상 이렇게 하면 기가 센 환자도 꼬리를 내리고 다소곳해지는 경우가 많았다. 그런데 이 아저씨는 나를 한번 힐끔 쳐다보고는 아무 일 없다는 듯이 원래 하던 대로 돋보기를 통해 책을 들여다봤다. 순간 조금 당황한 나는 얼굴이 빨개졌다. 물론 비협조적인 경우가 처음은 아니었지만 대꾸도 없었던 적은 처음이었다. '역시 생각대로 만만한 분은 아니구나!' 애써 진정하고 다시 물었다.

"어디 불편하셔서 오신 거 아니에요? 말씀을 해 주셔야 도와 드리죠."

나도 모르게 짜증 섞인 말투였다. 아저씨는 여전히 이쪽을 쳐다보지도 않고 대꾸했다.

"그냥 기침 좀 나고 기운이 없어 왔는데 입원하라고 하데. 그래서…."

"아, 네…. 기침만 좀 나요? 다른 불편하신 점은 없으세요?"

"……."

역시 아무 대답이 없다. 당시 상황을 누가 쳐다보고 있었다면 날 불쌍하다고 생각했을지도 모르겠다. 무시당했다는 기분이 들었지만 그렇다고 화를 낼 수도 없었고, 다른 환자들의 시선과 부족한 회진 시간 때문에 난 얼른 병실 밖으로 나왔다. 미처 청진을 하지 못한 게 나오면서 마음에 걸렸지만, 그래도 내심 '자기만 손해지, 뭘. 어디 잘 해 주나 봐라.' 식의 자그마한 복수심이 이는 건 나도 의사이기에 앞서 사람이기에 어쩔 수 없었나 보다.

나중에 알고 보니 아저씨는 만성 신부전으로 30년 넘게 고생을 하고 몇 년 전 중국에서 신장이식수술을 받은 상태였었다. 한마디로 산전수전 다 겪은 베테랑이었다. 병원 생활을 이 정도하면 나 같은 신참내기 의사나 인턴은 아예 상대하려 들지도 않는 환자도 더러 있다. 어쨌든 그 당시 아저씨의 안색이 그다지 나쁘지 않아 나 역시 감기려니 생각하고 저녁을 먹으러 나갔다. 또 엑스선 촬영 결과를 확인했어야 했지만, 그날따라 유난히 피곤했던 나는 저녁 식사 후 그만 깊은 잠에 빠지고 말았다.

다음날 아침, 회진 준비를 위해 한창 분주하던 중이었다. 정신없이 환자들의 혈액검사 결과와 어제 못 본 엑스선 사진을 보고 있는데, 한 장의 사진에서 시선이 멈춰 떠나질 않았다. 어제 입원한 그 아저씨의 흉부엑스선 사진에서 뚜렷하지는 않지만, 하얀 음영이 양쪽 폐의 바깥쪽으로 퍼져 있었다. 몇 번이나 확인해 봐도 분명 그 아저씨였다. '이거 폐렴 아냐? 큰일 났네. 항생제를 아직 안 썼는데.' 바로 아저씨에게 달려갔다.

"환자 분, 지금 숨 안 차세요?"

얼른 청진기를 대 보니 이게 뭔가? 악설음이다. 들려서는 안 되는 악설음이 미세하게, 그렇지만 분명히 양쪽 폐에서 들려 왔다. 머릿속이 망치로 두드려 맞은 듯이 횅해졌다. 정말 놓치지 말아야 하는 기본적인 것을 놓친 것이다. 교수님의 꾸지람에 대한 두려움과 실수에 대한 자책감에 나도 모르게 긴 한숨이 나왔다. 그나마 다행인 것은 아저씨의 상태가 어제와 크게 다르지 않았고, 별다른 불편도 호소하지 않았다는 점이었다. 그렇게 뒤늦게 항생제를 투여한 사건도 나의 작은 재치에 묻혀 구렁이 담 넘어가듯 지나가게 됐다. 우리는 회진 중에 발열이나 청진 소견이 크게 나쁘지 않아 우선 항생제를 쓰면서 지켜보기로 결정했다. 오후 늦게 보호자인 아주머니가 설명을 들으러 왔을 때에도 같은 설명을 드리며 경과를 지켜보자고 대수롭지 않게 말했다.

그렇게 치료하기를 3일째, 아저씨가 갑작스레 숨이 차다고 했다. 뭔가 느낌이 이상해서 바로 흉부엑스선을 다시 찍었는데 오전에 비해 하얀 음영이 폐 안쪽으로 빠르게 진행하는 느낌이었고 동맥혈검사 결과가 너무 좋지 않았다. 즉시 기관삽관을 해야 할 지경이었다. '어떻게 이렇게 빨리 나빠지지?' 보호자인 아주머니에게 다급히 전화를 드렸다. 아침까지만 해도 별다른 이상이 없다는 말에 아주머니는 멀리 일보러 나가셨던 것이다. 한편 아저씨는 나의 애타는 마음을 아는지 모르는지 산소마스크가 쓰기 불편하다고 벗느라 나와 계속 실랑이를 벌이고 있었다. 아주머니가 돌아올 시간을 마냥 기다릴 수 없던 나는 우선 기관삽관을 시행하고 중환자실로 아저씨를 옮겼다. 곧 이어 아주머니가 돌아오셨다.

"아니, 아침까지만 해도 멀쩡했는데…. 갑자기 왜 이래요? 아까는 괜찮을 거라고 했잖아요?"

걱정스럽고 짜증이 섞인 말이었다.

"글쎄요. 아직 검사 결과가 다 나오지 않았지만 폐렴이 빠르게 진행하는 것 같습니다. 동맥혈검사 결과가 너무 안 좋고 다급한 상황이라 우선 기관삽관을 시행했어요."

여러 차례 알아듣게 말씀드렸지만 당연히 보호자에겐 이 말이 먹혀들지 않았다. 자신이 사랑하는 이가 순식간에 중환자로 돌변해서 밀랍인형처럼 누워 있으니 어느 이가 반기겠는가. 이어 아들과 삼촌이라는 분도 오셨다. 아들은 어느 대학 시간강사라 했다. 그들 역시 갑자기 닥친 일에 어떻게 대응해야 할지 모르는 듯이 애매한 표정을 짓고 있었다. 나는 조심스럽게 환자의 갑작스런 악화에 대해 유감을 표하며 경과를 지켜보자고 했다.

하루 뒤, 혈청검사와 가래검사 결과에서 바이러스 항원과 면역저하 환자에서 잘 자라는 균이 보고되었다. 한참 뒤에 공부를 하고 나서야 알게 된 사실이지만, 환자의 처음 증상이 바이러스 폐렴과 너무나 똑같았다. 환자의 중요한 증상들을 주치의인 내가 간과해 버렸던 것이다. 거만했던 환자가 조금은 얄미워서였을까? 어쨌든 이유와 상관없이 이미 환자는 하루 이틀 고비를 넘기고 있었고, 일부러 수면제를 주고 재웠기 때문에 의사를 전달하기도 어려웠다. '내가 좀 더 일찍 알아차렸어야 했는데….' 첫날 청진을 하지 못하고 항생제를 늦게 썼던 것이 계속 마음에 걸렸다. 아저씨가 제발 회복되기를 간절히 바랐다. 만약 그때 하나님을 알았더라면 나는 서슴없이 기도했을 것이다.

그러나 바람과 달리 환자의 상태는 조금씩 나빠졌고 중환자실에서 지낸 지도 벌써 2주가 지났다. 보호자들의 인내가 한계에 달했나 보다. 환자가 이렇게까지 안 좋아지게 된 것을 자기들에게 설명하라고 난리였다. 특히 아주머니는 아침, 저녁 회진마다 자세하게 경과를 말씀드렸지만 쉽게 받아들이지 못하셨다. 수십 년 살을 맞대고 산 남편과 마누라의 정 때문이었을까? 아주머니는 죽음의 문턱에 서 있는 아저씨를 보며 안절부절 못하고 수시로 우리를 원망했다. 아저씨가 이전처럼 회복해야 이들과의 관계도 회복될 텐데, 만약 돌아가시면 어떡하지? 잘못하면 맞는 거 아냐? 아니, 그건 차라리 낫다. 고소라도 당하면 일이 복잡해지는데.' 별 생각이 다 떠올랐다.

이후에는 회진 때마다 보호자를 만나는 시간이 제일 두려웠다. 나는 앵무새처럼 경과를 지켜보자는 똑같은 말밖에 할 수 없었고 아주머니는 그때마다 아저씨의 상태가 악화된 것이 우리의 탓인 양 "언제까지 기다려야 되냐"며 못 미더운 표정으로 질타를 그치질 않았다. 그러기를 며칠이 지난 어느 날 밤, 환자의 상태가 갑자기 악화되었다. 절망적이었다. 아주머니에게 급히 전화를 드려 아저씨 상태가 지금 너무 안 좋아서 운명할지도 모른다고 말씀드리고 보호자들을 불러 이제 회생할 가능성이 없으니 마음의 준비를 하라고 말씀드렸다. 아저씨만 바라보고 수십 년을 동고동락한 아주머니에게는 너무 가혹한 말이었을까? 아주머니의 안색이 시커먼 숯처럼 어두워졌다. 금방이라도 우실 표정이다. 난 미안한 마음에 보호자들과 함께 중환자실을 오가며 환자의 마지막 길을 곁에서 지켜보고 있었다.

몇 시간이나 지나서였을까? 아주머니가 중환자실 밖에서 간호사를 통해 나를 찾으셨다. '또 무슨 질타를 하실까?' 내심 조바심을 내며 아주머니를 뵈러 나갔다. 밖에서 기다리던 아주머니는 나를 보자마자 내 손을 덥석 잡으며 뭔가가 묵직하게 든 검은 봉지를 쑥 내미셨다. 참 거칠고 따뜻한 손이었다. 봉지 안에는 슈퍼에서 방금 사 오셨는지 아직 차가운 우유와 빵이 들어 있었다.

"쉬지도 못하고 고생이 많아요. 이것 좀 들어요."

아주머니는 미안하다는 표정을 지으며 말씀하셨다. 따뜻한 봄날에 논두렁의 얼어붙은 얼음이 녹아내리듯 아주머니와 나 사이의 응어리가 풀어진 것 같았다. 나는 하마터면 아주머니 앞에서 울 뻔 했다. 약한 모습을 보여주기 싫었는지 난 고맙다는 인사만 하고 중환자실에 들어갔다. 얼마 후 아저씨는 운명하셨고 난 무거운 마음으로 소식을 가족에게 알렸다. 아들과 삼촌은 아무 말 없이 눈시울만 붉히며 조용히 고개 숙여 인사했다. 아주머니는 그동안 수고했다며 자기 때문에 마음 쓰였으면 이해하라고 말씀하셨다. 오히려 내가 더 미안해야 할 상황이었는데도 말이다.

"아주머니, 죄송합니다. 아무쪼록 아저씨가 좋은 곳으로 가셨으면 좋겠네요."

연방 죄송하다고 말하는 나를 등지고 아주머니는 아무 말 없이 고인의 주검을 모시고 고향의 장례식장으로 향하셨다. 난 우두커니 서서 영구차가 사라질 때까지 하염없이 지켜봤다.

이제 나는 레지던트를 마치고 전문의가 되어 보건소에서 환자를 보고 있다. 요즘같이 갑자기 추워진 날씨에 기침을 유독 오래 하는 환자를 보면 아직도 가끔 그 아저씨가 생각난다. 이제는 갚고 싶어도 갚을 길이 없는 아저씨에 대한 고마움과 아쉬움에 마음이 저리다. 과연 내가 의사가 되기까지 얼마나 많은 사람들의 용서와 은혜를 받았을까? 내 무지함과 교만함을 일깨워주고 질병에 대해 가르쳐 준 것은 교과서도 선배의사도 아닌 저들의 몸과 마음이었다고 말한다면 너무 지나친 비약일까? 갈수록 요원해지는 우리와 저들의 관계를 보면 착잡하고 안타깝기만 하다. 그들이 잡아준 은혜의 손길에 아직 고맙다는 인사조차 제대로 하지 못했기 때문일 것이다. 죄스럽고 부끄러운 마음이 아직 마음 한구석에 남아 있기 때문이리라. 죽은 자 가운데 다시 살아난 그리스도의 은혜에 자신을 빚진 자라고 고백한 베드로처럼 나도 그 은혜로 진 빚을 오늘 다른 환자에게 조금이라도 더 갚아야 하지 않을까. 청진기를 움직이는 나의 손길이 조금 더 빨라진다.

8회 장려상 수상작이다. 은혜의 손길을 내밀어준 아주머니가 이 글을 보게 됐으면 한다는 소망을 전한 필자는 이번 수상이 환자에게 더 많은 은혜의 빚을 갚으라는 뜻이 아닌가 싶다는 소감을 보내왔다. 또 같은 의사의 길을 가는 아내에게도 고마움의 말을 전했다.

탄생

황종하 (외국인노동자전용의원)

아스팔트를 녹여 버릴 듯한 삼복더위가 한풀 꺾일 무렵, 외국인 노동자 전용 의원 3층 수술실에선 새 생명의 탄생을 알리는 서곡이 준비중이었다. 수술 기구를 챙기는 소리가 분주했고 눈이 순박해 보이는 산모는 수술대로 옮겨졌다. 첫 아기 탄생에 들뜬 탓인지 병원은 몹시 부산스러웠다.

가리봉동에 있는 외국인 노동자를 위한 병원. 이런 병원은 세계 최초라고 하지만 말이 거창하지 다 쓰러져 가고 누더기처럼 여기 저기 기운 건물이다. 독지가의 후원으로 2, 3층을 리모델링했다. 2층에 진료실과 검사실이 있고 3층에는 수술실과 입원실이 있다. 작고 초라한 병원이지만 외국인 노동자의 인권문제가 사회적 이슈가 되면서 기자들이 드나들곤 했다.

구태여 여기서 수술할 필요는 없었다. 다른 병원으로 보내면 그만이다. 어느새 소문이 퍼졌는지 병원에 환자가 늘고 있었다. 공중보건의사로 일 년간

170 · 나는 당신의 진료를 거부합니다

교도소에서 근무하고 자리를 옮긴 곳이 이곳이다. 집이 서울이라 출퇴근할 수 있는 장점이 있었다. 이따금 의료진에게 인터뷰를 요청하는 기자가 있다. 왜 이런 곳에서 근무하느냐는 기자들의 질문에 공보의 신분으로 서울에서 근무하려니 이곳밖에 자리가 없더라는 말은 차마 나오지가 않는다.

수술방에 들어가기 직전 남편이 '꾸벅' 90도로 인사를 한다. 말은 서로 통하지 않지만 때론 몸짓이 말보다 더 많은 것을 전달하곤 한다. 베타딘 소독액으로 산모의 배를 드레싱하고, 무영등을 맞추고 보비(수술 중 출혈 시 신속한 지혈이 가능한 장비)와 흡입기를 장착했다. 집도의사는 '나이프'을 건네받았다.

산부인과 공보의가 처음 배치되자 원장님은 '이제 분만도 할 수 있겠다' 라며 좋아라하셨다. 난 당황했다. 분만이라니 가당치도 않다. 그저 몇 안 되는 환자를 보면서 남은 공보의 생활을 유유자적 보낼 생각이었는데 말이다. 못한다고 했다. 태아 감시 장치 같은 기구야 사면 그만이겠지만 한밤중에 진통이 시작되어 온 산모를 누가 볼 것인가. 잠을 설쳐 가며 애를 받고 싶진 않았으니까.

부인과 환자를 주로 봤다. 산모는 산전 진찰을 하다가 임신 30주경에 분만이 가능한 병원으로 보내곤 했다. 하지만 그들은 분만 비용을 감당할 경제적 능력이 없는 경우가 대부분이었다. 열악한 시설이지만 이곳을 찾는 이유는 무료 병원이기 때문이다. 사정사정하며 선생님이 어떻게 해줄 수 없겠냐고 하는 그들을 보낸다는 게 맘 편한 일이 아니다. 이들 중 상당수는 불법 체류자 신분이었다.

카메라의 찰칵거리는 소리가 거슬린다. 신경이 예민해졌다. 병원 홍보라지만 집도의의 동의도 없이 들어온 이방인이 반가울 리 만무하다. 사진 기자가 어설프게 걸친 수술용 녹색 가운 사이로 일상복이 삐죽이 나와 있다. 두 개의 무영등이 치골 상부가 비추고 있었다. 치모가 잘려져 나간 자리를 메스가 스치고 지나갔다.

소냐는 방글라데시사람이었다. 그녀를 만난 것은 여름이었다. 남산만한 배를 이끌고 힘겹게 진료실 문을 두드렸다. 큰 두 눈을 암소처럼 끔벅거리며 말없이 앉았다. 한국말이 익숙하지 않은 듯 머뭇머뭇 거린다. 같이 온 이가 말했다.

"다니던 병원에서 애기가 거꾸로 있어 수술을 받아야 된대요."

음…, 어떻게 해야 하나. 우선 초음파를 보고….

"죄송하지만 여기서 분만은 하지 않습니다."

목구멍까지 올라왔던 말을 삼켰다. 그들은 처분만 기다리고 있었다. 불법체류자 신분으로 의료 보험 혜택을 받을 수 없으니, 만만치 않은 금액의 진료비를 감당하기가 녹록치 않을 것이었다. 어쩌다 친절한 택시기사의 도움으로 이곳을 알게 되었다고 한다. 목사님과 함께 어렵사리 찾아온 걸음이었다.

만삭이다. 초음파를 보고 덜컥 수술을 잡았다. 마음 한구석에 억눌려 있던 의사로서의 의무가 꿈틀거렸을까. 참았던 숨을 뱉어내는 순간 강한 책임감이 부력을 못 이기고 수면 위로 떠올랐다. 그간 외면한 이국 여인들의 애처로운 눈망울. '또 어디로 가야 하나' 무거운 몸을 부여잡고 힘없이 터벅터벅 진료실 밖으로 걸음을 옮기는 예비 엄마의 뒷모습. 더는 거부할 수 없는 무엇이 가슴 한쪽에 쌓이고 있었다.

수술 전 검사를 시행했다. 다른 건 괜찮은데 혈액형이 RH 음성이다. 좋은 핑계거리가 생긴 것이다.

'그냥 대학병원으로 보낼까.'

히포크라테스 선서가 떠올랐다. 졸업식 날 딱 한번 읊어본 그 구절.

'이제 의업에 종사할 허락을 받으매 나의 생애를 인류 봉사에 바칠 것을 엄숙히 서약하노라.'

첫 분만이다 보니 부족한 것이 한두 가지가 아니다. 아기 바구니도 사고 미역국도 준비했다. 병원 측에서는 아기 배냇저고리도 준비한 모양이다. 검사실에 부탁해 어렵사리 RH음성 혈액을 한 파인트 준비했다. 혹시라도 있을 과다 출혈을 대비해야 했다. 전문의를 마치고는 한동안 메스를 잡아 본 적이 없었다. 자궁 수축이 좋지 않으면 어쩌나. 한 파인트로 해결되지 않으면 어쩌나. 만약의 사태를 대비해 종합병원에 연락해 두었다.

날카로운 메스가 자궁 하부를 횡으로 그었다. 벌어진 틈새로 양수가 흘러나온다. 손가락으로 자궁을 벌렸다. 양막이 터지면서 애기가 엉덩이부터 들이민다. 탯줄을 잘랐다.

'응애 응애….'

핏덩어리를 간호사에게 건넸다. 오전 9시 18분 3.70kg의 건강한 사내아이가 모든 이들의 관심과 축복 속에 세상과 조우했다. 그놈 울음소리가 참 우렁차기도 하다. 생김새는 아빠를 빼다 박은 데다, 엄마를 닮아서인지 커다랗고 서글서글한 눈을 가졌다. 게다가 쌍꺼풀까지…. 조그만 놈이 있을 건 다 있다.

'이놈, 나중에 영화배우라도 되는 거 아니야!'

갓 태어난 아기지만 무척 예쁘다.

자궁은 이내 돌같이 단단해졌다. 벌어진 자궁을 봉합하는 동안 병원 목사님이 새 생명 탄생을 축하하는 기도 소리가 문틈 사이로 희미하게 들려온다. 직원 모두가 수술실 앞에서 왁자지껄하게 축하해 주었다.

수술은 별 탈 없이 끝났다. 병실에 가보았다. 배내옷을 입은 아기가 하얀 포에 쌓여 세상에서 가장 편안한 표정으로 쌔근쌔근 잠들어 있다. 꽉 깨물어 주고 싶다. 아기 아빠의 얼굴엔 웃음이 끊이질 않는다.

하지만, 안타까운 사실은 부모가 불법체류자이니 태어난 아기 또한 부모를 따라 불법체류자가 되어야 한다. 이제 막 세상과 만난 아기에게 불법체류라는 이름을 걸어주어 부모는 얼마나 아기한테 미안할까. 아기는 무슨 죄가 있어 불법체류자의 굴레를 쓰고 태어나야 하는가.

그로부터 일 년이 지났다. 이후 병원에는 다국적 아기들이 줄줄이 태어났다. 필리핀, 중국, 미얀마…. 피부색은 달라도 하나같이 귀엽다. 아기를 품에 안은 엄마의 얼굴보다 사랑스럽고 행복한 표정이 있을까. 병원 개원 2주년 행사를 하면서 이곳에서 태어난 첫 아기 '오심'의 돌잔치를 해주었다. 색동 돌복을 입히고 기념 촬영도 했다. 자식 날 보더니 함빡 웃는다. 시간이 벌써 그렇게 흘렀던가. 어느새 키도 많이 크고 토실토실해졌네.

무료병원이다 보니 환자가 끊이질 않는다. 한국어가 서툴다 보니 반복해서 설명을 해도 잘 못 알아듣는 경우가 많고, 시간이 없다며 치료를 포기하기도 한다. 간혹 불필요한 검사를 해달라고 떼를 쓰는 환자도 있고, 무리한 진단서를 요구하기도 한다. 고단한 삶에 지친 모습들일 게다. 그들의 쫓기는 삶에 한 줄기 빛이 될 수 있다면. 의지할 곳 없는 낯선 이국의 땅에서 병마까지 얻은 사람들. 그들에게 작은 보살핌, 따뜻한 말 한마디는 큰 힘이 될 수 있으리라. 처음 가운을 입었을 때의 순수함과 열정을 돌아본다.

올 가을은 유달리 짧다. 가을 더위가 지속되더니 한바탕 비가 쏟아지고선 급격하게 기온이 떨어졌다. 눈발이 어지럽게 흩날린다. 바람에 부대껴 나무에서 이탈한 낙엽이 보도에 널브러져 있다. 아직 붙어있는 나뭇잎들도 힘에 겨운 듯 몸부림치고 있다.

 6회 장려상 수상작이다. 외국인 노동자 전용의원에 근무하면서 그들의 실상을 알게 됐다는 필자는 이곳에서의 근무가 소외된 사람들, 의사로서 봉사의 의미에 대해 생각해 보는 계기가 됐다고 회상했다.

나는 당신의 진료를 거부합니다

김범석 (국립보건연구원)

이제 갓 서른을 넘긴 수희 씨는 예쁜 얼굴만큼이나 마음씨도 참 고왔던 환자였다. 6년 전 그녀는 임파종 진단을 받기도 했지만, 항암치료를 받는 등 열심히 투병생활을 한 끝에 완치 판정을 받았다. 그렇게 암을 극복하고 나서는 원하던 공부를 마쳤고 얼마 전에는 사랑하는 남자와 결혼해서 알콩달콩 재미난 신혼생활을 하고 있었다. 그러던 어느 날, 신혼의 단꿈에 젖어있던 그녀에게 갑작스레 찾아온 손님은 '목의 통증'이었다. 수희 씨는 병원에 오기 두 달여 전부터 목이 아팠었는데, 어느 날 입을 벌리고 거울을 통해 목 안을 들여다보니 편도 뒷부분으로 툭 튀어나온 덩어리가 보였다. 이런 경우 누구나 짐작하듯 가장 걱정되는 것은 암의 재발이다.

'병원에 갔다가 암이 재발된 것이라고 하면 어떻게 하나….' '그렇다고 마냥 시간을 끌 수는 없는 노릇인데….' '하필이면 결혼해서 이제 잘 살아보려는데….' 그녀와 가족들은 겁이 나서 한참을 망설인 끝에야 다시 병원을 찾을 수 있었다.

나는 그녀의 목을 들여다보는 순간, 직감적으로 암이 재발했음을 느낄 수 있었다. 얼핏 보기에도 편도 뒷부분에 생긴 덩어리가 꽤 컸고, 경계도 불분명한 것이 양성은 아닌 듯 보였다. 이런 경우 예전에 치료받은 임파종이 재발했을 수도 있고, 아니면 임파종과는 다른 새로운 암이 생긴 것일 수도 있다. 우선 조직검사를 해서 암세포가 있는지를 알아봐야 했다.

수희 씨 인생에서 참 길었을 며칠이 지났고 검사결과가 나왔다. 예상대로 암세포가 발견됐으며, 조직검사 결과지에는 '임파종'이라고 적혀 있었다. 예전과 같은 유형의 임파종인지 아니면 새로운 유형의 임파종인지는 몇 가지 특수면역검사를 거쳐야 알 수 있다고도 쓰여 있었다. 어찌됐든 '암'이라는 점은 확실했다. 당시 나의 변함없는 지론은 환자 본인에게 숨겨서는 안 된다는 것이었고, 더욱이 수희 씨는 똑똑하고 젊은 환자였다. 나는 검사결과로 나온 내용 전부를 수희 씨에게 자세히 설명했다.

"수희 씨, 오늘 결과가 일부 나왔어요."

"암인가요?"

"네."

이 짧은 대화 뒤에 우리 사이에는 오랜 침묵이 흘렀다. 참 짤막한 대화였지만, 그 대화 속에서는 모든 것이 오고 갔다. 나는 말을 이었다.

"암 덩어리가 편도 뒤에 있고, CT 결과로는 목 쪽 임파절까지 있는 것 같아요. 병리과 교수님 말씀으로는 임파종이 맞기는 맞는데, 어떤 종류의 임파종인지, 지난번 임파종과 같은 유형인지 알아보기 위해서는 특수염색검사가 필요하다고 하시네요. 최종적으로는 특수염색검사 결과가 나와야 확진이 되겠지만, 안타깝게도 암이 맞기는 맞네요. 그 사이에 뇌 척수액 검사를 해 볼게요. 이 병이 뇌 척수액으로도 잘 가기 때문에 그래요."

검사결과를 설명한 뒤, 병실 문 밖을 나서자 그녀의 어머니는 나를 쫓아 나와서 정말로 확실한 거냐고 몇 번이고 되물었다. 이런 때가 의사로서 가장 괴로운 순간이다. 나는 고개를 끄덕였고, 그녀의 어머니는 복도에서 끝내 울음을 터뜨렸다. 그녀의 어머니에 의하면 수희 씨는 너무나 착하고 예쁜 딸이었다고 한다. 키우면서 단 한 번도, 정말 한 번도 엄마, 아빠 속을 끓여본 적이 없었다고 했다. 사려 깊고 마음 씀씀이도 고와서 어릴 때부터 가족의 사랑을 듬뿍 받으며 자랐고, 학교 다닐 때는 공부도 무척 잘했다고 했다. 며칠 수희 씨를 대해본 내가 보기에도 정말 그랬을 것 같았다. 눈에 넣어도 아프지 않을 착하고 예쁜 딸이 바로 수희 씨였다.

그날 밤이었다.

"주치의 나오라고 해!"

병동에서 밀린 차트를 정리하고 있는데, 병동이 시끄러워졌다. 스테이션으로 나가보니 TV에서 보던 낯익은 탤런트가 내 이름을 부르며 난리를 치고 있었다. 병실에서 한 번도 본 적은 없었지만, 간호사들을 통해 수희 씨 아버지가 중견탤런트라는 이야기는 들었는데, 지금 스테이션에 있는 그가 바로 수희 씨의 아버지였던 것이다.

"니가 주치의냐? 니가 우리 수희 주치의냐고! 니가 의사야? 니가 의사냐고!!! 너 같은 XX가 의사냐! 너는 의사할 자격이 없는 XX야!"

온갖 험악한 육두문자가 날라 오고, 벌건 얼굴에 술 냄새를 풍기며 그가 행패를 부렸다. 그는 나를 밀치고 내 멱살을 잡으려 했다. 한참 실랑이를 벌이다가 결국 경비아저씨들이 출동해서 제지하고 나서야 사태는 일단락됐다. 그는 경비아저씨들에게 질질 끌려 나가면서 마지막으로 정색을 하고 말했다.

"나는 당신의 진료를 거부합니다. 우리 딸 내일 퇴원시킬 테니 그렇게 아시오!"

사실 의사들은 이런 일을 종종 겪는다. 멱살을 잡히기도 하고 보호자들에게 맞는 일도 생긴다. 이런 일을 겪고 나면 잘잘못을 떠나 기운이 빠지고 기분이 참 씁쓸해진다. 어떤 때에는 참 더럽고 치사해서 의사짓거리 못 해먹겠다는 생각도 든다. 나도 나름대로 곱게 자란 사람인데, 내가 뭐가 아쉬워서 이렇게 보호자들에게 맞으면서까지 의사 짓을 해먹어야 한단 말인가 하는 생각에서 말이다. 그런데 이 날의 경우에는 도대체 보호자가 무엇 때문에 저렇게 화가 났는지 곰곰이 생각해 봐도 알 수가 없었다. 홀로 병동에 앉아 아무리 생각해 봐도 나는 잘못한 것이 없는 것 같았고, 잘못이 없는데 이런 일을 당했다고 생각하니 기운이 빠지면서 무척 힘들었다.

다음날 아침. 수희 씨에게 회진 가니 수희 씨와 어머니가 안절부절 못하며 나를 맞이했다.

"선생님, 어제 우리 애 아빠 때문에 너무 죄송해요. 뭐라 드릴 말이 없어요. 어제 우리 집 양반이 '암 덩어리' 라는 말에 하도 속상해서 그랬다고 하더군요."

그제야 어느 정도 상황파악이 됐다. 문제의 발단은 내가 수희 씨에게 설명을 할 때 '암 덩어리' 라는 단어를 사용했던 것이었다. 전날 내가 결과를 설명해 주기 위해 병실에 노크를 하자, 그 중견탤런트는 혹시라도 의사가 와서 안 좋은 소리할까 봐 가슴이 떨려 화장실로 숨었고, 그렇게 내가 수희 씨에게 직접 설명하는 것도 듣게 된 것이었다. 그 중에 수희 씨 상태에 대해 설명하면서 사용했던 '암 덩어리' 라는 단어가 대못이 되어 그의 가슴에 박혔나보다.

"우리 집 양반이 어제 울었어요. 병이 재발한 것도 속상한데 어제 선생님이 암 덩어리라고 해서 그게 그렇게 마음 아팠나 봐요. 암세포도 아니고 암 덩어리라니… 어떻게 의사라는 사람의 입에서 그렇게 험악한 단어가 나올 수 있냐며, 도대체 그게 의사가 할 말이냐며… 우리 집 양반이 어제 그것 때문에 속상해서 울었어요. 생전 우는 법이 없던 양반인데 어제는 울더라고요."

나이 예순의 그 중견탤런트는 평소 씩씩하고 늠름한 배역을 주로 맡았는데, 수희 씨가 입원해 있을 당시에도 전쟁을 지휘하는 용감한 장군 역으로 TV 사극에 출연 중이었다. 하지만 현실 속의 그는 극에서의 모습과는 달리 무척이나 마음이 여렸고 소심한 사람이었다. 또 딸에 대한 사랑이 아주 지극해서 수희 씨가 암으로 진단 받자 아예 병원 근처에 방을 구하기도 했고, 녹화가 없는 날에는 병원에서 살았다고 한다. 그럼에도 불구하고 그를 병실에서 한 번도 볼 수 없었던 데는 이유가 있었다. 의사의 입에서 혹시라도 나쁜 이야기가 나올까 무서워서, 그는 의사만 보이면 숨었던 것이다. 복도에 있다가 멀리서 담당 의사가 오는 것 같으면 계단 쪽으로 숨었고, 병실 안에 있을 때는 누군가가 병실 문을 노크하고 회진 오는 것 같으면 재빨리 화장실에 들어가 몰래 숨었다. 그날도 화장실 안으로 숨었다가 암이 재발했다는 이야기를 듣게 되었고, 이어서 '암 덩어리' 라는 말도 듣게 되었다. 한마디의 말에 상처 받은 그는 너무나 가슴이 미어져 화장실에서 혼자 울었다고 한다. 그리고 가슴에 못내 사무쳤는지, 밤늦게 술을 마시고 와서 그날 병동에서 난리를 피운 것이었다.

내 입에서 나온 '암 덩어리' 라는 단어가 결국 사건의 화근이었다는 것을 알게 됐다. 그리고 그 후에는 설사 그가 병실에 없더라도 단어 하나하나에 신경을 기울여가며 조심하기 시작했다. 혹시라도 화장실에 숨어서 듣고 있을지 모르는데, 또다시 그의 마음에 상처가 되는 말을 하게 될까봐 한마디 한마디에 무척 신경이 쓰였다. 하지만 그는 여전히 저기 멀리서라도 내가 보이면 슬금슬금 피했고, 끝내는 나와 마주치지 않았다. 나도 억지로 그와 마주하고 싶은 생각은 없었다. 그의 마음은 이미 수희 씨를 통해서 충분히 알았기 때문이다. 눈에 넣어도 아프지 않을 금쪽같은 딸내미가 아파서 힘겨워할 때 홀로 서럽게 가슴을 찢으며 울었을 아빠의 마음, '암 덩어리' 라는 단어에 상처 받아 혼자 숨어서 울부짖었을 아빠의 마음을 말이다.

8회 장려상 수상작이다. 전공의 3년차 때 직접 겪은 일을 소재로 했다는 필자는 이 일을 계기로 말 한 마디로 환자와 보호자를 천당과 지옥에 보내는 종양내과 의사로서 책임을 다시 한 번 느꼈다고 한다. 이 자리를 빌어 자신도 모르게 말로 마음에 상처를 준 환자들에게 미안하다는 말을 전한다고.

to be a psychiatrist or not to be

박선철 (해군 교육사령부 의무대)

나는 정신과의사다. 전문의 면허에 아직 잉크도 마르지 않은 정신과의사다. 그래서인지 많이 알진 못한다. 환자는 내게 어떤 사람인지, 나는 환자에게 어떤 사람인지. 환자가 내게 원하는 건 뭔지, 내가 환자에게 해줄 수 있는 건 뭔지. 솔직히 고백하자니 창피하기도 하지만, 많이는 알지 못한다.

이제 서른을 겨우 넘긴 나이로 삶의 무게란 게 어떤 건지 조금은 느껴지니, 환자의 말 한 마디 아래에 감춰진 마음이 무엇인지 조금은 알 것 같지만 그래도 아직은 많이는 알지 못한다.

그때 나는 이제 막 정신과 수련을 시작한 전공의 1년차였다. 대부분 1년차들이 그렇듯, 난 누구보다도 정신과에 대한 열정 하나만은 강하기에 누구 못지않게 잘 해낼 거라고, 착각 아닌 착각을 하며 지내고 있었다. 하지만, 이내 난 혼란스러워졌다. 환자나 그 가족들은 나에게 '병(病)'이 아니라, '삶'의 문제를 가지고 왔기에. 그들은 내게 묻지 않았다. 항정신병약물의 약물학적 기전은 무엇이냐고, 불안과 세로토닌은 관련은 어떻게 되냐고, '우울'이 지닌 정신역동적 의미는 무엇이냐고. 대신 내가 상상하지도 못했던 황당한 질문을 가져왔다. 떠나간 연인의 마음을 어떻게 되돌릴 수 있느냐, 부모에게 내 주장을 어떻게 관철시킬 수 있을까, 왜 나는 이성 친구를 사귀지 못할까, 남편이 꼴 보기 싫은데 어떻게 해야 할까. 아무리 금언, 명구로 가득 찬 교과서를 뒤져도, 프로이트 선생님과 융 선생님의 저서를 읽으며 헤매고 또 헤매도 그 대답을 쉽게 발견할 순 없었다.

그들의 질문에 제대로 대답하지 못할 때면, 마치 교수님께 지적당한 뒤 질문에 정답을 말하지 못한 임상실습학생의 마음처럼, 답답하다 못해 힘들었다. 게다가 당시 내가 고수하고 있던, '환자는 무조건적으로 연약하고 긍휼히 여김을 받아야하는 사람이기에, 의사는 환자에게 뭐가 됐든지 항상 일방적으로 도와줘야 한다' 식의 고지식한 믿음이 여기에 한몫 거들어서 내 답답함은 더해만 갔다.

"환자가 아파서 그렇지 바보가 아니야. 환자가 스스로 해결해내도록 의사가 도와주는 거지 뭐. 의사랑 환자랑 뭐 별 차이가 있나? 공부를 잘 하면 의사가 되고 공부를 못 하면 환자가 되고 그렇지. 가끔은 환자가 의사보다 공부를 더 잘 할 때도 있기도 하지. 허허."

내 답답함을 눈치 채셨는지 스승님께서 조언해주셨지만, 오히려 난 스스로 만든 함정 속에 또다시 빠져 들어버렸다.

'읔! 정신과의사랑 정신과환자가 별 차이가 없다니 그건 또 무슨 말인가? 의사랑 환자가 별 차이가 다면 그럼 난 환자에게 뭘 줄 수 있는 거지?'

그러던 차에, 난 그녀를 만났다.

그녀는 내 환자였다.

"당신도 우리 가족이랑 짜고 나를 팔아먹으려는 거죠?"

응급실에서 그녀가 내게 던진 첫 마디였다. 그녀의 연약한 자아는 산산이 깨어져서 현실과 환상의 경계는 사라진 지 오래고, 부모와의 심리적 탯줄은 얼기설기 너무나도 끈끈하고 강하게 이어져 있어 마치 한 몸뚱이인 듯 느껴졌다. 그녀는 감당할 수 없는 고통 속에서 스스로가 만든 견고하고 거대한 성 속에 제발로 들어가 웅크리고 앉아선 절대로 나오려하지 않는 외로운 환자였다. 그녀는 정신분열병 환자였다. 그리고 그녀는 그리 길지도 짧지도 않은 두 달을 입원하게 되었고 나는 그녀를 담당하게 되었다. 향정신병 약물이 적정량에 도달하면서 그녀의 뇌(brain) 안에 도파민 체계가 다시 균형을 회복했는지, 나의 열성(熱誠)에 하늘도 감동하고 그녀도 감동해서인지, 차츰차츰 그녀는 그 견고하고 거대한 성에서 세상을 향해 한 걸음씩 발걸음을 내디뎌나갔다.

"선생님, 감사했어요. 밥은 굶어도 꼭 약은 먹을게요. 그리고 부탁이 있는데요, 얘길 들으니까 퇴원하면 주치의 선생님이 아니라 교수님한테 진료를 받는다고 하더라고요. 저는 그냥 선생님께서 계속 진료를 해주시면 안 되나요?"

퇴원을 앞 둔 그녀의 말 한마디에, 나는 그간의 노고를 인정받은 듯 뭐랄까 '주치의로서의 보람', '가슴 벅참'이라고 표현할만한 그런 감정을 만끽할 수 있었다. 그리고 지도교수님의 배려 덕에, 외래시간이 따로 배정되어 있지 않았음에도 불구하고 나는 그녀를 외래에서 진료할 수 있었다. 물론 1년차의 바쁜 업무 중간에 잠깐 시간을 내어 진료를 하는 것이었지만, 그래도 그녀는 내 첫 외래진료환자였다.

지금에 와서 생각해보면, 그녀는 삶의 에너지(카섹시스; cathexis)¹가 밝음과 어두움의 둘로 완전히 쪼개져서, 어두운 에너지(thanatos)는 대부분이 가족에게로 향하고 있었고 덕분에 나에겐 밝은 에너지(eros)가 주로 향하고 있을 뿐이었다. 노처녀인 그녀에게 선량하게 성심을 다하는 젊은 남자 정신과 전공의가 믿고 신뢰하고 싶은 대상이 되는 건 당연한 것 아닐까 싶다. 물론 그렇지 않은 경우도 있지만. 돌이켜보면 나는 그녀의 긍정적 전이(positive transference)의 대상이었을 뿐인데, 나는 그녀의 구세주라도 된 양 김칫국을 마시고 있었다. 당시엔 '이 환자가 나 아니었으면 이만큼 좋아졌겠어? 이 정도면 나도 괜찮은 정신과의사 아냐?'란 자만이 마음을 수없이 흔들었다. 그런 만큼 외래에서 난 그녀에게 '나의 최선'을 다해 진료했다.

그녀는 '정신분열병 환자로서 사회에서 살아가는 것의 고단함과 쓸쓸함'을 나에게 외래진료 시마다 호소했다. '약을 먹을 때마다 정신분열병이라는 덫에 발목을 잡힌 것 같아서 싫어요.', '가을이 되니 쓸쓸하고 허전할 때가 있어요. 제가 병이 있으니 누굴 만나겠어요.', '약을 먹으면 동료들이 무슨 약이냐고 물어봐요. 그래서 동료들이 볼 때 되도록 약을 안 먹으려고 해요.' 그녀의 노력은 장하기도 하고 그만큼 안쓰럽기도 해서, 나에겐 은근하지만 강한 압력이 되어갔다. 의학적 판단과는 상관없이 하루라도 빨리 항정신병 약물을 줄여주고 싶은 마음이 여러 번 들었고, 그 마음을 견뎌내느라 무진 애를 썼다. 가끔은, 별 탈 없긴 했지만, 항정신병 약물을 너무 빨리 줄여놓고 조마조마했던 적도 한두 번은 있었다.

그렇게 2년여의 시간이 흘렀다. 통계수치이긴 하지만 재발률이 가장 높은 첫 발병이후 1년 반에서 2년의 시점을, 꾸준히 외래치료를 받은 덕에, 그래도 무사히 보낸 것이다. 앞으로 재발할 가능성이 전혀 없는 것은 아니지만, 나는 그동안 그녀의 수고를 격려해주고 위로해주고 싶었다. 그래서 내가 가지고 있던 〈정신분열병 환자들의 질병극복 수기〉를 그녀에게 빌려줬다. 정신분열병에 대한 일반의 편견과 오해 속에서도 최선의 노력을 다해 우리사회의 일원으로서 당당히 살아가는 이들이 적지 않음과 그들 삶의 다채로운 편린(片鱗)이 그녀에게 작은 감동이 되어 그녀가 삶의 희망을 더욱 다양하고 구체적으로 가꾸어나가길 바라는 마음으로. 다행히도 그녀는 밝은 표정으로 "책이 많이 힘이 됐어요."라고 응답했고, "그동안 저를 위해 많이 애써주신 거 잘 알아요. 저희 어머니도 요새 그런 의사선생님 만나기 쉽지 않다고 하시고요. 저도 그렇게 생각해요. 그래서 고마운 맘을 어떻게 표현해야 될지 모르겠어서 준비했어요."라면서 나에게 '촌지'를 주었다. 정신분열병 환자를 장기적으로 치료하다보면, 망상(delusion)이나 환각(hallucination)보다 사회적 철퇴(social withdrawal)가 더 중요한 치료의 초점임을 느끼게 된다. 그런 정신분열병 환자가 나에게 '촌지'라는 것을 매개로 오랜 기간 느껴왔던 감정을 표현해 온 것이다. 이 정도라면 다른 사람과도 웬만큼은 지내겠지. '사회적 철퇴'에 대한 걱정도 한시름 놔도 되겠지. 정말 기뻤다.

그리고 또 수개월이 지났다. 그녀는 직장에서 자리를 비우는 게 눈치가 보인다고 해서 그동안 토요일마다 진료를 받아왔다. 3년차기에 이제는 번듯한 내 외래시간이 주중에 따로 배정되어 있었지만. 그런데 내가 다른 병원으로 파견을 가게 되었다. 그래서 "파견을 가는 동안엔 토요일에 진료를 할 순 없겠네요. 당분간은 제 주중 외래시간에 오시겠어요?"라고 했다. 그랬더니….

"그럼 당연히 주중에 와야죠. 그런데 파견 가시면 당분간 낯선 분들 사이에서 지내셔야 되는 것 아니에요? 선생님 처음에 사람 대할 때 낯설어 하시는 거 있는데…. 하여간 잘 지내시다 오세요."

순간 멍해졌다. 어! 이건 뭐지!? 누군가를 염려하고 격려하고 위로하는 건 의사인 내 몫이고, 누군가에게 염려 받고 격려 받고 위로받는 건 환자인 그녀의 몫일 텐데!? 그리고 그녀가 나의 특징을 파악하고 있을 만큼 그렇게 나를 자세히 지켜보고 있었단 말인가!? 그녀는 정신분열병 환자인데 어떻게? 그렇다면, 그렇다면, 그녀는 내가 생각한 만큼 그렇게 연약한 존재는 아니란 말이고…. 그렇다면, 그녀의 '있는 그대로' 보다 더 연약하게 본 착각은 내 역전이(countertransference)일 텐데…. 그렇다면, 그렇다면, 그렇다면, 그녀에 대한 '나의 최선' 은 순수하게 '그녀를 위한 최선' 만이었을까, 아니면 '나를 위한 최선' 이 그 아래 교묘하게 감춰져있진 않았을까…. 윽!

나의 고리타분한 이분법적 세계관에 균열이 일어나는 순간이었다. 무슨 뜻인지도 모르면서 외워두었던 "의사나 환자나 별 차이가 없다"는 스승님의 말씀이 무슨 뜻인지, "노이로제나 정신병 환자의 심리가 건강한 사람의 심리와 근본적으로 크게 다르지 않다"[2] 는 융 선생님의 설명이 무슨 뜻인지를, 머리가 아닌 몸으로, 경험하는 순간이었다. 그러고 나니 '정신분열병' 이라는 진단명으로 일반화해버리고 '환자' 라고 규정지어버림으로써 이전엔 미처 볼 수 없었던, '있는 그대로의 그녀' 를 볼 수 있었다. 그리고 그녀의 삶이 뿜어내는 사연을 이전보다는 조금 더 '있는 그대로' 느낄 수 있었다.

한국정신의학의 노석학께선, "정신치료는 치료자가 자신의 인격으로써 동토에 떨고 있는 환자에게 봄을 가져다주는 것이다."라고 비유적으로 정의하셨다.[3] 나는 '환자의 동토'에만 집착하느라 '치료자의 인격'을 깊이 사유하고 반성하지 못했고, 그 결과는 부메랑이 되어 '환자의 동토'를 보지 못하도록 내 눈을 가렸던 것이다. 결국 출발점은 환자가 아니라, 바로 나인 것이다. 프로이트 선생님마저도 "자신의 삶에서 가장 골치 아픈 환자는 바로 그 자신"이라고 하지 않았던가?[4] 나는 출애굽기(Exodus)처럼 길고 복잡다단한 여정 속에서, '나를 있는 그대로 볼 수 있어야 환자도 있는 그대로 볼 수 있다'는 평범하면서도 비범한 진리의 일부를 조금이나마 깨닫게 된 것이다. 나의 남은 출애굽기는 또 얼마나 구불구불하고 복잡할까? 그리고 그 여정에서 깨달음은 얼마나 더 깊어질까?

여전히 환자들은 나에게 '병'이 아닌 '삶'의 문제를 가져온다. 예전만큼은 아니지만, 그럴 때면 아직도 조금은 당혹스럽다. 그리고 여전히 환자는 내게 어떤 사람인지, 나는 환자에게 어떤 사람인지, 환자가 내게 원하는 건 뭔지, 내가 환자에게 해줄 수 있는 건 뭔지에 대해 많이는 알지 못한다. 하지만 조금은 안다. 나를 온전히 알게 됨으로써 환자를 온전히 알게 됨을. 그리고 그들의 정신병리(psychopathology) 속에 소중하게 간직된 삶의 가능성과 희망을. 나는 정신과의사다!

蛇足: 그녀는 내가 수련을 마치면서, 자연스럽게 후배전공의의 외래진료를 받게 되었다. 솔직히 그녀가 요새도 가끔 걱정될 때가 있다. 그래도 후배전공의에게 그녀의 안부를 물어보진 않는다. 그녀의 안부가 궁금해지는 게 아니라 걱정이 되는 건, '그녀를 위한 걱정'이라기보다 '나를 위한 걱정'일 가능성이 높기에.

주1. '카섹시스'는 일정한 대상에게 감정이나 리비도를 집중시키는 상태를 말하는 표현인데, 내 나름 쉽게 표현한 것이 '삶의 에너지'이다. '정(情)'이란 우리말과도 유사한 면이 많으나 일치한다고 볼 수는 없을 것 같아서 일단 이렇게 표현했다.
주2. 이부영(1998), 분석심리학: C. G. Jung의 인간심성론, 서울: 일조각
주3. 한국정신치료학회(2004), 학회창립 30주년 기념 도정신치료와 서양정신치료 국제포럼
주4. 한국정신분석학회(2006). 프로이트 탄생 150주년 기념 추계학술대회

 7회 장려상 수상작이다. 남이 자신의 글을 읽는 것이 아직 낯설고 불편하다는 필자는 환자를 위해서 치료자가 스스로를 알고 마음을 정화하는 것이 중요한데, 글을 쓰는 행위가 결국 나를 알기 위한 노력 중 하나가 아닐까 생각한다는 소감을 보내왔다.

모녀(母女)

김재헌 (경북 영주 성누가병원 비뇨기과)

어느덧 찬바람을 몸으로 느끼게 되는 계절이 되어버렸다. 항상 이맘때쯤이면 시골병원들은 바쁘다. 추수와 그 이후 일 마무리로 병원 오실 엄두도 못 내시다가 이제서 병원을 찾는 할아버님, 할머님들로 병원은 인산인해가 된다. 시골의 종합병원에 공보의로 근무하는 나로서는 겨울이 기다려지기도 하고 걱정되기도 한다. '너무 많은 환자가 오면 어떡하나? 수술 환자가 많으면 너무 바빠지는 것 아닌가?' 등등의 잡념으로 겨울을 맞이하게 된다. 작년에도 가을이 지나면서 겨울을 맞이하는 이맘때부터 환자가 기하급수적으로 늘어 정말 힘든 겨울을 보냈었다. 하지만 내 나름대로 보람과 추억이 있었다. 대학병원에 수련을 받는 전공의로 있을 때는 몰랐던 책임감을 많이 느끼게 되었고 동시에 지금까지 문제없이 잘 버티고 있는 내 스스로가 대견하기도 하나 교수님들의 따뜻한 보살핌 속에 있었던 철없던 그 시절이 그립다. 전공의 시절에는 결정적인 선택을 딱딱 내리시는 교수님들은 참으로 동경의 대상이었으나 지금은 결정적인 선택을 내린다는 그 책임감이 참으로 무겁게 느껴진다. 대다수의 공보의는 힘든 전공의 과정을 마친 후 공보의 생활은 편하게 지내려 노력하고 나 또한 훈련소를 마치고 공보의가 되어서 '아, 이제 여유만만의 내 생활이 시작 되겠구나' 하는 기대감에 부풀었다. 하지만 그런 기대는 종합병원 공보의로 배치되면서 모두 사라지고 말았다. 지금 와서 생각해보면 비록 다른 공보의처럼 편하지는 못하다 할지라도 너무 소중한 시간을 보냈고 그 소중한 시간들이 잊지 못할 보람과 추억으로 자리 잡아 다시 선택한다 하여도 이 자리를 택할 것 같다.

종합병원 한 과의 진료과장으로서 아직 모든 것이 서툴렀던 나에게 작년 이맘때쯤 한 모녀(母女)가 찾아왔다. 그 이후로 어머니 대신 딸이 한 주도 쉬지 않고 금요일 오후면 어김없이, 지금까지도 나에게 약을 처방받으러 온다. 그 모녀는 지금까지의 내 병원생활에서 가장 중요한 보람이고 앞으로도 나의 사생활의 가장 큰 추억으로 남을 것이다. 그 어머니는 나이가 85세였고 40년 전에 자궁경부암으로 자궁적출술을 받은 후 방사선 치료를 받았던 환자로 우리 병원에 오셨을 때는 이미 여러 대학병원을 거쳐 가망이 없다는 얘기를 들은 후 고향인 이곳에서 평안을 위해 입원 치료를 받으러 오신 분이었다. 할머니는 빈혈이 심하여 치아 색과 얼굴색이 거의 비슷하게 보였고 전신은 부어 있었고 팔다리 여러 군데 모두 주사 맞은 자국으로 피멍이 산재해 있었다. 전신 감염증으로 고열과 오한이 반복적으로 나타났고 장 가스가 많이 차서 계속되는 복통과 오심으로 굉장히 괴로워 하셨다. 이 모든 상황이 방사선치료를 받은 합병증으로 생긴 증상들 때문인 것 같았다. 방광질루, 직장질루, 출혈성 방광염, 방사선 대장염 등 한 가지만 있어도 힘든 병을 많이도 가지고 있었다. 보호자들도 큰 기대를 않고 있으니 그냥 평안케 계시다가 돌아가시게 해달라고 나에게 부탁하였다.

할머니의 따님은 입원할 때부터 '팔다리에 멍이 더 안 생겼으면' 하고 조바심 내는 상황이 '다른 보호자 하고는 좀 다르구나.' 하는 생각이 들었다. 보통 나이 드신 부모님들이 입원하기 위해 오면, 같이 온 보호자들은 뭐가 그리 귀찮은지 "알아서 해주세요. 빨리 입원이나 시켜주세요" 하고 서두르기 마련이고 병실에 올라가 보면 어느새 간병인에게 맡기고 자기 본거지로 떠나기 십상이다.

할머니를 입원시킨 후 다음 날 다른 검사 결과 수치보다 콩팥기능을 나타내는 크레아틴 수치가 상승하고 초음파 검사 상 한쪽 콩팥에 수신증이 있고 반대편 콩팥은 크기가 관찰되지 않을 정도로 작은 소견이 눈에 들어왔다. 장 폐색증이며 패혈증이며 이 모든, 몸의 악조건들이 그나마 좋아지게 하려면 수신증을 해결해야겠다는 생각이 들었다. 더군다나 한쪽 콩팥은 기능을 거의 안하는 수준이니 유일하게 기능을 하는 콩팥이 어느 정도라도 회복시켜 기본적인 순환역할을 하게 해줘야 몸의 상태도 좋아지겠다는 판단을 내렸고 또한 최근에 몸의 부종이 심해지면서 안 좋아졌다는 과거력을 듣는 순간 이런 판단에 확신을 갖게 되었다.

환자분을 항상 모시고 있는 따님과 사위와 함께 상담을 시작했다. 그리고 내 판단을 말씀드리는 순간 보호자분들은 놀라면서 여러 대학병원에서도 안 하겠다는 걸 왜 지금 와서 이 조그만 시골병원에서 하겠다는 건지 이해가 안 간다고 하시면서 아무런 술기도 원하지 않는다고 얘기를 하였다. 나는 답답했지만 차근히 다시 보호자를 설득하면서 제 자신이 비록 경험이 적고 능력도 미약하지만 제가 아는 한 좋아질 확률도 상당하다고 자신 있게 말씀드리면서 "우리 부모님이라면 전 합니다."하고 강하게 이야기 하였다.

잠시 적막이 흐르더니 따님이 "그럼 선생님 하자는 대로 할게요. 선생님 말씀대로 이런 가능성도 있었는데 안 해 보고 나중에 후회하는 것보다 훨씬 낫겠네요" 하시면서 동의서에 사인을 해주셨다. 지금 생각해 보면 내 자신이 참으로 건방졌던 것 같다. 경험도 미천하고 능력도 부족한 내가 뭘 믿고 그렇게 쉽게 결정을 내렸는지 지금 생각하면 "참으로 만용을 부렸구나."하는 생각이 든다. 스스로 얻는 노력으로 뭔가를 할 수 있다고 생각하는 것은 '용기'이지만 능력도 없으면서 자만으로 할 수 있다고 생각하는 것은 분명히 '만용'이다.

2일간 항생제 치료를 한 후 입원 3일째 수술을 시행하였다. 내시경으로 방광을 본 순간 예상은 했지만 예상보다 훨씬 상태가 안 좋으셨다. 쫓기는 마음으로 요관 입구를 찾으려 했으나 쉽게 관찰되지 않았다. '경피신루 설치술보다는 그래도 할머니가 요관 스텐트를 설치하는 편이 훨씬 편하실 텐데' 속으로 계속 되새기며 한손으로는 50cc 주사기로 식염수를 펌프해가면서 망가진 방광점막 사이로 요관 입구를 찾으려 애쓰는 순간 우리 간호사가 "선생님, 저쪽에 저거 혹시 아닌가요?" 물어봐서 확인하니 아니나 다를까 요관 입구가 맞았다. 바로 유도 철선을 이용하여 요관 스텐트 설치를 시행하였고 수술 방에서 촬영한 일반 복부사진에서 잘 들어간 것을 확인한 후 비로소 한숨을 크게 내쉬었다. 보호자에게 시술이 성공적으로 끝냈음을 설명한 후 오더 정리를 하러 방에 내려갔다. 온몸에 힘이 쫙 빠지면서 피곤이 몰려왔다. 지금 생각하면 그 당시 참으로 운이 좋았다는 생각이 든다. 실력이 아니라 '운', 할머니가 가지고 있는 '운', '나'라는 의사를 만나지 않았다 하더라도 다른 의사가 시행하더라도 받을 수 있는 그런 '운'이었다.

수술 후 다음날부터 크레아틴 수치가 정상 수치 가까이 떨어지더니 다른 피 수치가 몰라볼 정도로 회복되기 시작하였다. 수술 후 일주일째부터는 장 폐색증도 완전히 좋아져서 식사를 간간히 하실 수 있게 되었고 한 달 째에는 걸어 다니면서 농담하실 정도까지 회복되셨다. 보호자들은 너무 좋아하셨고 없던 희망을 찾았다고 들떠서 난리였다. 그리고 퇴원하신 후에는 일주일에 한 번씩 외래로 오셔서 진찰을 받으시고 약을 타 드시고 어느 순간부터는 일주일에 한 번 오시는 것도 귀찮으셨는지 따님만 보내셨다. 명절에는 손자, 손녀들이 모두 나에게 인사하러 와서 고맙다고 인사를 하였다. 나는 나도 모르게 "와, 대학병원에서도 못하는 것을 이 조그만 병원에서 나 혼자의 힘으로 해냈다" 싶어 우쭐한 마음도 들었다. 부모님과 동기들, 그리고 선후배에게 얼마나 자랑했는지 모른다. '운'으로 성공한 것을 내 실력이라고 느끼며 얼마나 자만을 피웠는지 지금 생각하면 부끄러운 일이다. 자랑할 일도 아니고 운 좋게 성공했으면 그 '운'이 계속 할머니를 지켜달라고 기도해야 맞을 일일 것이다.

여기서 잠깐 그 환자의 따님에 대해서 이야기를 잠깐 하고 갔으면 한다. 한마디로 요즘 세상에는 어울리지 않는 효녀였다. 병원에 왔을 때 유달리 어머니의 조그만 것들까지 챙기는 배려에서 눈치는 챘지만 이 정도이리라고는 상상을 못했다. 입원해있는 동안 하루도 안 빼놓고 밤낮으로 어머니를 간호하는 모습을 보며 "정말 대단하구나"하는 생각을 많이 했다.

소변, 대변 기저귀 가는 것은 물론 식사, 머리 감기기 등 정말 애정 어린 행동 하나하나가 지금도 눈에 선하다. 날마다 꽃을 가져와서 어머니 침대 옆에

놔두는 모습도 인상적이었다. 그 따님과 얘기를 나누면서 아들 둘이 있는데 첫째 아들은 사법고시에 합격해 판사로 임관 예정이고 둘째 아들은 의과대학 본과3학년에 다니는 학생이라는 사실을 알게 되었다. 난 속으로 '정말로 효녀이고 심성이 착해서 그 복을 아들들이 받는구나' 까지 생각을 했다.

따님은 일주일에 한 번씩 약을 타러 오시면 할머니 근황은 물론 집안 시시콜콜한 이야기도 정겹게 얘기해주고 가셨다.

그러던 어느 날 퇴원하신 지 7개월 정도 지났을 무렵이었는데 따님에게 저녁에 휴대전화로 연락이 와서 응급실로 달려가 보니 할머니 상태가 지난번보다도 더 훨씬 안 좋아보였다. 소변이 안 나온 지 2일이 넘었다고 하고 배가 부어오르면서 엄청난 통증을 호소하였다. 바로 입원 지시와 함께 복부 컴퓨터촬영을 지시하였다. 컴퓨터 촬영상 방광이 복막연결부에서 터져서 엄청난 양의 소변이 복막 안에 가득 차 있었다. 이른바 복막염이었다.

보통 복막염은 개복하여 수술 하지 않는 한 패혈증으로 죽는 경우가 대부분이다. 혈압도 제대로 유지가 안 되는 상황이라 수술하자는 말도 못 꺼낸 채 중환자실로 환자를 올리고 3일이 지나갔다. 약 효과 때문이겠지만 혈압 등의 기본 생 징후는 상당히 좋아졌다. 보호자들을 내 방으로 불러서 수술하는 게 좋을 것 같다며 확신에 찬 목소리로 설득했다. 보호자들은 물론 나를 믿지만 "수술이 위험하지 않겠느냐? 그냥 이번에야말로 편하게 돌아가시는 게 좋지 않겠는가." 하시면서 한숨을 쉬시고 말을 못 잇더니 "그래도 선생님을 믿습니다. 선생님 판단에 맡길게요." 하며 상담을 끝냈다. 난 수술방으로 바로 달려가 내일 큰 수술이 있으니 준비해달라고 부탁하고 나오는 순간 외과부장님과 마취과장님이 고개를 절레절레 흔드시면서 신중히 생각해 보라고 하시며 나를 타일렀다. 나에 대해 참견하는 것 같아 약간 기분이 상해 그 자리를 그냥 박차고 나왔다. 방에서 혼자 조용히 생각하면서 혼자에게 되물었다.

'정말 내가 할 수 있긴 한 걸까? 내가 너무 쉽게 결정내린 것은 아닐까? 큰 병원으로도 안 가시겠다는데 어차피 내가 해결해야 되는 거잖아? 지난번에도 남들 다 반대했지만 해냈잖아?'

스스로 수많은 질문을 던지며 고민하고 있다가 은사님께 전화해서 물어봐야겠다는 생각이 들었다. 간만에 드린 전화여서 그런지 교수님은 반갑게 전화를 받아주셨다. 교수님께 상황을 얘기하던 중 교수님은 말을 끊고 나를 다그치셨다.

"그 환자에게 왜 더 큰 고통을 주려고 하는 건가? 이해가 안 가는구먼. 설사 그럴 확률이 거의 없지만 좋아진다 하더라도 수술한 것 자체가 그 환자에게는 어떠한 고통을 줄지 생각해 봤는가? 그냥 그 환자 운명대로 살아가게 옆에서 잘 지켜봐주게."

전화를 마친 후 참 많은 생각이 머릿속을 왔다 갔다 했다. 머리가 멍해지고 등뼈가 갑자기 굳어지는 느낌이 드는 순간 머릿속에 '내가 순간 나 자신을 너무 과대평가했구나! 저번처럼 확신도 없는데 나 자신도 없는 확신으로 환자의 배에 칼을 들이밀려고 했구나' 하는 생각이 들었다. 그 생각은 한동안 나를 감싸고 있었다. 다음날 아침 보호자를 만나 수술을 취소하자고 말씀드리고 제가 자만했다는 사실도 같이 말씀드렸다. 보호자인 따님은 무조건 다 선생님 하자는 대로 따르겠다고 했다. 그 날 이후부터 10일간은 정말 환자에게나 보호자에게 그리고 그 병동을 책임지는 간호사에게도 악몽 같은 시간이었다. 폐에 물이 차기 시작하고 감염 증세가 심해져 열이 계속 나고 통증도 더 심해지고 내 맘 같아서는 효과 있는 주사 한방으로 통증이라도 없애드리고 싶은데 현실적으로는 불가능했다.

고민 끝에 흔히 요즘 중년이상 여성들이 많이 찾는 태반주사를 놔보기로 하였다. 아주대 가정의학과에서 나온 것으로 기억되는, 태반주사가 통증 및 세포재생에도 탁월한 효과가 있다고 보고한 논문을 본 기억이 생각나서 일주일에 두 번씩 태반주사를 놓기 시작해 한 달간을 유지했다. 입원 후 30일째인가 조금씩 배의 장 폐색증이 풀리는 기미가 보이더니 통증도 많이 가라앉고 무엇보다도 폐에 물이 빠지기 시작하였다. 40일째부터는 물을 마시기 시작하여 두 달째부터 완전한 식사를 시작하였다. 입원 후 3개월째 상태가 예전만큼 회복되어 퇴원하게 이르렀다. 할머니가 퇴원하시던 날 무척이나 많이 우셨다. "우리 딸 얼마나 더 고생시키게 나 또 살려놨냐"고 말하시기에 난 바로 할머니에게 "제가 살린 게 아니고 할머니 타고난 운명이예요." 하고 말씀드렸다. 할머니는 그 말이 젊은 사람이 하기에는 좀 안 어울리는 말이었다고 생각하셨는지 조그맣게 웃으시더니 댁으로 가셨다.

그 이후엔 계속해서 금요일이면 어김없이 따님이 온다. 지난주에도 왔다 가셨는데 상태가 굉장히 좋으셔서 이대로라면 손자 결혼식도 볼 수 있을 것 같다고 좋아하신다 하셨다. 일주일에 한 번씩은 할머님 따님을 볼 때마다 스스로 다짐하는 것들이 생겼다. 하나는 '할머니 따님처럼 나이가 들어서도 부모님께 정말 잘하자' 이고 다른 하나는 '자만하지 말자' 이다. 많은 할아버지, 할머니들이 입원하는 것을 봐왔지만 그 따님처럼 정성스럽게 자기 부모를 간호하는 이는 한명도 없었다. 오히려 병원 근처에는 오지도 않는 자녀들이 더 많았던 것 같다. 자식이 병든 부모를 보살피고 챙기는 것이 당연한 일이지만 그 상황이 됐을 때 그 당연할 일을 할 수 있는 이는 많지 않을 것 같다. 나도 종종 생각을 많이 해보았다. '나라면 우리 부모님께 만사일 제쳐 두고 저렇게 할 수 있을까? 바쁘다는 핑계로 간병인을 시키지는 않을까?'

생각하면 생각할수록 자신이 없어진다. 그래서 시간이 날 때마다 그 따님을 떠올리며 그런 효행이 당연한 거라는 사실을 계속 머리에 각인시키려 노력한다. 침대에서 아무것도 못하고 누워계시는 어머님을 위해 좋은 향기라도 맡게 해드리려는 그 따님의 정성스러운 마음을 기억하려고 노력한다.

또한 아울러 혹자가 언급했듯 자만을 '감정적 기생충' 이라고 했던가? 그 말에 나는 전적으로 동의한다. 자만은, 특히나 젊은 날의 자만은 자신이 가지고 있던 지식마저 무용하게 만들고 나가서는 인격적으로도 황폐화 시킨다. 의사의 자만만큼이나 무서운 게 없는 것 같다. 충분한 숙의가 없이 자기 자만으로 내린 결정은 환자에게는 엄청난 재앙을 안겨줄 수도 있다.

'인격의학' 을 주장했던 폴 투르니에의 말처럼 '의사는 완벽하지 않고 완벽한 것은 신 밖에 없으며 우리 의사는 그저 환자가 병을 이겨내게 도와주는 코디네이터에 불과하다' 는 사실을 의사라면 누구나 한번쯤은 인지하였으면 한다. 가장 바람직한 의사의 모습은 환자를 하나의 인격체로서 보고 자신의 가족처럼 대하고 보살피는 의사라는 투르니에의 말이 와 닿는다. 연구를 많이하여 훌륭한 논문을 많이 쓰는 의사, 좋은 약을 개발하여 부와 명예를 갖는 의사, 수술을 잘하여 그 분야에서는 권위가로 통하는 의사 등등 의사마다 본인이 꿈꾸는 의사상이 다 다를 것이다. 하지만 의사라고 하면 어떤 의사가 되고 싶어 하기 이전에 의사라면 기본적으로 갖추어야 할 모습이 바로 폴 투르니에가 말하는 의사상이 아닐까 싶다.

공보의로서 지난 1년 반은 나에게는 너무나 소중한 시간이며 자산이다. 수많은 환자를 보면서 '환자 한 명, 한 명 보기가 이렇게 힘들구나' 하는 사실을 온몸으로 느끼고 있다. 생각해보면 대학병원 수련시절에는 그런 생각을 한 번도 안 해봤는데 '참으로 우리 교수님들이 대단하시구나.' 라는 찬사가 저절로 나온다. 스스로의 말에 책임을 지고 환자를 불안하지 않게 명확한 판단을 내리시고 그리고 그 판단을 증명하기 위해 항상 연구하시는 훌륭한 코디네이터 이신 우리 교수님들을 생각해보면 나도 과연 저렇게 될 수 있을까 하는 생각이 든다. 하지만 나에게 남은 시간이 앞으로도 많으니 가능성은 충분하다고 본다.

앞으로도 환자 한 명, 한 명 보는 것도 힘든 사실을 계속 느껴야 하고 느낄 것이다. 그러한 긴장감이 나를 '감정의 기생충' 으로부터 멀리하게 하고 항상 겸손하여 더욱더 노력하는 좋은 코디네이터가 되게 할 것이라 믿는다. 그러한 긴장감을 유지하기 위해서라도 나는 이 모녀를 계속 기억할 것이다.

할머니 손자가 결혼하는 날, 나도 참석하여 할머니가 환하게 웃는 모습을 꼭 보고 싶다.

제7회 장려상 수상작이다. 이 글의 주인공인 모녀가 의사생활에서 큰 영감으로 자리할 것 같다는 필자는 가장 자유롭게 평범한 일상을 다룬다는 수필을 통해 감동을 전하는 일이 얼마나 어려운 일인지 이번 기회에 깨달았다고 고백했다.

이렇게 의사가 되다

조카 은지

고경남 (남극 세종과학기지 의무실)

'아이들은 병을 고쳐주면 어른보다 훨씬 오래 사니까' 라는 막연한 생각으로 소아과 레지던트가 되긴 했지만, 소아과 수련 과정은 결코 만만한 게 아니었다. 소아과 레지던트들은 크게 두 부류였다. 아이만 보면 안아주고 싶어 하는 다정다감한 여의사이거나, 남자라면 믿음이 충실한 크리스천이다. 나처럼 아이들 앞에서 쭈뼛거리기나 하는 무뚝뚝하고 칙칙한 남자 의사는 이질적인 존재일 수밖에 없었다. 잘 맞지 않는 옷처럼 어색하게 소아과 레지던트라는 신분을 몸에 걸친 채 몇 달째 아이들 울음소리 속에서 헤매고 있었다.

은지를 만난 건 1년차가 끝나갈 무렵 소아혈액종양병동에서였다. 어차피 '천생 소아과 의사' 가 되기는 글렀으니 '능숙한 보통 의사' 라도 돼야겠다고 타협할 즈음이었다. 환자가 입원하면 병명과 인적사항을 확인한 후 치료계획서에 따라 '능숙하게' 오더를 내리고, 필요한 검사를 '능숙하게' 시행한다. 이런 식이다.

'서은지, 여자 4세, AML(급성 골수성 백혈병) 공고요법 첫 번째. 오늘 tapping(요추천자)하고 4일간 항암제 투여 후 퇴원 예정. 오케이.'

물론, 울면서 몸부림치는 아이를 붙잡고 정확하게 척추 사이를 뚫고 들어가서 척수액을 뽑아내고 항암제를 주입하는 것은 만만치 않은 일이다. 하지만, 나로서는 혀 짧은 소리로 아이들 말투를 흉내 내며 같이 놀아주는 것보다 아이들 앞에서 과감하게 검사용 바늘을 손에 쥐는 쪽이 훨씬 쉬웠다.

요추천자를 하기 위해 병실에 가보니 은지는 선잠이 든 채 이리저리 뒤척이고 있었다. 검사를 위해 수면제를 먹였는데 아직 충분히 잠이 들지 않은 모양이다. 좀 더 기다릴까 하고 생각하다가 어차피 아이들은 어떻게 해도 움직이기 마련, 꽉 붙잡고 하기로 결정했다. 다른 건 몰라도 손으로 하는 술기에는 자신이 있었다. 요추천자라면 백발백중에, '신의 손'이다.

우선 인턴에게 여유 있게 한마디 던진다.

"애만 잘 붙잡으면 금방 끝나. 내가 하는 거 잘 보고 배워."

인턴이 은지의 머리와 다리를 둥글게 감싸 안았다. 활처럼 휘어진 은지의 등을 가로질러 척추돌기가 앙상하게 도드라져 나왔다. 나는 은지의 골반 뼈와 척추돌기를 더듬으면서 4번 요추와 5번 요추 사이로 난 길을 머릿속에 그려보았다. 은지는 수면제에 취한 채 수면과 각성의 경계에서 끊임없이 뒤척이고 있었다. 척추가 손가락 밑에서 미끄러지면서 계속 빠져나갔다. 이럴 때일수록 과감하게 들어가야 된다. 아이와 엄마의 얼굴은 잠시 잊고, 해부학적 구조물에 집중해서 과감하게 들어갈 것.

'지금이다!'

바늘이 '찍찍' 하는 소리를 내면서 요추 사이의 피하조직을 뚫는다. 순간 아이가 움찔하고, 바늘 머리에 빨갛게 피가 맺힌다. 이런, T-tap (traumatic tap, 정맥을 찔러서 피가 섞이는 것)이다.

다시 척추 위치를 찾고 바늘을 찌를 위치를 가늠해 보지만 아이는 계속 뒤척인다. 슬슬 짜증이 나기 시작한다.

"인턴 선생님, 꽉 잡으세요."

이 때다 싶어 찌르는 순간 아이는 다시 몸을 뒤틀고 바늘은 어김없이 빗나갔다. 두 번째 T-tap이다.

"꽉 잡으라니까!"

화살을 인턴에게 돌렸지만, 인턴의 잘못이 아니다. 씨름선수라도 불러온다면 모를까, 선잠이 든 네 살짜리 아이를 꼼짝도 못하게 붙잡는 건 쉬운 일이 아니다. 내가 너무 쉽게 생각한 것이다.

이쯤에서 동료 레지던트와 교체를 하는 게 났겠지만, 주치의 체면이 있지, 쉽게 물러설 수는 없다. 다시 한 번 과감하게 찔러보지만, 바늘은 은지의 척추에 거칠게 부딪힐 뿐이다. 화살은 애꿎은 인턴에게 다시 날아간다.

"애 붙잡는 게 그렇게 어려워? 가서 다른 인턴 불러 와!"

다른 인턴이 와서 아이를 붙잡아 보지만, 네 번째도 여지없이 실패다.

어느 새 다섯 번째. 아이의 신음소리가 증폭 되고 주위 보호자들이 웅성거리는 소리까지 더해져서 머릿속을 꽉 채운다. 얼굴이 후끈후끈 달아올랐다. '젠장, 이 방은 왜 이렇게 더운 거야' 라고 생각하는 순간 이마에 맺혔던 땀이 장갑 위로 떨어졌다. 인턴이 기어들어가는 목소리로 얘기했다.

"저, 선생님…. 장갑, 컨탬(오염)인데요."

최악이다. 바늘을 쥐고 부들부들 떨면서 땀이나 삐질삐질 흘리고 있는 모습이라니. 결국 물러설 수밖에 없었다.

"애가 많이 움직여서…. 내일 다시 하는 게 어떨까요?"

은지 엄마의 목소리는 의외로 차분했다.

"우리 애가 힘이 좀 세죠? 어차피 해야 되는 건데 이틀이나 고생시키면 너무 안쓰러울 거 같아요. 힘드시겠지만 오늘 해 주시면 좋겠어요."

다른 보호자 같았으면 벌써 난리가 났을 텐데, 은지 엄마의 목소리에는 아무런 원망도 없었다. 차분한 목소리 뒤로 아이에 대한 안쓰러움만을 애써 감추고 있을 뿐이었다.

순간, 침대 주변에 너저분하게 흩어진 피 묻은 거즈들과 소독약으로 범벅이 된 은지의 가냘픈 허리가 비로소 눈에 들어오기 시작했다. 내 허튼 자신감과 체면 때문에 모든 게 뒤죽박죽이 되어 있었다. 더 이상 바늘을 쥘 수가 없었다. 결국 동료 레지던트에게 부탁을 해서 검사를 끝낼 수밖에 없었다.

당장 다음 날 회진이 문제였다. 도무지 아이와 엄마를 볼 면목이 없었다. 하지만, 난처하다고 피하면 더 꼬이기 마련. 아무 일 없었다는 듯이 은지의 입원실로 찾아갔다. 은지는 나를 보더니 과자봉지를 꼭 붙든 채 놀란 토끼처럼 엄마 뒤로 숨는다. 평소 같았으면 엄마랑 몇 마디 나누고 병실을 나왔겠지만, 찔리는 게 있는 나는 애써 친한 척을 해 본다.

"은지야, 선생님도 과자 하나만."

은지가 나를 말똥말똥 쳐다본다. 살짝 미소를 짓는가 싶더니 조심스럽게 입을 연다.

"삼촌…."

"응?"

"삼촌."

"어머, 얘는. 삼촌 아니고 선생님이야. 은지 삼촌이 미국에 있는데, 선생님하고 비슷한 나이에 안경도 쓰고 그래서 비슷해 보였나 봐요. 아까 아침부터 자꾸 삼촌 봤다고 그러더니…."

"삼촌, 이거…."

은지가 과자 하나를 건네준다. 다정다감하지도 못한데다가 서툴기까지 한 소아과 레지던트를 향해 은지가 내민 손에는 아무런 경계심도 없다.

"삼촌…."

그때, 나는 소아과 레지던트가 된 이후 처음으로 가슴이 두근거렸다.

이때부터 은지는 병동에서 나를 볼 때마다 삼촌이라고 외치면서 달려와서 과자를 건네주곤 했다. 퇴원한 후에도 가끔 외래나 병동에서 마주치면 은지는 어김없이 삼촌이라고 부르면서 달려왔다. 그럴 때면 나는 '소아과 전공의'라고 적힌 내 명찰을 뿌듯하게 매만질 수 있었다. 언제부턴가 좀처럼 병원에서 은지를 마주칠 기회가 없었지만, 조카 은지는 기억 속에서 늘 환하게 웃고 있었다.

4년차 때였다. 병원 로비에서 마주친 건 어느 새 부쩍 커버린 은지였다. 항암치료 때문에 창백하게 드러났던 은지의 두피에는 곱게 머리카락이 자라있었다.

"어머, 선생님, 서은지 기억하시죠? 우리 은지, 골수이식도 다 끝냈고 재발도 안 하고, 요즘은 외래에만 가끔 다녀요. 은지야, 병원에 있는 삼촌이다. 인사해야지."

은지는 겁먹은 눈빛으로 슬금슬금 나를 피한다. 은지에게 손을 내밀었다.

"은지야, 삼촌이야. 삼촌이랑 과자 사 먹으러 갈까?"

은지는 엄마 뒤로 숨는다.

"어머, 애가 왜 이래. 요즘은 병원엘 잘 안 다니니까 병원 오는 걸 너무 싫어해요."

은지는 재촉하듯이 엄마의 옷을 잡아당긴다.

"그래, 알았어. 너무 오랜만에 봬서 애가 당황했나 봐요."

은지의 얼굴에는 나를 낯설어하는 기색이 역력했다.

"은지야, 선생님한테 인사해야지. 빨리."

은지가 겨우 입을 열었다.

"선생님, 안녕하세요."

삼촌과 선생님 사이의 거리가 아득하게 다가왔다. 나는 더 이상 은지의 삼촌이 아니라, 병원 로비를 지나다니는 수많은 낯선 '선생님' 중의 한 명일뿐이었다. 나는 은지가 병원에서 겪었던 힘든 시간들과 함께 은지의 기억 속에서 밀려나고 있었다. 고통스런 시간을 잊을 수 있다는 건 아이들에게 주어진 축복일 텐데, 왜 이렇게 허전한 느낌이 드는 걸까.

아이들은 병을 고쳐주면 어른들보다 훨씬 오래 살 수 있다. 그 오랜 시간을 살아가기 위해서 아이들은 자신이 아팠었다는 사실을 무의식 속으로 묻어버려야만 한다. 나는 잠시 아픈 아이들의 삼촌이 될 수는 있겠지만, 시간이 지나면 그 아이들이 겪었던 고통의 시간과 함께 기억에서 사라질 수밖에 없다. 은지가 어른이 되면 생사의 경계에서 백혈병이라는 무시무시한 병과 싸우며 오랫동안 병원에 다녔던 기억은 어렸을 때 감기에 자주 걸려서 병원에 자주 다

넀다는 정도의 어렴풋한 기억으로 변하겠지. 그 기억 속에서 나는 수많은 흰 가운 중의 하나일 것이다. 하지만, 나는 은지를 영원히 조카로 기억할 수밖에 없다.

발랄하게 총총거리며 병원 로비를 빠져나가는 은지의 뒷모습을 잠시 바라보다가 발을 뗐다. 아마도 그것이 소아과 의사로서의 첫 발걸음이었을 것이다.

6회 대상 수상작품이다. 별다른 마음의 준비 없이 소아과를 선택한 자신을 아이들이 소아과 의사로 만들어주더라는 필자는 수련시절 만났던 아이들의 기억 속에서 고통의 흔적이 지워지고 앞으로의 삶에도 고통이 없었으면 한다는 바람을 전했다.

부끄러움

송윤주 (세브란스병원 정신과)

며칠 전 응급실에서 근무하고 있는데 밤에 얼굴이 퉁퉁 붓고 양쪽 눈에 퍼렇게 멍이 든 남자아이가 왔다. 19살인데 새벽에 술에 취해서 정신이 없는 상태에서 누구에게 맞았는지도 모른다고 했다. 머리부터 발끝까지 이학적 검사를 하고 보니 얼굴만 문제가 아니라 오른쪽 갈비뼈와 왼쪽 다리도 다친 것 같았다.

인턴의 임무가 막중한 파견병원 응급실 특성상, 워낙 환자가 많은 저녁 시간에는 항상 정신이 없다. 진단이며 처방도 미숙하지, 환자들은 빨리 봐 달라 아우성을 치지, 도대체 내가 몇 명을 보고 있는지 감도 안 잡힌다. 다른 환자들에게 그랬듯이 환자에게 현재 상태에서 입었을 수 있는 외상을 설명하고 잽싸게 CT 처방을 낸 다음, 기다리고 있는 다른 환자들 두 명을 한꺼번에 보고 컴퓨터로 처방을 입력하고 있는데 그 아이의 친구가 조심스럽게 내게로 왔다. 옷차림이며 머리 모양을 보니 제법 '놀던' 애들 같은데 눈빛은 참 맑다.

"저기요, 선생님. 저희가 지금 돈이 없어서 CT는 못 찍을 것 같은데, X-ray 같은 걸로는 출혈을 알 수가 없나요?"

"그건 어려운데요."

대답을 하면서도 손은 여전히 바쁘게 키보드를 두드리다가, 슬쩍 옆을 보니 난처하고 불안한 듯한 눈빛에 어쩐지 미안해져서 키보드에서 손을 뗐다.

"보호자 분하고 연락 됐어요?"

"되긴 됐는데…."

그제야 애들이 다른 어른 환자들처럼 자기 스스로를 지키고 보호하기엔 어리구나, 하는 생각이 들었다.

"내가 통화할 테니까 연결 좀 해주세요."

아이는 그제야 안도한 표정으로 친구 부모님께 전화를 걸어서 전화기를 내가 넘겨준다. 그러고 보니, 제주도에 놀러 와서 술 취한 채로 맞아서 응급실에서 검사하는 돈을 달라고 부모님께 전화하는 일이 얼마나 부담스러운 일일지 미처 생각하지 못했다. 어머니가 전화를 받았다.

"저는 ○○병원 응급실 의산데요."

부모가 지나치게 걱정할 것 같아서 최대한 덜 딱딱한 목소리를 내려고 했는데, 어쩐지 어머니의 반응은 냉랭하다. 예상외라 나는 무척 당황스러웠다. 보통의 부모들은 이런 상황이면 굉장히 놀라며 어떤 검사든지 해서 아이가 괜찮다는 이야기를 듣고 싶어 하는데, 그 부모들은 검사를 하지 말라는 것이었다.

놀란 부모를 진정시키는 것이 나의 역할일 줄 알았더니 이건 검사를 하게 해 달라고 떼를 쓰는 꼴이 되어버렸다. 마지막에는 거의 화를 내다시피 했지만 부모들은 요지부동이었고 자신들이 내일 제주도에 올 것이니 그 때 검사를 하든지 말든지 하겠다고 했다. 우겨서 이 비싼 검사를 시켰다가 정상이면 또 무슨 욕을 먹을까란 걱정이 들 지경이었다. 일단 전화를 끊었지만 양쪽 눈의 멍과 귀 뒤쪽의 멍, 퉁퉁 부은 얼굴에 어렴풋이 '기저골 골절'의 증상이란 생각이 들어 도저히 그냥 보낼 수가 없다. 일단 아이를 먼저 설득을 했지만 아이는 뭔가 포기한 사람처럼, 자기는 괜찮다고, 가고 싶다고 했다.

내가 여자고 목소리가 어려서 부모가 무시하나 싶어서 응급실 과장님께 이야기를 했지만, 과장님은 자퇴원서를 받고 보내라고 했다. 현실에 찌들어버린 많은 의사들을 본 후라 그런 과장님의 태도도 놀랍지 않았다. 하는 수 없이 다른 남자 인턴한테 부탁해서 다시 전화를 걸어서 강경하게 말해봤지만 부모의 태도는 싸늘하기 그지없었다. 고맙긴 하지만, 우리가 알아서 하겠다고.

결국 아이를 보내면서 친구들에게 혹시 출혈이 있으면 나타날 수 있는 증상에 대해 귀가 아프도록 일러주고, 그러면 무조건 바로 다시 데리고 오라고 했다. 아이들을 보내고 그 난리법석 통에 한참을 기다린 환자들의 불평에 파묻혀 정신없이 일하다 보니 다른 환자들처럼 이내 잊어버렸다. 그런데 법석이던 응급실이 웬만큼 정리가 되고 조용해지니 '어떻게 해서든 일단 검사를 하게 할 걸'이란 생각이 들어 마음이 불편하다. 정말 그 때 방법이 자퇴 원서를 받고 보내는 것밖에 없었나. 생각이 꼬리에 꼬리를 물었다.

의사라고 해서 모든 환자들을 다 책임질 수는 없어.

마음을 굳게 먹고 스스로를 합리화시키며 밀린 차트를 쓰고 있는데 문에 아까 그 아이의 친구들의 얼굴이 보였다. 보낸 죄책감에 시달리던 차에 반가움 반, 결국 무슨 일이 생겼구나 하는 걱정 반으로 문으로 달려갔다.

"환자분은 어디 있어요?"

아이들은 배시시 웃더니 스타벅스 커피를 내민다.

"걔는 친구 집에 있어요. 괜찮아요. 선생님 아까 신경 써주셔서 고맙습니다."

"……."

아이들의 뒷모습을 바라보며 커피를 들고 응급실 문 앞에 서 있었던 순간만큼 내가 작고 초라했던 적이 있었을까. 그 때 차라리 내가 지불을 했더라도 환자를 보내고 내내 노심초사하는 것보단 나았을 것이며, 내가 줄곧 꿈꿔왔던 의사는 바로 그런 모습이었다. 하지만 그 순간에 선뜻 나서지 못했던 건, 내가 말로 하는 '헌신'이 아닌 실천하는 '헌신'에 익숙하지 않기 때문이고, 내가 이런 삶에 찌들어 가고 있기 때문이다. 그랬던 나에게 고맙다며 커피를 건네던 아이들의 맑은 눈빛이 어떤 비난보다 나를 부끄럽게 했다.

나는 개인 홈피 대문에 당당하게 '나는 당신에게 부끄럽지 않은 의사가 된다.'고 적어놓았다. 하지만 내게 아이는 처음엔 쌓인 차트의 하나일 뿐이었고, 환자가 냉랭한 부모를 가진 19살 아이라는 사실을 깨달은 후에는 부모를 설득하다 이내 포기했으며, '어쩔 수 없다'는 현실에 금세 타협해버렸다. 마치 나자신인 양 비장하게 적은 그 문구는, 그 상황에서 내 생각 어디에 숨어 있었던 것일까.

나는 부끄럽다.

진정 부끄럽다.

눈물이 날 만큼 부끄럽다.

7회 장려상 수상작이다. 의사라는 이름을 단 후 1년간 수없이 부끄러움을 감내해
야했다는 필자는 이 글을 쓰면서 부끄러움을 반성했지만 여전히 부끄러운 의사
로 살아가고 있다고 고백한다. 하지만 부끄러움과의 투쟁은 진정한 의사로의 시
작이기에 끝까지 포기하지 않겠다는 다짐을 전했다.

귀를 기울이면

김동구 (충북 음성꽃동네 인곡자애병원 소아과)

기억을 돌이켜보면 내가 원범이를 처음 만난 날은 2006년 2월 말, 3.1절을 일주일 앞둔 수요일이었다. 1년간 서해의 고도(孤島)에서 외로웠던 공중보건의 생활도 끝나갈 무렵, 나는 곧 이동할 새 근무지에 미리 견학 온 것이다.

새 근무지는 충청북도 음성군에 위치한 꽃동네였다. 흔히들 무의탁 행려병자와 정신지체자, 장애우들의 보호시설로 알고 있는 꽃동네. 그 꽃동네에서도 의학적 처치가 필요한 사람들을 위해 세워진 인곡자애병원 6층 소아병실에서 나는 원범이를 처음 만났다. 사실 원범이는 의학적인 견지에서 보자면 같은 6층 소아병실에 있는 원범이의 오랜 친구이자 형들인 리노나 선우에 비하면 그리 놀랄만한 상태는 아니었다. 이제 9살인 리노는 다운증후군에 병명을 알 수 없는 만성적인 전신마비상태로 인해 인공호흡기를 달고 있었고, 7살 선우는 경련중첩증(status epilepticus)으로 늘 사지를 떨고 목에는 기관창냄술

(tracheostomy)로 튜브까지 박고 있었으니까 말이다. 하지만 그런 리노와 선우를 먼저 보았음에도 불구하고 소아병실에 반듯이 누워 있던 원범이와의 첫 대면은 상당한 충격이었다.

지극히 의학적인 용어를 써서 객관적으로 설명하자면 원범이는 무뇌증(anencephaly)이다. 선천적으로 사람에게 극히 중요한 대뇌가 없이 태어났으며 대뇌 대신 그 자리를 채우고 있는 것은 물뿐인, 무뇌수두증(hydranencephaly)이다. 원범이는 오래 전, 그러니까 지금 다섯 살 원범이의 나이와 같은 5년 전, 꽃동네에 버려졌다. 굳이 희망을 찾고자 하는 사람들을 위해 불행 중 다행이라 할 만한 것을 찾자면 호흡중추와 연하중추는 제 기능을 다하고 있다는 정도. 덕분에 원범이는 안정적인 자가 호흡을 할 수 있고 음식을 입에 넣어 주면 사래 들리는 일없이 수월히 삼킬 수 있다. 그래서 그렇게 다섯 해를 넘기고 나를 만날 수 있었던 것이다.

하지만 이런 의학적인 용어와 설명으로는 내가 원범이를 보고 놀라게 된 이유를 설명할 수 없다. 원범이를 보고 놀라게 되는 이유는 그 비정상적인 커다란 머리 때문이다. 발육 부진으로 가뜩이나 작은 체구에 너무나도 커다랗게 매달려 있는 머리. 없어진 대뇌의 빈자리를 쓸모없이 채우고 있는 뇌척수액은 야속하게도 양도 많아서, 원범이의 머리를 서너 배 정도로 부풀려 놓았다. 거기다가 무거운 머리를 가눌 길이 없어 마냥 눕혀만 놓은 까닭에 중력의 법칙에 의해 머리가 납작하고 펑퍼짐한 원반 모양이 되어버렸다. 머리에 비하면 비교적 정상적이라 할 만한 얼굴. 오히려 커다란 머리에 커다란 얼굴이면 덜 놀랐을 것을, 커다란 머리에 사뭇 정상적인 크기의 얼굴은 원범이를 더욱 기괴하게 보이게 한다. 거기다가 수두증 아이 특유의 마치 해가 지는 모양으로 치떠진, 희번덕거리는 흰자위 가득한 원범이의 눈은 녀석을 처음 보는 사람을 섬뜩하게 만든다.

이런 원범이는 처음에는 놀람으로, 그리고 곧 hopeless로 다가왔다. 말 그대로 아무 희망도 없는 아이, 숨 쉬고 밥을 넘기는 행위조차도 아무 의미가 없는, 그저 생각 없는 고깃덩어리라고 생각했다면 너무 지나쳤던 것일까? 하지만 생각할 대뇌가 없는 아이에게 동정조차 그 어떤 의미가 있겠는가? 근무를 시작하면서부터 나는 마음을 굳게 닫고 원범이를 그저 하나의 사물로 대할 뿐이었다.

"선생님, 어제 원범이가 5분가량 경련을 했어요."

"그래요? 경련을 할 뇌조직 정도는 남아있는 건가? 어차피 의미 없어요. 경련이 더 지속된다고 해도 손상을 입을 뇌 자체가 없는걸요. 그냥 지켜보도록 하지요."

"선생님, 소아병실에 환자가 꽉 차서 그러는데 원범이 잠깐 일반병실로 옮겨도 될까요?"

"그렇게 하도록 하지요 뭐. 원범이가 뭐 알겠어요?"

"선생님, 원범이가 좀 아파하는 것 같아요?"

"그럴 리가요? 대뇌가 있어야 아픔을 느끼죠. 불쌍하게 생각하시는 건 알겠는데……."

늘 그런 식이었다. 원범이가 무엇을 알겠는가? 무엇을 느끼겠는가? 무엇을 생각하겠는가?

비단 원범이 뿐만이 아니었다. 꽃동네 학교에 있는 50여 명의 중증 장애아들은 모두 내게 무거운 짐으로 다가왔다. 하나같이 제 한 몸 가누기도 힘겨운 아이들. 방문 진료를 위해 문을 열 때마다 코를 마비시키는 침 냄새. 의사 표현이라고는 힘겹게 내뱉는 짧은 비명들 뿐. 내가 4년 동안 서울의 대학병원에서 치료하던 아이들은 이런 아이들이 아니었다. 그 아이들은 열이 나고 축 늘어져 입원했다가도 일주일이면 금방 나아져서 웃으며 빠이빠이 하고 퇴원하는 아이들, 넘치는 생명력과 무한한 가능성으로 쉴 새 없이 재잘거리며 웃는 아이들, 덕분에 일에 지친 나에게도 그 미소만으로 힘을 주던 그런 아이들이었다. 그렇게 곱게 소아과 수련을 받았던 나에게 이런 희망 없는 아이들이라니. 그들의 모습에서는 생명력과 희망을 찾을 수 없었다.

나는 조금씩 안으로 침잠(沈潛)해 들어가기 시작했다. 꽃동네의 종지(宗旨)처럼 얻어먹을 수 있는 힘만 있어도 그것은 주님의 은총이라면, 얻어먹을 수도 없는 무력한 이 아이들이 이만큼이라도 살고 있는 것은 이미 넘치는 은총을 받고 있는 것이 아니겠는가. 내가 굳이 이들을 지상에 잡고 있어야 하는가.

하지만 원범이는 하루하루 아주 조금씩, 자신이 존재하고 있으며 내가 틀렸노라는 메시지를 나에게 보내고 있었다. 그런 원범이의 메시지를 처음으로 인지하기 시작한 것은 소아병실 회진을 위해 들를 때마다 원범이의 얼굴에 조금씩 떠오르는 반가움을 보게 되면서부터였다. 어떻게 된 일일까? 대뇌가 없는 아이가 어떻게 표정을 지을 수 있을까? 신기하고 이상한 마음에 낡아빠진 봉투에 담겨진 원범이의 옛 CT 사진을 다시 한 번 살펴봐도 커다란 두개골에 가득한 것은 공동(空洞)처럼 시커멓게 CT상에 표현되는 물뿐이었다.

같이 일하는 신경외과 선생님에게 지나가는 말처럼 슬쩍 물어 보아도 돌아오는 대답은 예상대로.

"원범이한테 대뇌가 어디 남아 있어야 말이죠. 불특정한 자극에 대한 무작위적인 반응을 그렇게 느끼시는 것뿐입니다."

자극에 대한 의미 없는 반응. 더 없이 무미건조한 결론이지만 의사로서 수긍할 수밖에 없는 답변이었다. 하지만 한두 번 있는 반응도 아니고 거의 매일 계속되는 이러한 반응은 나에게 원범이를 자세히 관찰할 충분한 이유가 되었다. 그 후로 나는 원범이의 소리에 귀를 기울이기 시작했다.

아아, 이 녀석. 같은 또래의 다섯 살배기 친구들—나 여기 있노라고, 나를 봐달라고 울기도 하고, 웃기도 하고, 화도 내고 큰소리로 외쳐 부르기도 하는—그런 정상적인 친구들처럼, 그렇게 하지는 못하지만, 정말로 미약하고 원초적인 몸부림에 불과하지만, 이 녀석, 원범이는 다른 아이들과 똑같이 나에게 말하고 있었다. 다만 내가 귀를 기울이지 않았을 뿐이었다.

배가 고플 때는 얼굴을 찡그리고 "아, 아" 하는 짧은 소리를 지른다. 코가 막히면 밤새 잠을 자지 않는다. 가려운 곳을 긁어주면 얼굴에 웃음을 띠고, 소아병실에 들어서서 바로 아는 체를 하지 않으면 화난 표정을 짓는다. 얼굴을 쓰다듬어주면 기분 좋은 콧소리를 내고, 얼굴을 붉히며 끙끙대는 소리를 내면 배가 아픈 것이다. 웬일인지 소리 없이 조용하면 곧 열이 날 징조다. 아, 이런 원범이의 목소리를 내가 왜 못 들었을까?

이 못난 초짜 소아과 의사에게 원범이는 온몸으로 자신이 살아있음과 앞으로도 살아나가겠음을 웅변하고 있었던 것이다. 마음을 열고 귀를 기울이자 뚜렷이 들리기 시작한 원범이의 소리는 나에게 커다란 깨달음을 주었다. 하나님은 원범이에게 고난을 주셨지만, 그를 버리신 것은 아니라는 것을. 원범이도 결국은 나와 똑같은, 살고자 하는 인간이라는 것을 말이다.

원범이의 소리를 듣게 된 후로 이제 내 귀에는 전에는 못 듣던 많은 소리가 들려온다. 나는 이제 인공호흡기를 달고 누워있는 리노가 어디가 아프다고 말하고 있는지, 항상 손발을 떠는 선우가 무엇이 필요하다고 말하고 있는지, 일주일이 멀다하고 토악질을 해대며 입원하는 명애가 왜 그러는지 알 수 있다. 손발이 뒤틀리고, 다리를 질질 끌고, 항상 침 냄새를 풍기며 바닥을 기어 다니는 아이들. 그런 아이들도 자기들만의 언어로 끊임없이 말을 하고 있었다. 꽃동네 학교의 50여명의 장애아들 모두 나에게 말을 걸고 있었던 것이다. 살아갈 수 있게 도와달라고 말이다.

그저 남은 공중보건의 생활 2년을 편하게 지내보자고 선택한 이곳. 이곳에서 만난, 보호자도 없는 지극히 미약한 장애아들. 그들과 담을 쌓고 지내고자 했던, 많이 부족한 한 소아과 의사. 원범이는 이 미련한 의사에게 많은 가르침을 주었다. 지금도 얼굴에 뜻 모를 표정을 짓고 있는 원범이를 보면 이 녀석, 속으로는 미욱한 나를 비웃고 있을지도 모른다는 생각이 든다. 너는 아직 멀었다고 말이다.

꽃동네의 사계절에 대한 다큐멘터리를 제작한다고 자원봉사자가 내게 원범이에 대해 묻는다. 이상하게 생긴 모양새가 사뭇 신기한가 보다. 어디가 아파서 병원에 있게 된 것인가 궁금하단다. 그런 그들에게 나는 원범이의 말을 전한다.

"원범이는 환자가 아니에요. 아픈 곳이 없는 걸요. 그저 그렇게 태어난 것뿐이니까 환자라고 부르지 말아주세요. 원범이도 그냥 또래의 다섯 살 어린이들처럼 재미있고 즐겁게 뛰어놀고 어른이 되고 싶어 하는 예쁜 아이라고 생각하시면 돼요."

 6회 우수상 수상작이다. 둘째도 태어나는 등 많은 변화가 있었던 해를 당선 소식
으로 마무리해 더욱 기뻤다는 필자는 이 글을 계기로 꽃동네에 있는 원범이와 친
구들이 관심과 응원을 받을 수 있었으면 한다는 소망을 전해왔다.

비로소 의사가 되다

정율원 (이화의대병원 예방의학과)

1

"고맙다, 정말로. 고마워." 나는 동료 인턴에게 붉은 피가 가득 담긴 주사기를 건네받고 말했다. 도대체 몇 번째인지 헤아리고 싶지도 않았다. 헤아릴수록 자존심이 상하는 일이었다. 나는 기술 좋은 인턴은 아니었다. 동맥혈 채혈은 이제 막 하얀 가운 위에 수놓인 이름 옆에 '의사'라는 두 글자를 더 박을 수 있게 된 인턴이 병원에서 맡게 된 일 중에서 제법 까다로운 축에 속하는 일이다. 적어도 채혈 성공률이 낮은 나로서는 그랬다. 동맥혈 채혈에 대한 결과가 성공률이나 실패율처럼 점잖은 숫자로만 표현되는 것이라면 차라리 상황은 나았을 것이다. 동맥혈 채혈에 실패한 모습은 결코 점잖지 않았다. 환자의 손목을 몇 번이고 찔러대도 뽑아야 하는 피는 나오질 않고, 땀이나 뻘뻘 흘려대는 의사의 모습. 환자들은 이런 의사의 모습을 보면 평안한 신체·정신 상태에서 급속히 빠른 속도로 고통과 짜증을 맞이하는 듯 했다. "아잇! 무슨 의사가 피도 못 뽑아! 한 번에 잘 뽑는 사람으로 데려와요!" 행여 환자의 기분이 조금 누그러질까. 나는 연신 죄송하다고 하며 동맥혈 채혈이 원래 쉬운 검사는 아니라는 설명의 탈을 뒤집어 쓴 변명을 흘리며 친한 동료 인턴에게 구걸하듯이 부탁했다. 친한 친구이자 동료인 그녀는 이번에도 화가 난 환자가 누워있는 곳으로 다가가 커튼을 휙 들추며 들어가더니 살갑게 환자와 수다 떠는 듯 했다. 밖에서 기다리는 이 익숙한 순간이면 그녀가 한 번쯤은 채혈에 실패하기를 바라는 야릇한 생각이 연기처럼 피어올랐다. "어머, 나도 못하겠다. 얘, 이분은 혈관이 너무 안 좋아. 네가 뽑지 못한 이유가 있었어."라고 한다 해도 나는 안타까워하지도 그녀를 미워하지도 않을 것이리라. 그때 "다 되셨어요!"라는 목소리가 어김없이 들리더니 막 뽑은 붉은 피가 찰랑거리는 주사를 든 그녀가 커튼을 휙 들추며 나왔다. 동료 인턴이 뽑아준 피. 그것은 피를 뽑는 능력이 존재의 이유 중 하나가 되는 이 나라의 젊은 의사로서는 자존심과 맞바꿀만한 것이었다. "여기."하며 그녀가 피를 내밀었다. 분개한 심장이 쿵쾅댔고 위는 굴욕감 비슷한 무엇으로 뒤틀렸다. 장기들의 이런 신호가 중추로 전달되어 해석과 사고의 고위과정을 거친 뒤였다면, 아마 결과는 훨씬 고상하고 자존감 높은 어떤 것이었을 것이다. 하지만 어느새 먼저 나간 양손이 덥석 피를 움켜쥐었다. 세포와 시냅스의 전달 속도는 꽤 빠른지 이윽고 "고맙다. 정말 고마워."라고 말하고 있었다. 입이 하지 않았다면 수화로라도 했을지도 모르겠다.

2

정말 피해가고 싶은 것일수록 어쩐지 더 마주치게 되는 것만 같을 때가 있다. 인턴 생활을 시작하고도 한참이 지나 내과에서 일하기로 정해져있던 달이 돌아왔다. 한 달 동안에는 내과의 여러 분과 중 한 곳만 담당하게 된다. 동맥혈 채혈을 가장 많이 하기로 악명 높은 호흡기 내과만은 제발 피할 수 있기를 바랐다. 그곳에는 충분한 호흡이 이뤄지지 않아 몸 속 산소공급 상태를 알아보기 위해 매일 동맥혈 검사를 해야 하는 호흡기 질환자가 모든 병동에 가득 누워있다. 특히 별도로 구분된 호흡기내과 중환자실은 상태가 중해 하루에도 몇 번씩 피를 뽑아야 하는 중환자들이 빈틈없이 누워있는 그런 곳이다. 이런 이유로 호흡기 내과는 그곳을 거치면 눈 감고도 동맥혈 채혈을 할 정도의 '채혈 도사'로 거듭난다고 불리기도 했다. 그런데 글쎄…. 내가 호흡기 내과에 배정되고만 것이다.

호흡기 내과 첫날, 새벽 일찍부터 병동을 돌며 동맥혈 채혈을 시작했다. 과연 그동안 했던 채혈 건수보다 더 많은 수의 채혈을 하루 아침에 한 듯하다. 나는 그 많은 이들을 모두 채혈하려면 시간을 충분히 갖고 시작해야겠다는 계산으로 꼭두새벽부터 자는 환자들의 손목에 바늘을 들이댔다. 새벽녘부터 새 인턴이 쓸고 지나간 병실마다 원성이 자자했다. 시간이 어떻게 지나갔는지 모르겠다. 채혈의 성패와 환자들의 원성을 뒤로 하고 마침내 마지막 순서인 호흡기 내과 중환자실 문을 밀고 들어갔다. 그때만 해도 중환자실 환자는 의식 상태가 좋지 않아 불평도 비교적 적을 것이니 채혈도 수월할 것이라는 생각을 위안으로 삼고 있었다. 하지만 눈앞에 펼쳐진 중환자실의 광경에 희망을 잃고 말았다. 쭉 일렬로 놓인 침대 중 어느 한 침대 주변으로 덩치가 좋은 간호가 세 명이 붙어서 환자를 붙잡고 있었는데, 이는 거의 씨름판을 방불케 하는 모습이었다. "아이참, 할머니! 기저귀를 바꾸셔야지, 축축하게 이게 뭐에요!" 한 간호사가 외치며 환자를 뒤집고 다른 간호사는 환자의 뒤를 닦고 있었는데, 아등바등 가만히 있지를 않으려는 환자의 손에 다른 간호사가 얼굴을 얻어맞았다. 맞은 간호사는 괴로워했다. 그중 노련해 보이는 간호사 한 명이 겨우 소란통을 빠져나와 한 아름 안고 나온 쓰레기를 쓰레기통에 던져 넣으며 말했다. "새로 오신 인턴 선생님인가 봐요. 우리 환자들 피, 다 뽑아주셔야 해요. 그리고 저 오른쪽에서 세 번째 할머니는 조심하세요. 힘이 장사에요. 하루에도 몇 번씩 맞는다니까요!" 순간 소독약 냄새가 떠다니는 중환자실 공기를 깊게 들이켰다. 소독약이 폐까지 적시는 것 같다. 기운이 빠졌다. 밀려오는 고통과 짜증 속에 때릴 것부터 찾아야 시원한 할머니의 손이나 숙련되지 못한 탓에 가는 곳마다 원성을 사는 내 손이나 모두 서글펐다. 감정적이고 즉흥적인 손, 능력이 부족하고 못난 손, 그 손들이 원망스러웠다. 말초적이고 표면적인 상황과 관계들이 원망스러웠다. 나는 일부러 환자의 눈과 마주치지 않으려고 침대를 향해 대강 목례하며 다가갔다. 지금 이 상황은 감정과 머리, 그리고 중추로 이해한다는 것은 요원한 것만 같아서 체념하고 싶었다. 그냥 손과 손으로 만나고, 맞고 아프게 하고, 그러다 때가 되면 헤어지는 것이 차라리 속 편하게 느껴질 것이라 생각됐다. 내가 여기 온 이유는 할머니가 아니라 마치 할머니의 손목에서 나올 피라는 듯이 할머니의 손에 대고 절했다. 할머니의 힘이 장사라는 간호사의 말에 들었다가 내려놓았을 많은 배추며 감자로 튼실해진 팔뚝을 기대했다. 그런 할머니의 손목이 눈앞에 있어야 맞는 건데, 하얀 침대 시트 위에 힘없이 놓인 것은 그게 아니었다. 파란 정맥이 가지를 친 길 위에 얇디얇은 피부만 겨우 걸치고 있을 뿐이지만, 분명 수십 년 전에는 젊은 여성의 것이었을 고운 손이었다. 난 그제야 고개를 들고 손의 주인을 올려다보았다. 두 볼과 눈두덩은 오랜 시간 병상을 지킨 사람의 것이라는 듯 움푹했으며 흰 머리와 검은 머리가 섞인 까슬까슬한 머리카락이 조금 전에 일어났던 한차례 소동으로 인해 제각각 흩어져 있었다. 백내장이 온 혼탁한 눈의 시선은 낯선 의사의 얼굴과 손에 든 주사기 사이를 왔다 갔다 했다. 나는 채혈을 위해 바늘을 찌르는 순간 할머니의 손이 날아와 내 머리를 강타한다 해도 피를 뽑는 손목만큼은 사수해야겠다는 각오를 다졌다. 이어 심호흡을 하고 뛰는 맥박 위로 바늘을 찔러 넣었다. 가냘픈 손목은 움찔했다. 하지만 바늘 끝에 피가 맺히지 않았다. 한 번 더 맥박을 짚고서 바늘 끝을 옮겼는데도 기대하는 붉은 흔적은 보이지 않았다. 식은땀이 흐르기 시작했다. 질끈 눈을 감고 바늘을 밀어 넣었다. 이번에는 정말로 맞게 될 것 같은 예감에 질끈 감은 건지, 그게 아니라면 '에라, 모르겠다.' 라는 식으로 감은 건지는 모르겠다. 순간 미세한 압력이 손끝에 느껴지더니 붉은 방울이 바늘 끝에 부풀어 오르는 것이 보였다. 주사기 뒤를 조심스레 당기니 피가 주사기에 힘차게 차올랐다. 알코올 솜으로 채혈 부위를 누른 채 고개를 겨우 들었다. 헝클어진 머리카락이 온통 시야를 가려 할머니 얼굴도 가닥가닥 가려진 채로 보였다. 입을 벌리고 겨우 숨을 고르고 있는 나를 본 할머니가 입을 벌리며 히죽 웃었다. 은으로 때운 이, 금으로 때운 이, 또 이가 아예 없는 부분까지 시원하게 내보이며 입을 벌린 그 모습이 (누가 보면 웃음일까 반문할지 모르지만) 분명 내 꼬락서니가 웃겨죽겠다는 웃음이 틀림없었다. 나도 멋쩍어 배시시 웃었다.

3

여자 인턴들은 대체로 싹싹하다. 여자 인턴은 불과 몇 개월 전까지만 해도 여의사가 아닌 여학생이었던 사람이다. 그들 대부분은 밝고 깨어있는 감성을 지니고 있어 여과 없이 이런저런 말을 공기 중에 섞어 놓으면 방향제처럼 우울한 병실 분위기를 상큼하게 바꾸는 재주가 있다. 이는 아픈 사람의 입장에서도, 일을 해야 하는 사람들의 입장에서도 꽤나 좋은 일이다. 이런 재주가 나이 예순, 일흔의 노인들로 하여금 젊고 명랑한 여의사들을 마냥 손녀처럼 느껴지게 하는 것일까. 노인들은 여의사에게는 경계심이란 빗장을 풀어헤치고 피를 뽑을 팔뚝을, 때론 소독해야할 엉덩이의 욕창을 선뜻 내어 보였다. 하지만 모든 이에게 그런 재주가 있는 것은 아닌 듯하다. 나도 여학생에서 여의사가 된지 얼마 되지 않았지만 환자에게 어떤 말을 건네야 할지 적절한 표현과 단어를 찾는 일이 쉽지 않았다. 동맥혈 채혈 때문에 대뇌가 소심해져 적절한 말이 나오지 않는 것인지 알 수 없지만 여하튼 내게 있어 환자와의 대화는 썩 곤란한 일이었다. 그런데 호흡기 중환자들은 말을 하지 못하는 경우가 많았다. 호흡이 계속 부진해 위험할 정도가 되면 숨이 지나가는 통로가 외부로 통하도록 기관을 절개하는데, 숨이 관을 통해 외부로 새어 나가기 때문에 성대를 이용하여 음성을 내는 것이 불가능하다. 마치 인어공주처럼 목소리를 잃어버리는 것이다. 나는 이런 이유로 중환자실에서 보내는 시간이 더 많았다. 환자와 길고 짧은 말을 섞지 않아도 되는 중환자실이 나를 덜 곤란하게 했기 때문이다. 더욱이 "나 아파 죽겠어요. 나 좀 봐줘요." 라고 소리치지 못해 "삐릭, 삐리릭" 기계의 소리가 애타는 호소를 대신하는 중환자들이 안쓰럽기도 했다. "삐릭, 삐리릭" 감정과 어조가 없는 엇박자의 이 소리는 환자 여섯 명의 맥박과 호흡 그리고 그들의 아픔과 생명을 대신하고 있다.

중환자실의 밤은 불을 어둡게 해 마치 중세 성당처럼 엄숙하면서도 평온하다. 나는 일이 없을 때도 종종 중환자실에 앉아서 쉬거나 간호사들과 이야기하곤 했다. 환자와의 대화가 익숙하지 않은 내게 중환자실이란 곤란한 상황을 피할 수 있는 일종의 안식처처럼 여겨졌다. 하지만 우스운 것은 일종의 반대 상황이 중환자실에서 발생한다는 것이다. 기관 절개를 받은 지 꽤 지나 목소리가 나오지 않는 것에 적응하고 체념한 환자들은 익숙한 손짓으로 의사전달을 하곤 했다. 그런데 호흡기 내과 첫날 만났던 힘이 장사였던 그 할머니는 기회만 되면 뭍에서 만난 왕자에게 목소리를 잃어버리게 된 경위를 설명하려는 인어공주처럼 내 옷깃을 붙잡고 장황하게 말을 늘어놓으셨다. 아니, 목소리가 나오질 않으니 정확히 말하면 말은 아닌데 마치 말하듯 입을 벌리고 모든 발음을 정확히 모양내셨다. 문제는 소리가 나질 않으니 무슨 말인지 알 수 없다는 것이다. "배가 고프세요?"라고 물으면 사정없이 고개를 가로저으신다. 조금 더 가까이 할머니에게 귀를 갖다 대어보지만 바람 새는 소리밖에 들리지 않는다. 아마도 내가 이해가 안 된다는 표정을 온통 뒤집어쓰고 있었던지 할머니는 사정없이 눈을 흘기신다. 할머니는 이제 팔을 올렸다 내려놓고 다시 오른손으로 왼쪽 어깨를 찍고 발을 구르시더니 마지막으로 손으로 목을 짚으신다. "목 마르시다고요?" 화가 난 할머니는 두 손 두 발 다 들고 미처 내가 방어할 찰나도 허락하지 않고 사정없이 내 머리를 내리치신다. 한쪽 눈에서 바로 눈물이 쏟아졌다. "무슨 말인지 모르겠어요." 두 손으로 머리를 붙잡고 반쯤 울면서 말했다. 할머니는 여전히 꾸역꾸역 화가 올라오는지 한참을 나를 째려보다 이윽고 이가 없는 부분을 훤히 내보이며 웃으셨다. 갑작스런 표정 변화가 기이했지만 한편으로는 다행스러워 웃음이 안 나올 수가 없었다. 그

일 이후 나는 할머니의 간단한 의사 표시를 익히게 됐다. 왼팔을 태엽처럼 감으면 침대를 낮추라는 것이고, 오른손으로 발을 가리키며 손끝을 돌리면 침대 발 부분을 조절해 달라는 뜻이다. 할머니는 할머니대로 나를 익혔다. 밤이며 낮이며 꼭두새벽에도 수시로 본인의 팔목에서 피를 뽑아간다는 것을 이해하는 듯 했다. 여전히 중환자실 간호사들은 때마다 전투를 치러야 했지만, 할머니는 동맥혈 채혈이 다른 것들보다 훨씬 불편했을 텐데도 나에게는 흔쾌히 팔을 내어주었다. 나이도 있고 능수능란한 간호사들에 비해 어수룩하고 아직 학생 티도 못 벗은 내가 어쩌면 아이처럼 손녀처럼 보여서 그랬는지도. 어쩌면 할머니는 내가 의사 깜냥이나 되는지 못 되는지도 몰랐을 것이다.

어느 날은 할머니의 피를 뽑고 나서 지혈을 하며 서 있는데 할머니 목 근처 혈관에 넣어 놓은 카테터의 고정 장치가 기관 절개하며 넣어 놓은 관의 고정 줄과 맞물려 팽팽하게 당겨져 있는 것이 눈에 들어왔다. 할머니가 그 상태로 한동안 있었던 것이라면 목에 넣은 관이 옆으로 삐뚤어져 있어 절개 부위에는 상당히 자극적이었을 것이다. 더욱이 카테터의 고정 장치는 피부에 실로 고정 시켰기 때문에 당겨지면서 계속 따끔했을 것이었다. 실을 손으로 살짝 건드리니 할머니는 사정없이 얼굴을 찡그리며 발작적으로 기침을 했다. 간호사에게 실을 뽑고 다시 고정하겠다며 바늘과 실을 준비해달라고 했다. 그러자 다들 희한하다는 듯이 쳐다봤다. '일이 없는데도 중환자실에서 시간을 보낼 때부터 이상하다 싶었는데, 이제 시키지도 않은 일을 하겠다고 도구를 내놓으라니 변종, 별종 인턴이네.' 라는 듯. 이윽고 실, 바늘, 장갑, 가위 등이 준비됐다. 꽤 오랜 시간이 걸렸다. 드디어 마무리를 위해 멸균 테이프를 덮고 장갑을 벗어 던지는 순간, 무언가 내 머리 위에 와서 닿았다. 별안간 조금 전까지 내가 할머니를 아프게 했다는 사실이 뇌리를 스치고 지나갔다. '아뿔싸, 왜 미리 피하지 않았지.' 라는 생각과 함께 곧 느껴질 통증을 예상했다. 하지만 통증을 느끼는 대신 나의 머리카락이 헝클어졌다. 머리카락이 쓰다듬어지고 있는 것이다. 처음 보는 행복한 얼굴을 한 할머니가 내 머리를 쓰다듬고 있었다. 할머니는 가끔 오른손으로 왼쪽 어깨를 찍고 목을 짚는 신호를 보냈었는데 그날 이후로 그 신호가 없어진 것을 보면 아마 기관 절개 부위의 통증을 호소하고 싶었던 것임을 훗날에서야 짐작할 수 있었다.

어느 날 오후, 다급한 비퍼가 중환자실에서 울렸다. 나는 황급히 중환자실로 들어서며 반사적으로 할머니 쪽을 쳐다봤다. 할머니는 마치 물에 빠져 숨이 곧 넘어 가는 사람처럼 침대 위에서 허우적대고 있었다. 산소 포화도가 떨어지고 있었다. 호흡이 점점 거칠어지면서 팔의 힘도 점점 빠졌다. 그동안 성가(聖歌)와도 같았던 기계음들의 미친 듯한 불협화음도 내 귀에 울려댔다. 뛰어 들어온 주치의 선생님이 빠른 속도로 간호사에게 이런저런 지시를 내리고 내게 외쳤다. "인턴 선생님, CPR 준비하세요!" CPR. 어느 동화 속 주문처럼 아득하게 느껴졌다. 물에 빠진 인어공주가 헤엄을 못치고 숨조차 쉴 수 없는 믿기 힘든 상황과도 같이 이상한 저주처럼 느껴졌다. 눈앞에 펼쳐진 상황이, 할머니의 낯빛이 점점 어두워지는 모습이 끔찍했다. 결과가 두려웠다. '숨을 쉬어야지요! 할머니 숨을 쉬어야지!' 속으로 미친 듯이 주문을 외웠다. 다행히 CPR을 해야 할 상황까지는 오지 않았다. 대신 동맥혈 채혈을 하라는 지시를 받았다. 힘없이 축 늘어져있는 할머니의 손목을 잡고 맥박을 짚은 뒤 망설임 없이 주사기를 찔러 넣어 검붉은 피를 뽑아내었다.

예전에 감정적이고 즉흥적인 할머니의 손과 부족하고 못난 내 손을 원망한

적이 있었다. 하지만 이젠 더 이상 감정적이지 않은 할머니의 손과 못나지 않은 내 손이 그 자리에 있었다. 무엇을 원망했었던가. 할머니에게 아직 생명의 시간이 더 남아 있다는 것을 깨닫게 된 안도의 순간, 모든 해석과 사고 그리고 자존심이 거추장스러웠다. 나는 할머니 손 위에 내 손을 얹고 꼭 쥐었다. 그로부터 며칠 지나지 않았던 것 같다. 여느 때처럼 중환자실에 들어섰는데 그동안 단 한 번도 머리 모양새를 정돈한 적 없던 할머니가 단정하게 빗어 넘긴 머리카락을 묶은 채 침대에 기대어 앉아 있었다.

"와아, 할머니 어디 가세요?"

할머니는 나를 향해 힘없이 웃었고 대답은 간호사로부터 왔다.

"할머니 전원가세요."

"네? 아니 며칠 전에 CPR 할 뻔 했는데 그런 상태로 어디를 가요?"

"보호자가 가겠다고 했대요. 집 근처에 있는 작은 병원으로 가신데요."

간호사는 목소리를 바짝 줄이고 이어 덧붙였다.

"우리 병원 입원비가 좀 비싸잖아요. 할머니가 연세도 있으시고, 여기 있을 필요가 없다고 생각한 거지, 뭐."

필요. 누구보다도 여기 있어야 할 사람인데 있을 필요가 없다니! 그런 필요를 결정하기 위해 의학이 있는 것이 아닌가. 그런 필요 여부를 판단하기 위해 의사들이 진찰하고 검사하고 또 나는 열심히 피를 뽑아 왔던 것이 아닌가. 그러나 의학의 진리 위에는 이를 지배하는 세상의 원리가 있었다. 할머니가 나에게 미약한 손짓을 했다. 난 할머니에게 다가가서 링거, 카데터 등을 점검하는 척을 했는데 할머니는 그새 또 무언가를 말하려고 했다. 여태껏 한 번도 알아듣지 못한 것에 왠지 모를 죄책감이 들었었는지 그날은 괜히 더 말렸다.

"할머니, 말하려고 하지 마세요! 자꾸 그렇게 말하려고 하시면 숨차서 힘들다니까요!"

그런데 내 옷깃을 붙잡아 나를 당신 쪽으로 끌어당기시더니 날숨에 말을 섞어 내보내는데, 나는 그 순간 분명히 들었다.

"고마워."

4

할머니를 이동식 침대에 눕히고 병원 문을 나섰다. 계절 하나가 어느새 그렇게 밀려나가고 있는지 몰랐다. 가운 속은 반팔이었고 양말도 신지 않은 맨발이었는데 숨을 내쉬니 허연 입김 기둥이 나타났다. 몇 달, 아니 몇 년째 병원 생활만 했을 할머니에게 이것은 도대체 얼마 만에 들이마시는 바깥 공기일까. 병원 문이 열리며 들어온 날카로운 초겨울 바람에 할머니는 고통스러운 첫 숨을 내쉬는 신생아처럼 입김을 내뱉었는데, 새하얀 실타래 같은 것이 똬리를 트는가 싶더니 이내 공기 중으로 사라져 버렸다. 나는 담요를 할머니 턱까지 끌어올려 덮어드렸다. 어디서부터인가 며느리로 보이는 보호자가 따라붙었다. 할머니가 새로 입원할 병원으로 가는 앰뷸런스 안에서 할머니의 며느리는 몇 번인가 "의사 선생님, 의사 선생님"이라고 나를 부르며 질문을 했지만, 내 대답은 점점 더 퉁명스러워지기만 했다. 그래서인지 그녀는 이내 질문을 그만 두었다. 앰뷸런스는 3층 정도로 보이는 작은 의원 앞에 멈춰 섰다. 작고 좁은 병원이었다. 너무나 좁은 정문과 복도 때문에 할머니를 태운 이동식 침대는 몇 번이나 방향 조정을 새로 해서야 겨우 지날 수 있었다. 엘리베이터도 앰뷸런스 기사 아저씨와 나, 그리고 할머니의 침대가 모두 들어가기에 빠

듯하게 좁았다. 엘리베이터를 타려는 순간 며느리는 에어매트를 놓고 왔다며 지금 당장 가서 가져올 테니, 제발 기다려 달라고 통사정을 했다. 나는 마치 화낼 이유를 찾고 있던 사람처럼 버럭 화를 냈다. 할머니에게 욕창이라도 생기면 대책 있느냐며 지금 당장 가져오라고 소리를 치고는 엘리베이터 문을 닫아버렸다. 3층에 내려 어둡고 좁은 통로를 지나 할머니가 오늘 밤부터 지내야할 입원실로 들어섰다. 문간 옆 할머니 자리로 할애된 공간에는 조금 전까지도 어떤 묵은 병을 앓고 있었을 누군가가 오래 머물다 간 흔적들이 남아 있었지만, 할머니의 맥박, 혈압, 고통, 생명 등을 대변해 줄 기계들은 보이지 않았다. 병실을 둘러보았다. 예닐곱 명의 사람들이 빈자리 없이 한 침대씩 차지하고 있었고 그중에는 환자복을 입지 않은 사람도 몇 명 보였다. 침대 옆에 쌓인 온갖 살림살이를 보니 다들 이곳에 온지 꽤나 오랜 시간이 지난 듯 보였다. 서너 명의 간호사들이 모여 할머니를 입원실 침대로 옮길 준비를 했다. 의례하는 일이라는 듯 매우 익숙한 손놀림으로 부산했다.

"에어매트가 없잖아요."

내가 입을 열었다. 낯설고 뜬금없는 소리에 그제야 내 존재를 깨달은 간호사들이 일제히 고개를 돌렸다. "에어매트가 없잖아요."

다시 힘주어 반복했다.

"에어매트는 보호자가 가져오시는 건데요."

간호사 중 하나가 대답했다.

"보호자가 놓고 왔대요. 그렇다고 그동안 아무데나 환자를 눕힐 수는 없잖아요. 병원에 한두 개쯤은 있을 것 아닙니까!"

이유 없이 화가 났다.

"보호자가 가져…."

나는 간호사가 설명하려는 말을 가로챘다. "그러니까 보호자가 매트를 가져올 때까지 만이라도 좀 쓰자는 겁니다. 욕창이 생기면 책임질 겁니까? 설마병원에 에어매트가 없는 겁니까? 빨리 찾아서 가져 오세요!"

소리쳤다. 서로 눈치를 보던 간호사들 중 가장 어려보이는 간호사 하나가참, 별사람 다 본다는 듯이 나를 쳐다보더니 잰걸음으로 나갔다.

할머니가 중환자실에서 방금 나온 환자라는 것을 알기나 할까. 궁금해 하기나 할까! 안다고 해도 뭔가 달라질 수나 있을까? 말도 안 되는 것 아닌가. 너무나 화가 났다.

"이 할머니 중환자실에 계셨던 분이세요! 며칠 전에 CPR까지 할 뻔 했던분이라고요. 아시겠어요?"

미친 듯이 말이 빨라지고 감정이 북받쳤다. "아니, 중환자를 받으면서 모니터도 없습니까? 모니터도 없으니 좀 주의 깊게 봐야 할 겁니다! 피검사도 매일최소 두 번씩은…. 아니, 필요에 따라서는 여러 번!" 어디에 대고 소리를 치고있는지 명확하지 않았다. 무슨 말을 하고 있는지도 점점 확실하지 않았다. 이말도 안 되는 기분을 어떻게 감당해야 할지 몰랐다. 할머니가 누워있는 이동식 침대와 곧 눕게 될 침대 사이에 서 있는 조그만 나를 방 안의 모든 사람이숨죽인 채 바라보고 있었다. 그리고 그 순간 나를 바라보고 있는 할머니의 초조한 눈빛과 마주쳤다. 처음 보았던 혼탁한 눈빛이었다. 성에가 낀 듯 혼탁한눈빛 속에서도 초조함이 보였다. 모래성 같이 쌓였던 감정이 와르르 무너졌다. 초조하고 불안한 할머니를 곁에 두고 나는 미친 듯이 소리치고 있었다. 허름한 에어매트가 어느새 침대 위에 놓여 있었다. 앰뷸런스 기사 아저씨가 가쁜 숨을 몰아쉬는 나를 조용한 목소리로 타일렀다.

"선생님, 여긴 내가 정리하고 갈 테니 먼저 내려가 있는 게 어때요."

터벅터벅 한두 발짝 뒤로 물러났다. 내가 저만치 비켜서니 간호사들이 내가 서 있던 자리로 들어와 할머니를 새 침대로 옮기기 시작했다. 할머니가 이제 먼 시야에 보였다. 새로운 방, 새로운 침대가 낯설고 불안한 아이 같은 표정이었다. 그리고는 깨달았다. 이제 더 이상 할머니를 돌보는 이는 내가 아니라는 것을. 난 더 이상 할머니의 의사가 아니라는 것을. 하지만 그동안은 내가 할머니의 의사였다는 것을. 진정한 의사였다는 것을. 한꺼번에 몰려온 깨달음이 나를 방 밖으로 밀어냈다.

어느새 병원 앞에 섰다. 화가 난 건지, 이게 화인지 무엇인지. 누구에게 무엇 때문에 화가 난 건지 도무지 이해가 되지를 않았다. 분노, 걱정, 아쉬움, 위안, 허무함, 후회, 깨달음. 작고 마른 여의사의 좁은 몸뚱이 안에서 수많은 감정들이 부대끼고 마찰하며 나오는 열기로 추운 줄도 모르고 나는 11월의 세찬 바람 한가운데 서 있었다. 이렇게 할머니를 옮기기로 한 보호자에 대한 분노, 새로운 병원에서 지낼 할머니에 대한 걱정, 미천하고 하찮은 기술일지라도 할머니에게 더 베풀어 드리지 못한 것에 대한 아쉬움, 예고 없는 이별에 대한 허무함, 화내고 소리친 것에 대한 후회, 그리고 내가 할머니를 만나고난 뒤에야 비로소 의사가 되었다는 깨달음. 분노와 아쉬움에 대해서는 누구에게도 탓할 수는 없다. 아무에게도 잘못이 없다. 깨달음에 대해서는 모두에게 공을 돌려야 맞다. 오늘은 할머니의 기분을 좋게 해달라고, 오늘도 할머니를 괜찮게 해달라고, 또 좀 더 할머니의 호흡이 수월하도록 해달라고, 할머니가 중환자실이 아닌 일반 병동으로 갈 수 있을 만큼 회복시켜 달라는 것이 나의 기도가 되었을 때, 그때 나는 비로소 의사가 되었던 것이다. 병원으로 돌아와 중환자실로 터벅터벅 걸어 들어왔다. "인턴 선생님, 오른쪽 세 번째 할머니 피검사요." 오른쪽 세 번째. 할머니가 비우고 간 자리는 벌써 다른 아픈 사람이 채웠다. 나는 머뭇거림 없이 한 번에 피를 뽑았다. 과연 피를 뽑는 데는 도사가 됐다.

그제야 깨달았다. 피 뽑는 능력이 의사로서의 존재의 이유도 자존심도 아니라는 것을. 의사를 만드는 것은 바로 환자다. 의사는 환자로 인해 존재감을 부여 받는다. 나는 이름 옆에 의사라는 두 글자를 새기고도 한참 동안은 부끄러운 의사였음을, 그리고 그제야 비로소 의사가 되었음을 고백한다.

8회 장려상 수상작품이다. 할머니를 결코 기억에서 지워버릴 수 없는 첫사랑이었다고 회상하는 필자는 한 명이 아닌 수많은 환자를 치료하는 훌륭한 예방의학 의사가 되겠다는 다짐을 전했다.

두 번의 이별

장지웅 (국립소록도병원 안과)

첫 해에 나를 이곳으로 이끈 것은 다름 아닌 호기심이었다. 문둥병, 나병, 한센 병. 같은 질병을 지칭하는 말인데도 전혀 다른 의도를 가지고 사용되어지는 말들이다. 세상에 그런 병이 또 있을까. 문둥병은 어느 한 전염병의 이름이 아니라 온몸에 찍힌 천벌의 낙인이었다. 성경에 나오는 문둥병은 대부분 infectious skin disease 즉, 단순한 피부병을 말하는 것이었다. 하지만 이스라엘 민족을 이집트에서 구원해 내기 위해 하나님으로부터 부르심을 받은 모세에게 대항하여 누이 미리암이 항변 했을 때 하나님이 그녀에게 내린 벌은 온몸이 희어지는 진짜 문둥병 즉, leprosy 였다. 문둥이들은 신께 천벌을 받은 사람들이기에 그들을 향해 돌을 던질 권리도 하늘로부터 생겨났다고 사람들은 생각하는 것일까.

새로 공중보건의가 된 사람들을 위한 교육이 거의 막바지에 다다를 즈음 한쪽 벽에 도별 모집정원이 적힌 종이가 나붙었고, 거기에 조그마한 글씨로 '보건복지부-안과-국립소록도병원 1명' 이라는 글을 본 이후서부터 전혀 관심 밖이었던 일들이 단 하루 사이에 폭발적인 궁금증이 되어 내 머리 속을 가득 채워나갔다. 호기심을 해결하려면 그곳에 가서 직접 보고 느끼는 수밖에 없다는 생각이 들었다.

다른 모든 공보의들과 마찬가지로 소록도에 와서 내가 할 일은 별로 없을 거라고 미리 예상했다. 하지만 근무 첫날 서울에서 새벽 1시에 버스를 타고 아침 8시에 소록도에 도착해 병원 식구들과 대충 인사를 나눈 후 쉴 틈도 없이 진료를 시작했을 때 그런 생각은 크나큰 오산이었다는 것을 깨달았다. 환자 한 사람, 한 사람 그냥 지나칠 수 없었다. 눈 상태가 너무 좋지 못해 어떻게 이런 눈을 가지고 길을 다니고 밥을 찾아 드시는지 그저 신기하기만 했다. 그들은 눈이 아프지도 않고 보이기도 잘 보인다고 주장했지만, 난 오히려 그들에게 되묻지 않을 수 없었다.

"정말 보이세요? 정말 눈이 안 아프세요?"

그러나 실제로 잘 보이는 것도 아니요, 아프지 않은 것은 더더욱 아니었다. 단지 아픔을 잊은 지 오래고 보기를 포기한지 오래였을 뿐이었다. 그러니 정작 내가 할 수 있는 일은 별로 없었다. 처음 생각이 맞았던 것이다.

"할머니, 눈을 꼭 감으면 눈꺼풀은 가만있어도 눈이 움직여서 눈이 감겨요."

"할아버지, 힘드시더라도 안약 꼭 넣으세요. 눈은 눈물을 먹고 사니까 눈물이 마르면 눈은 죽게 되어 있어요. 그러니까 안약 꼭 넣으셔야 되요."

감기지 않는 눈을 일부러 감도록 운동을 시키고 열 손가락이 없어도 손바닥과 입을 사용해야만 겨우 안약 뚜껑을 열 수 있는 분들에게 안약을 넣어야 한다고 수십 번 다짐을 시키는 일 뿐이었다. 그러던 중 어느 할머니를 만나게 되었다.

할머니를 처음 만난 건 내가 온 지 얼마 되지 않았을 때였다. 나이 90을 갓 넘긴 고운 백발의 할머니는 굽은 허리를 펴지도 못한 채 힘겹게 들어오셔서는 눈이 잘 안 보인다고 말씀하셨다. 백내장 때문이었다. 그때 난 다짜고짜 수술을 하자고 했고, 할머니는 별 대꾸도 없이 그러자고 했다. 그렇게 순순히 수술을 하자고 하는 바람에 내가 오히려 놀랐다. 이곳 사람들은 이제 막 새로 온 의사에게는 수술을 잘 받지 않으려 했다. "그럼, 조금 더 생각해보시고 정말 하고 싶으시면 가을 즈음에나 하자"고 말씀 드렸더니, 할머니는 또 순순히 알겠다고 하시며 돌아가셨다. 그리고는 할머니를 잊고 있었다. 그러다가 어느 마을에서 한 할머니가 눈이 좋지 못한데 몸이 불편해 병원에 가실 수 없으니 진찰을 해달라는 연락을 받았다. 그곳에서 할머니를 다시 만날 수 있었다.

할머니는 가지런히 정리된 좁은 방에 구부정하게 앉아 죽 같은 것을 끓이고 계셨다. 눈을 보러 왔다고 하자 한참동안이나 날 쳐다보았다. 귀도 안 들리고 눈도 안 보이는 까닭에 '도무지 무슨 영문으로 이 젊은이가 날 찾아왔나' 하는 표정이었다. 다시 큰 목소리로 내 소개를 하자 그제야 날 알아보시는 표정이었다. 얼굴에 깊은 주름꽃이 활짝 피더니 환한 미소와 굽은 두 손으로 내 두 손을 맞잡았다. 진료를 마치고 갈 때가 되자 할머니는 갑자기 내 손을 꼭 쥐고는 찬찬히 등을 쓰다듬으며 안쓰럽게 바라보셨다. 그리고는 내 가슴에 평생토록 간직하게 된 말을 듣게 되었다.

"집 떠나 멀리 와 고생하네."

난 의사가 된 후에 한 번도 그런 말을 들어본 적이 없었다. 그런 식으로 생각해본 적은 더더욱 없었다. 이 섬에 온 이유는 내가 다른 이를 사랑하기 위해 온 것이지 다른 사람에게 사랑받기 위해 온 것이 아니었다. 나에게 있어서 사랑은 굳은 각오이자 의지로서, 섬사람들에게 바쳐야 할 희생이었다. 그러나 할머니는 날 사랑해 주고 있었다. 내가 정한 사랑의 일방통행 규칙이 무너져 버렸다.

"할머니, 나 갈께요."

목구멍으로 치밀어 오르는 무언가를 삼키고는 그 방을 나설 수밖에 없었다.

그 이후로 가끔씩 할머니 댁을 찾아가게 되었고, "할머니, 나 갈께요" 하고 얼른 집을 나오려고 하면 할머닌 금세 손을 붙잡아서 냉장고 혹은 이불장 속에 고이 숨겨둔 과일이나 양말 같은 것을 용돈처럼 손에 쥐어 주시곤 했다. 내가 작별인사를 하면 할머니는 펴지도 못하는 허리를 부여잡고 맨발로 문밖에까지 나와 내가 돌아가는 걸 지켜보셨다. 조금 가서 뒤를 돌아봐도 여전히 굽은 허리를 문손잡이에 의지한 채 날 바라보고 계셨고, 건물 모퉁이를 돌기 전 못내 아쉬워 잠깐 뒤를 돌아보면 얼른 가라고 손짓으로 날 밀어내곤 하셨다. 그래서 할머니는 한 번도 나에게 등을 보인 적이 없었다.

가을이 되자 예정대로 수술을 하게 되었고 다행히 결과가 좋았다. 퇴원하신 지 얼마 되지 않아 어떻게 지내시나 보고 싶어 할머니 댁에 들렀을 때, 할머니는 방바닥에 실도 다 보인다며 좋아라하셨고, 나 역시 그렇게 기분이 좋을 수가 없었다. 이런 저런 이야기를 끝내고 막 일어나려는데 할머니가 갑자기 고무줄로 조여진 바지 허리춤을 뒤지더니 무언가를 건넸다. 반듯하게 접은 3만원이었다. 처음 받아보는 돈에 흠칫 놀라, "이게 뭐예요!"하며 얼른 바닥에 던졌다. 그러자 아무 말 없이 다시 주워서는 풀을 발라 붙이듯 내 손 안에 꼭 쥐어주었다. 수술을 받으신 뒤였으므로 더더욱 안 된다는 생각에 난 절대 못 받는다고 거절했다. 그러나 할머니는 말없이 쥔 손을 풀 생각을 안 하셨다. 옆방 할머니가 보다 못해 그냥 받으라고 더 성화였다.

"그 돈 안 받으면 내가 대신 뭐라도 사가지고 가야 하는데 나도 힘이 없고 손이 없어 그러기 힘들어. 어여 받아가 응? 괜찮으니께."

어쩔 수 없었다. 그 돈을 가운 주머니에 넣고선 '나 갈께요' 하는 말도 없이 방을 나섰다. 그 돈을 받으면서 소중한 무엇인가가 사라져 버리는 느낌이 들었다.

30여년 세월동안 내 인생은 서서히 진행되는 풍화작용에 의해 만들어졌다. 하지만 이곳에 온 이후부터 하루하루는 날카로운 삼각도가 되어 내 인생에 굵은 선을 남겼다. 전에는 한 달이 모여 일 년이 된다고 느꼈었지만 이곳에 온 이후론 한 순간이 모여 하루가 된다는 사실을 깨닫게 되었다. 시간은 그 밀도와 질량을 점점 더해가더니 어느새 그것이 지나가는 마찰이 괴롭게만 느껴졌다. 매일 새로운 사람들을 만나고 매일 새로운 사실들을 알게 되면서 더 혼란스러움을 느꼈다. 처음에는 막연한 연민을, 그 다음으론 단지 나와 같은 사람일 뿐이라는 동질성을, 그러다가 다시금 나와는 다를 수밖에 없다는 이질감을 느끼면서 더욱더 괴롭기만 했다. 그들의 참혹했던 역사를 조금씩 알아가기 시작했기 때문이었다. 그 참혹했던 역사는 그들 스스로 새긴 것이 아니었다. 그들 아닌, 내가 속해있는 정상인이라는 집단에 의해 쓰인 잔인하고도 추악한 역사였다. 쉽게 지나쳤던 아름다운 경관들 속에서도 그들의 땀과 눈물, 피 그리고 손가락이 그 속에 묻혀 있음을 깨닫고는 짓지 않은 죄에 대한 죄의식을 느끼기 시작했다. 죄를 지은 사람은 그들이 아니라 나였다. 난 그들에게 원죄가 있었다. 난생 처음 그들을 보며 시시각각 변하는 내 감정을 어찌하지도 못해 혼란스러움 속에서 괴로워했지만 그들에게 난 단지 해마다 바뀌는 공중보건의였을 뿐이었다.

두 번째 해에 이곳에 날 붙잡아 둔 것은 뭔가에 대한 서운함이었다. 해야 할일을 다 하지 못하고 떠나는 것이 못내 아쉬웠다. 점점 늘어나는 진료시간과 빡빡해지는 수술일정은 할머니에 대한 기억을 점점 희미하게 지워나갔다. 그러던 어느 날, 다른 과 입원 환자를 진찰하기 위해 병실을 찾았을 때 생각지도 않게 옆에 계신 할머니를 만났다. 반가워 인사를 했지만, 할머니는 날 알아보지 못하는 듯 했다. 전처럼 날 보고 웃지도, 손을 잡아주지도, 안쓰럽다고 등을 쓰다듬어주지도 않았다. 내가 어떻게 지내시냐고 물어볼 때에도 허공을 보며 그냥 집에 가고 싶다는 말만 되풀이 했다. 할머니는 더 이상 날 사랑해 줄수 없었다. 첫 번째 할머니와의 이별이었다. 속이 뒤집히는 듯 했다.

"할머니가 집에 가시고 싶어 하시는데 왜 병원에 붙잡아 놓는 겁니까!"

고함을 지르며 간호사들에게 화부터 냈다. 그리고 당장 담당 선생님에게 부탁해 주말동안 집에 가 생활해보시도록 허락을 받아냈다. 그러나 할머니는 그렇게 가고 싶어 하던 집에서 식사는 고사하고 대소변도 가리지 못했다. 다시 병실로 돌아오는 수밖에 없었다.

그 때부터 외래가 끝나면 저녁을 먹여드리러 병실을 찾았다. 의사로서 내가 할 수 있는 일은 더 이상 없었다. 할머니는 숟가락을 입까지 가져는 가도 도무지 입을 벌리질 못해 음식을 드시질 못했는데, 숟가락이 오기 전에 '아, 하세요' 하면 곧잘 벌리다가도 음식이 담긴 숟가락이 다가가면 금세 입을 다물어 버렸다. 이렇게 달래고 저렇게 속여 봐도 마찬가지였다. 한 손으로 아랫입술을 벌리고는 조금씩 음식을 넣어드리는 수밖에 없었다. 찬도 없는 죽을 반 공기 드시는 데 족히 한 시간은 걸렸다. 그러나 시간이 지나면서 할머니는 앉아 있을 힘도 부치는지 누워 계시기만 했고 나중에는 아예 입을 벌리지도 못해 젖병에 죽을 담아 입으로 조금씩 흘려 드리는 수밖에 없었다. 그걸 지켜보는 다른 사람들은 할머니가 아기 같아서 귀엽다고 말을 했지만, 할머니는 시간을 거슬러 올라가는 중이었다. 결국엔 탄생이전의 시간으로 돌아갈 것이었다. 피부는 가뭄에 갈라진 땅처럼 메마르고 그렇게 곱던 하얀 머리카락은 윤기라곤 없이, 얼굴에 마른 주름만 더 깊어져 갔다. 죽음이 다가오는 걸 느꼈다.

그렇게 두 주가 지나고 집에 일이 생겨 주말동안 병원을 떠나게 되었을 때였다. 어느 자원봉사자에게 간곡히 식사수발을 부탁하고는 집에 가 있는 사이, 병동 수간호사에게서 연락이 왔다. 할머니가 돌아가셨다고. 난 잠시 멍해졌으나 곧 어떻게 돌아가시게 되었는지를 물었다.

"전날부터 토하기 시작하시면서 식사를 못하시더니 오늘도 검은 물을 토하시다가 심장마비가 온 것 같아요."

장례식이 언젠지 묻고는 전화를 끊었다. 이상하게도 슬픈 마음이 들지 않았다. 할머니가 언젠가는 돌아가실 줄 알았기 때문이었을까. 대신 야속하고 원망스러웠다. 내가 병원에 없는 사이 돌아가신 게 서운하기만 했다. 두 번째 이별이었다.

다음날 외출을 하기 위해 머리를 감고 있는데 꼭 감은 두 눈 앞에 갑자기 할머니 모습이 떠올랐다. 그때까지 어디엔가 숨어있던 슬픔이 하얀 거품처럼 피어올랐다. 사랑하는 사람과 이별의 서운함은 어느덧 슬픔으로 뒤바뀌어 내 가슴을 쪼개고 있었다. 거품이 일어난 머리를 부여잡고는 한참을 흐느꼈다. 밖에서 가족들이 들을까 걱정되어 소리 없이 울음을 삼킬수록 어깨는 더 들먹여졌다. 머리에 인 거품은 물에 씻겨 내려가고 있었지만 가슴 속 슬픔을 씻어 내리기에는 눈물이 턱없이 부족했다.

월요일 새벽 섬에 도착하여 장례식에 참석했을 때 마침 한 장로님이 할머니가 마을에 계신 분들에게 고루 나누어준 품목을 읽어주고 계셨다. 각자에게는 음료수 같은 간단한 먹을거리가 돌아갔고, 그것은 이곳에서 망자가 되신 분들이 지켜야 할 마지막 풍습이었다. 고개를 돌리자 한쪽에 앉아 있는 가족들이 보였다. 친자식이나 며느리 같아 보였다. 알 수 없는 분노가 치밀자 병원으로 돌아가기 위해 자리에서 일어났다. 이곳에서 돌아가신 분들은 아직도 옛날 나라 법에 따라 화장을 하기에, 화장터에 따라가 할머니와 마지막까지 같이 있고 싶었지만 이미 진료를 시작해야 할 시간이 지나고 있었다. 진료실 앞에는 또 새벽 6시부터 그 앞에 앉아 기다리시는 분들이 계실 터였다.

양복을 벗고 가운을 입은 후 주머니를 뒤졌다. 내가 화가 났을 때, 누군가와 다퉜을 때, 진료에 지쳐 짜증이 났을 때, 수술이 어려웠을 때에도 찾았던 것. 할머니가 주셨던 3만원. 내 가운 주머니에 들어온 이후로 그 자릴 떠나본 적이 없었다. 슬픔을 삼키며 어둠 속에서 전등 스위치를 찾듯 주머니 속의 그 돈을 더듬어보았다. 눈을 질끈 감아 눈물이 나오려던 길을 가로막았다. 환자들과 간호사가 기다리고 있는 터였다. 맨 처음 내 손을 꼭 쥐며 그 돈을 전해주셨던 거칠고 따뜻한 손길이 전해지며 내 등을 쓰다듬는 듯했다. 달리 표현할 길이 없어 애써 모아 허리춤에 숨겨뒀던 3만원으로 가난함 속에 사랑을 전해야 했던 할머니. 언제나 안쓰러운 눈으로 내가 사라져가는 뒷모습을 봐주었던 할머니. 내가 미처 사랑하기도 전에 날 사랑해주셨던 할머니. 사랑할 줄 아는 의사보다도 사랑 받을 줄 아는 의사가 되어야 한다는 사실을 가르쳐준 할머니. 할머니와는 이제 영원히 이별하였지만 그 따뜻한 사랑의 굽은 손길은 아직도 내 가운 주머니 안에 고이 접혀져 있다.

2년째가 되고 한참을 지나서야 내 성이 무엇인지 물어보시곤 '장 선생' 이라고 부르시는 분들이 생겨났다. 그 분들에게 난 매해 바뀌어 성이 뭐였는지도 모르는 의사로 남지 않기만을 바랄 뿐이다.

제7회 대상 수상작이다. 필자는 불편해서 진료를 보러오는 것이 아니라 '어린' 의사가 밥은 잘 챙겨먹는지 물어보러 오는 환자들에게 고마움을 전하면서 수상의 기쁨은 동료들과, 수상의 결과는 할아버지 할머니들과 나누고 싶다는 속 깊은 소감을 보내왔다.

부정(Denial)에 대한 합리화 (rationalization) - 아름다운 대화

김재헌 (홍성의료원 비뇨기과)

냄새나는 가운을 입고 개운하게 제대로 씻지 못하고 보냈던 전공의 시절의 일이다. 그날도 우리 과의 가장 높은 선생님이시자 주임교수님이신 이 교수님은 환자들에게 거짓말을 하셨다. 우리 과에서 가장 많은 암 환자를 보는 이 교수님이 담당하고 있는 중증 암 환자들은 무척이나 많다. 그리고 그중 상당수의 환자들은 죽음을 코앞에 두고 있는 경우가 많다. 그날의 환자는 67세 남자이고 신장암 말기이다. 더 이상 항암요법 하는 것이 큰 의미가 있을지 의심스러울 정도이고 하루라도 병원생활보다는 가족들과 요양하며 하루하루를 값지게 보내는 편이 좋다는 생각이었다.

"오늘, 어제에 이어 항암제가 다시 한 번 들어갑니다. 힘든 점 있으면 바로 얘기하시고 크게 걱정할 것은 없습니다."

"저번 입원했을 때는 피검사를 항암제 투여 다음날 하던데 오늘은 안합니까?"

"피검사가 필요했다고 생각됐으면 벌써 했지요. 많이 좋아지셔서 할 필요도 없습니다. 아깝게 피만 굳이 뽑을 필요 없지요."

이에 환자는 환하게 웃으며 "그렇군요. 과장님만 믿습니다."한다.

상식적으로는 이해가 안가는 대화다. 죽음을 코앞에 둔 환자를 놓고 쓸데없는 희망을 부여하고 필요 없는 약을 쓰고 정작 필요한 검사는 안 하고. 도무지 이해가 안 된다. 교수님의 환자 중 이러한 비슷한 대화가 오가는 환자는 상당수이다. 아니 말기 암 환자 대부분은 이런 식의 대화로 일관하신다. 그럼에도 불구하고 환자들은 운명 직전까지 교수님에 대한 한없는 믿음을 보이며 가족의 축복 속에 행복하게 돌아가셨다. 어떻게 이런 일이 가능할까? 그 당시의 나로서는 상당히 놀라웠고 그런 교수님이 이해가 되기도 하고 한편으로는 이해가 되지도 않았다.

이 사회에서 의사는 병 앞에서 신이 아니기 때문에 그 누구보다도 냉정해야 한다고 배웠다. 환자와 보호자에게 책임지지 못할 말을 해서도 안 되고 또한 감정에 동요돼서도 안 된다고 배웠다. 현대 사회에서 정해진 역할에 따라, 우리가 종교적 인도자 역할까지 대행할 필요는 없기 때문이다. 객관적인 사실을 종합하여 합리적인 결론을 내는 통념적인 의사 역할에 비추어 볼 때 우리 교수님의 모습은 인상적이었지만 마음에 와 닿지는 않았다. 이런 내 마음은 교수님과 병원생활을 하며 지낸 4년 간 상당한 변화가 있었다. 믿기 어려운 사실들이 눈앞에 수차례나 나타났다. 상태가 악화되던 환자들이 어느 순간부터 좋아지고 사경을 헤매던 환자들이 당당히 일어나 걷는 일이 생긴 것이다.

현대 의학으로는 설명할 수 없는 현상들 소위 '기적' 들. 믿기 어려웠지만 나의 눈앞에 있었다. 그러한 기적들 주위에서 언젠가부터 나는 교수님의 말과 행동을 눈여겨보게 되었다. 교수님이, 전공의들끼리 도는 회진에 앞서 새벽 가까운 시간과 점심시간 그리고 퇴근시간에 한 번 더 회진을 돈다는 사실을 알게 되었다. 중증 환자들과는 서로 휴대전화로 연락을 할 정도로 가까이 지내셨으며 환자의 가족과도 돈독하게 지낸다는 사실을 알게 되었다. 새로운 중증 환자들이 입원해도 환자의 개인사와 가족사를 전부, 훤히 꿰고 계셨다.

당시 병동 주치의였던 나로서는 환자들과 상당한 거리감을 느꼈다. 말로만 병동 주치의이지 환자들은 나보다는 교수님 얼굴 표정 하나 더 보고 말씀 한 번 더 듣는 것을 훨씬 더 중요하게 생각했다. 그렇게 환자와의 거리감에서 무능력과 무기력을 느끼던 쯤에 교수님 환자에게서 기적이 일어났다. 내가 본 첫 번째 기적이었다.

환자는 66세 아주머니로, 방광암이 있어 방광과 그 주위 부속장기를 제거하는 큰 수술을 받은 이였다. 수술 전부터 워낙 상태가 안 좋아 결과도 좋지 않을 것으로 예상했지만 현실은 더욱 가혹했다. 환자는 DIC (Disseminated Intravascular Coagulation syndrome; 파종성 혈관내응고 증후군)에 빠졌다. 출혈과 응고장애, 과잉 응고와 혈관 막힘 등의 증상이 혼재하는 상황으로써 치사율이 굉장히 높은 증후군이다. 환자가 DIC에 빠진 후 깨진 항아리에 물 붓기 식으로 수혈이 계속되었고 그런 와중에 호흡부전이 악화되어 기관내삽관과 기계호흡장치를 적용했다. 기관내삽관을 하고 기계호흡장치를 적용하고 지냈던 2개월간의 중환자실에서의 치료기간 동안 나와 교수님 사이에 정말이지 작은 전쟁이 있었다.

사경을 헤매고 죽음의 코앞에 선 환자에게 교수님은 "내일은 상태가 좋아집니다. 불편하시지요? 호흡장치를 조만간 제거해 드리겠습니다." 하시며 환자를 두루 만져 주시고는 보호자들을 불렀다.

"많이 좋아지셨습니다. 내일은 더 좋아질 것 같습니다."

"아, 정말 그래요? 과장님? 정말 감사합니다."

정말 납득하기 힘든 대화였다. 매일 회진 도는 순간 이런 대화가 오가고 난후면 나는 다시 보호자들을 불러 사실을 다 얘기하고 환자의 임종을 준비하는 편이 나을 것 같다는 설명을 드렸다. 보호자들이 추호도 가능성 없는 기적을 기대하느니 현실을 직시하고 판단하는 것이 옳다고 생각했다. 중환자실에서의 치료가 2주 정도 되었을 때 교수님은 새벽에 오셔서 기계 호흡 장치를 떼셨다. 나는 이후 바로 중환자실로 달려 들어가 다시 호흡장치를 연결했다. 회진 도는 순간마다 이 전쟁은 계속되었고 결국 나는 교수님에게 크게 혼났다. 기계 호흡 장치를 다시는 연결하지 말라는 교수님의 명령이 있은 후 나는 환자의 임종이 코앞에 다가왔음을 느낄 수 있었다. 그러나 이게 웬일인가? 호흡장치를 제거 후 2일째부터 오히려 환자 호흡 상태가 좋아지고 있었다. 한편 교수님은 다시 매일 오전에 오셔서 기관내삽관 튜브를 제거했다. 역시 나는 그 즉시 다시 기관내삽관을 시행하고 교수님은 다시 제거하는 새로운 전쟁이 진행됐다. 결국 교수님에게서 다시는 기관내삽관을 시행하지 말라는 명령을 듣고 나는 어찌할 바를 몰랐다. '기적이 두 번이나 일어나겠는가?' 속으로 수만 가지 상상을 하면서 보호자들을 따로 불러 다시 임종의 가능성을 강력 경고했다. 하지만 내 예상과는 달리 환자의 호흡은 정상인 수준으로 돌아왔고 다른 전신상태도 좋아져 두 달간의 악몽 같은 중환자실을 벗어나 한 달간의 병동생활 끝에 건강히 퇴원했다.

정말로 많은 생각이 들었다. 의학 상식으로는 있을 수 없는 일들이 내 눈앞에서 펼쳐졌다는 사실에 묘한 감정을 느꼈다. 쾌감도 아닌 것이 패배감도 아닌 묘한 감정이었다. 교수님의 많은 모습들이 눈앞에 지나갔다. 환자를 위해 기도하는 모습, 말 못하고 정처 없이 슬픈 눈으로 교수님을 바라보는 환자를 위해 스스로 대화하시고 위로해주시는 모습, 보호자들을 확신시키는 모습, 그리고 환자의 호전에 대한 확신에 찬 모습 등.

"답답하시지요? 제 말대로 정말 좋아지셨습니다. 오늘은 입에 들어 있는 튜브도 제거해 드리겠습니다. 이제 말 하실 수 있을 겁니다. 정말 좋아지셨습니다."

교수님의 대화, 그 당시 그 대화는 정말 비과학적이었지만 환자와 교수님 사이에서의 깊은 유대에서 빛나고 있었다. 그 환자는 퇴원하면서 나에게 이렇게 말했다.

"우리 과장님 때문에 나는 죽지 않고 살아왔네. 죽음의 두려움에서 구원받았네."

놀라운 말이었다. 교수님이 대단해 보이시기도 했고 그런 교수님과, 그런 기적 속에 같이 있었던 내 자신이 자랑스럽기도 했다. 하지만 기적은 내 안에 있는 것이 아니었다. 나는 기적을 위한 노력도 믿음도 없었다. 수많은 말기 암 환자를 보면서 좋아지고 있다고 말씀하시고 또 그렇게 믿는 교수님의 기적이었던 것이다. 언제인가 교수님이 나에게 해주신 말씀이 기억난다.

"자넨 '심의(心醫)'가 되게."

'심의'가 무엇인가? 환자의 마음까지 챙겨 주는 의사 아니던가? 환자가 가지고 있는 질병은 물론이고 질병으로 인해 쇠약해진 마음으로부터 오는 마음의 병, 그 병까지 고쳐 주길 원하셨던 것이다. 인간이 최고로 두려워하는 것은 죽음이다. 죽음을 눈앞에 둔 환자들의 두려움, 이를 조금이라도 이해하지 못하면서 암환자를 치료할 수 있을까? 요즘 내 생각은 이렇게 바뀌었다.

빌헬름 라이히는 그의 저서 〈세상에 대한 분노(Fury on earth)〉에서 '암 심신증' 이란 새로운 용어를 소개한다. 현대의학은 감염에 의한 질병을 이해하고 방지하는 데 크게 성공했으나 심신증을 다루는 데는 기본적으로 실패했다고 기술하면서 심신증의 진전이 주로 환자의 정서적 기질에 달려 있기 때문에 암환자에서는 암 치료와 아울러 '암 심신증' 의 치료적 접근도 이루어져야 한다는 것이다. 얼핏 보면 간단한 얘기이지만 말기 암환자를 직접 치료하고 다루는 의사에게 있어서는 절대 쉬운 얘기는 아니다.

말기 암 환자, 아니 암 환자가 아니더라도 중병을 앓고 있는 환자라면 누구나 자기 병을 '부정' 하고 또 그러고 싶어 한다. 정신분석학적으로 이러한 방어기제를 '부정(denial)' 이라 한다. 의사라면 중병을 앓고 있는 환자들이 부정이라는 자기방어기제를 사용한다는 사실을 누구나 알고 있다. 누구나 알고 있으면서도 이에 주목하지 아니하고 환자의 객관적인 의학적 치료에만 연연한다.

내가 가져왔던 의사상은 교수님을 경험하고 난 후에는 크게 바뀌었다. 냉철하고 객관적인 지식의 사용자가 아닌, 그러한 지식 위에 환자에 대한 끊임없는 연민을 더하는 의사로 바뀌었다. 요즘도 나는 항상 자문한다. 과연 나는 죽어 가는 환자, 죽음의 공포에 휩싸여 '부정' 에 힘든 손을 내민 환자, 그런 환자에게 '합리화' 를 시켜 환자를 편안케 할 수 있을 것인가? '합리화' 라는 것은 무의식적으로 부정적으로 생각하는 것에 대해 자아가 설득할 수 있도록, 사회적 통념에 맞게 직접 윤리적 근거를 대는 것을 말한다. 요즘 같은 이 비정한 의료 현실에서 교수님처럼 한 가닥 희망으로, '부정'의 옷을 입은 환자에게 끊임없는 연민을 갖고 환자를 위해 '합리화'를 할 수 있을까? 어느 순간 다가올지도 모르는 의료 소송의 불안감마저 떨쳐 내고 이렇게 할 수 있을까? 나나 보통의 의사에겐 불가능한 일일 것이다. 하지만 보통의 의사라도 환자의 병과 관련된 '심신증'에 대해서는 한번쯤은 생각해 봐야 한다.

치료의 기적이란 쉽게 일어나는 일은 아니다. 하지만 죽어 가는 환자와 의사 사이처럼 '부정'과 '합리화'가 아름다운 대화로 승화되는 사이에서는 모르는 일이다. 행여 기적이 일어나지 않더라도 '부정'의 옷을 입은 환자는 웃으며 죽음을 맞이할 것이다. '부정'의 옷을 입은 채로 행여 죽음의 공포가 자신의 인생에서 아름다웠던 추억들을 삼키려 하는 것을 막고서 편안히 잠들 일인 것이다.

8회 우수상 수상작이다. 필자는 환자가 두려워하며 내민 '부정'이란 몸부림에 '합리화'는 좋은 대답일 수 있다고 생각한다며 고난 앞에 서로에게 힘이 되는 조력자로서의 의사들이 많아지기를 기대한다는 소망을 전했다.

귓갓길

김기범 (서울대병원 소아청소년과)

그날도 다른 날처럼 늦은 귀가를 해야 했다. 집에 있는 어린 쌍둥이 남매와 홀로 고생하고 있을 안쓰러운 아내의 얼굴이 눈에 선했지만 언제나 그렇듯이 상태가 중한 응급환자를 만나면 이를 뿌리치면서까지 귀가를 서두를 수 없다. 하지만 귀가가 늦어지면서도 가슴 뿌듯하고 기쁠 때가 많다. 꼭 필요한 시술을 적절한 시기에 받게 하고 생명을 유지하게 한 뒤의 귓갓길은 더없이 큰 보람으로 충만하다. 발걸음은 날아갈 듯했고, 복잡하고 힘든 환자를 종합병원에서 진단하고 치는 일이 큰 기쁨으로 다가오곤 한다. 언제나 이런 기분으로 귀가할 수 있다면 그 시간이 아무리 늦어진다 해도 문제되지 않을 것 같다.

그런데 오늘 귓갓길은 너무나 착잡하고 울적했다. 정반대의 결과가 펼쳐졌기 때문이다. 선천성 심장기형은 정도가 심하다고 해도 그 정도는 무척이나 다양하다. 단순히 불필요한 혈관이 있거나 심장 내 작은 구멍이 있어서 그냥 별다른 치료 없이 관찰만 하는 경우도 있지만, 궁극적으로 심장이식만이 유일한 치료인 기형도 있다. 오늘 귀갓길을 울적하게 만든 아이는 후자에 가까웠다. 어린 아기는 선천적으로 심장에서 나가는 폐동맥이 존재하지 않았다. 정상인과 같은 인위적인 폐동맥을 만들어주기 위한 완전교정까지는 3번 정도의 심장수술이 필요했고, 이후에도 성인이 될 때까지 여러 차례의 추가수술이 불가피한 상태였다. 그 아기의 부모는 무척이나 선량하고 좋은 분이었다. 난이도가 높은 힘든 수술이 수차례 필요함을 알고 있었고, 그 과정이 쉽지만도 않다는 것도 알고 있는 것 같았다. 그럼에도 불구하고 치료에 적극적이었기에 우리는 아기의 부모를 믿고 수술을 진행하려고 했었다. 힘들고 긴 과정을 누구보다 잘 알고 있는 나에게, 내 아이에게 만약 같은 상황이 벌어진다면 난 어떻게 반응했을까? 항상 반문하게 된다. 어린 아기는 그렇게 첫 번째 수술을 기다리고 있었다.

갑자기 휴대전화 진동이 울리기 시작했다. 언제나처럼 전화를 받으니 상대의 목소리는 급박했다. 그 아기가 지금 심폐소생술 중이라는 것이다. 무슨 일이 일어난 걸까? 긴장한 나는 달려갔다. 먼저 도착한 여러 명의 의사들이 어린 아기의 가슴을 압박하고 있었다. 아마 심장박동이 멎으려고 했던 것 같다. 누군가는 아기의 입을 통해 기도로 삽입된 관으로 공기를 밀어 넣고 있었다. 아기는 홀로 숨을 쉴 수 없는 상태라는 것도 알 수 있었다. 그렇게 심폐소생술이 진행되고 있었다. 아기 부모의 얼굴을 쳐다볼 수가 없었다. 왜 이런 일이 일어난 걸까? 계속 의문을 던져보았다. 하지만 지금은 답을 구하기보다 아기의 심장이 다시 스스로 뛸 수 있기를 간절히 바라며 심폐소생술을 계속해야 했다. 시간은 무척 빨리 흘러갔다. 심폐소생술을 시작하고 30분이 지나도 자발호흡이 회복되지 않고, 의미 있는 심장박동이 없다면 회복 불가능으로 간주하고 심폐소생술을 멈춰도 된다. 아기는 벌써 1시간 반이 넘도록 계속 심폐소생술을 받고 있는 중이다. 하지만 멈출 수가 없었다. 갑작스런 아기의 상태 악화에 부모는 미처 마음의 준비를 못하고 있었다. 회복을 바라며 계속 아기의 이름을 부르고, 또 심폐소생술을 멈추지 말 것을 부탁했다. 어떻게 해야 할까? 이미 아이는 회복되지 못할 선을 넘고 있는데, 기적적으로 회복된다고 해도 뇌손상이 얼마나 심할지는 가늠하기 힘들었다. 지금 살아난다 해도 그 많은 수술을 견뎌낼 수 있을까라는 생각도 머릿속에서 떠나질 않았다. 이제 곧 결정을 내려줘야 하는 시간이 다가오고 있다. 어떻게 하는 것이 최선의 결정일까? 어떤 결정이 아기와 부모를 위한 최선이 될까? 그리고 난, 그런 결정을 내릴 자격이 있는 걸까? 심폐소생술을 하는 내내 많은 생각이 교차했다.

사람의 행복을 자기 기준으로 볼 수는 없다. 중증 질환을 가진 아이의 부모 중에서도 큰 행복감을 가지고 아이를 돌보는 이들을 여러 명 보아왔다. 어려움 속에서 사람들은 좌절하고 어긋난 길을 가기도 하지만 자족하는 법을 배우고 그 상황을 즐기려고 하기도 한다. 선천성 심장병을 가진 아이들도 마찬가지다. 태어나 7~8번의 대수술을 받은 뒤, 후유증으로 정신장애까지 동반하게 돼 말도 안통하고 언제나 찡얼거리기만 하는 아이를 돌보면서도 항상 웃음을 잃지 않고 최선을 다하며 병원을 오가는 부모도 있다. 때로는 그 부모를 불행한 시각으로 볼 때도 있지만, 부모들은 그 와중에도 장애를 가진 아이들이 주는 작지만 큰 기쁨을 먼저 보고 있었다. 물론 모든 부모들이 이처럼 제 자식을 보는 것은 아니리라. 이 아이들을 치료하는 나 역시 같은 상황이 주어진다면 그렇게 웃음을 잃지 않고 최선을 다해서 돌볼 자신은 없다. 하지만 모든 상황을 받아들이고도 최선을 다해 자식을 돌보는 긍정적인 부모들이 있기에 오늘도 중증 질환을 가진 아이들을 치료하는 데 최선을 다하게 된다.

하지만 어린 아기는 몇 시간에 걸친 심폐소생술에도 불구하고 결국 회복되지 못한 채 이 세상에서의 삶을 다하고 말았다. 첫 번째 수술을 받아보지도 못하고, 세상을 등지게 한 것이 너무나 미안했고 아이의 부모에게도 죄송했다. 부모의 마음은 더했을 것이다. 적어도 이 순간만큼은 아이가 살아있었다면 겪어야 했을 수많은 수술과 후유증에 대한 걱정, 그에 따른 경제적 어려움을 생각할 수 없었다. 죽음 앞에서는 이 모든 것들이 그저 합리화에 불과했다. 그냥 덮어줘야겠다는 생각이었다. 아기는 몸에 설치되었던 모든 기구들이 제거하고 태어났을 때와 같은 모습으로 아기 포에 덮인 채 중환자실 침대 위에 누워 있었다, 조용히 다가가 보았다. 아기 몸은 깨끗이 닦아내었음에도 심폐소생술의 흔적으로 여기저기 멍들어 있었다. 그리고 수많은 바늘구멍이 보였다. 아기의 머리를 쓰다듬으며 미안하다고 수없이 되뇌어 보았다. 그리고 우리는 작별 인사를 했다.

울적한 귀갓길에 많은 생각을 하게 됐다. 그동안 나를 거쳐 갔던 많은 심장병 환아들의 얼굴이 떠올랐다. 기적처럼 살아나 건강하게 하루하루를 보내 주위 사람들에게 기쁨을 준 아이들, 안타깝게 세상을 등진 아이들의 모습이 떠올랐다. 모든 진료에 따른 결과는 항상 또 다른 결정을 위한 피드백을 주곤 한다. 그날 나는 평생 기억해야할 또 한 명의 아이 이름을 내 기억 속 한 구석과 파일에 기록했다. 아마도 어린 아기와 부모에게 평생 빚진 마음으로 다른 아이들을 치료해야할 것이다. 이처럼 우울한 귀갓길은 앞으로 또 생기게 될 지도 모른다. 그리고 그럴 때마다 나는 계속 새로운 다짐을 해나갈지도 모른다.

더 많은 날이 즐거운 귀갓길이 되었으면 하는 참으로 인간다운 생각을 오늘도 하게 된다.

 이 글은 8회 장려상 수상작으로 필자는 소감을 통해 "많은 환자들의 죽음을 접하기에 때론 무덤덤할 때도 있지만 점점 그 죽음을 보는 일이 자신 없어진다"며 앞으로는 뿌듯함으로 가득한 귀갓길이 더 많았으면 한다는 바람을 전했다.

프리허그(Free Hug)

장덕민 (충남 천안 그린필병원 신경과)

출근 첫날, 전날 내린 눈이 하나도 녹지 않은 채 세상은 온통 하얀 색으로 뒤덮여 있었다. 출근하기로 한 요양병원이 도시 외곽에 위치하고 있어 급하게 중고차 하나를 장만했는데, 애초 계획과는 달리 계속되는 악천후로 연습 운전 한 번 제대로 해보지 못하고 출근을 해야 하는 사태에 직면하고 말았다. 집에서 병원까지는 잃어버리기가 도리어 더 어려운 길인데도, 마지막 좌회전하는 곳을 지나쳐 버리는 바람에 한참을 돌고 돌아서야 비로소 'ㅇㅇ요양병원' 간판과 마주할 수 있었다.

내 인생 첫 봉직의의 생활은 서툰 운전처럼 그렇게 시작되었다. 병원 현장에서 오래 떠나 있었으므로 과연 내가 잘할 수 있을까 두려웠고, 내 부족함이 직접적인 환자의 피해로 연결되지 않을까 겁이 났다. 그러면서도 이런 내 마음을 다른 사람에게 들킬까 그것이 더 염려스럽기도 했다.

개원한 지 6개월 남짓, 그 짧은 기간 동안 서너 명의 의사가 거쳐 간 걸 보면 병원 역시 아직까지 제대로 체계가 잡혀 있지 않은 어수선한 상태임이 분명했다. 입원 환자 수는 120명이 넘었는데, 의사는 나를 포함하여 달랑 2명, 한 달쯤 뒤에 의사 한 명이 더 오기로 되어 있다는 것이 그나마 위로가 되었다. 전임자가 환자 명단을 건네주고 같이 회진을 돌면서 환자들에게 나를 소개시켜 주었다. 누가 누군지 알 수 없어 족히 수백 번의 인사를 했다.

애초의 걱정과는 달리 병원의 업무는 그다지 어렵지 않았다. 입원 환자의 회진을 돌고 오더를 내는 일, 비위관(L-tube), 기관 내 삽관(T-tube), 도뇨관(Foley cath)을 삽입하거나 교체하는 일, 욕창 환자의 드레싱이 주된 일과였다. 관 삽입이나 교체는 많아야 하루에 두세 건에 불과했고, 입원 환자의 오더는 병실별로 일주일에 한 번씩 내면 됐다. 게다가 많은 환자들이 다른 급성기 병원을 거쳐 내원하는 바람에 반복 처방을 하는 경우가 다반사여서 아직 환자를 제대로 파악하지 못한 내 입장에서조차 오더 내는 부담이 크지 않았다.

사람의 적응력은 얼마나 놀라운지. 출근 첫날의 그 낯설고 얼떨떨함이 어느덧 일상이 되는 데까지 시간은 얼마 걸리지 않았다. 오더를 내는 시간은 더 짧아졌고, 욕창 드레싱의 속도도 엄청 빨라졌다. 누가 누군지 구별되지 않던 환자들은 비로소 얼굴과 이름을 찾게 되었고, 와상 환자가 많은 병실에서 풍기는 특유의 냄새에도 익숙해졌다.

겉보기엔 고인 물 같은 요양병원도 파도가 일렁였다. 거의 매일같이 누군가는 입원을 했고, 또 다른 누군가는 퇴원을 하거나 죽음을 맞이했다. 요양병원의 특성상 돌아가면서 당직을 서야 했는데, 무슨 연유에선지 대부분의 환자들이 내가 당직인 날 입원을 하고 내가 당직인 날 밤이나 새벽에 돌아가시는 바람에(아주 빠른 시간 내에 나는 환자를 많이 '타는' 걸로 자리매김을 했다), 나는 얼마 지나지 않아 입원 기록지를 작성하는 데 익숙해지는 것 못지않게 사망진단서를 작성하는 것에도 익숙해졌다.

일을 시작한 지 두 달쯤 되자 졸린 눈으로 환자의 임종을 덤덤하게 지켜보게 되었고, 빨리 사망선언을 하고 들어가 잠 좀 잤으면 싶은 생각이 간절했다. 사망선언을 하고 나면 마무리를 빨리 하려고 내가 직접 수세복을 입히게도 되었고, 왜 사람들은 낮에 안 돌아가시고 굳이 밤이나 새벽에 돌아가시려 하느냐고 말도 안 되는 원망을 늘어놓게도 되었다.

처음 일을 시작할 때의 설렘은 너무나 빨리 없어졌다. 서툴지만 정성을 기울이던 애초의 그 마음을 잃고, 그 자리는 일에 익숙해지면서 생긴 둔감함과 권태로움이 대신하게 되었다.

여유 있는 낮 시간이 점점 늘어났지만 짬을 내서 무언가를 하기도 쉽지 않았다.

어느 틈엔가 나는 괜히 이 병실 저 병실 기웃거리기도 하고, 환자나 간병인이 먹고 있는 간식도 얻어먹고, 화투 상대도 되어 주고, 볕을 쬐고 있는 환자들의 휠체어도 밀어주기 시작했다. 그러는 동안 나는 내가 담당하고 있는 환자뿐만 아니라 다른 주치의의 환자에 대해서도 알게 되었고, 좀 지나서는 그들이 가진 질병에 대해서가 아니라 그들이 살아온 삶의 얘기를 듣는 시간이 훨씬 많아졌다.

환자와 개인적인 이야기를 하게 되면서 환자를 부르는 내 호칭도 달라졌다. 남자 환자들에게는 '어르신'이라는 호칭을 붙여 드렸고, 여자 환자들은 이름

뒤에 '언니' 혹은 '엄마'를 붙여 불렀다. 김○○ 언니, 박○○ 언니, 정○○ 엄마, 그런 식이었는데, 친정 엄마의 나이를 고려해서 그래도 70대 말쯤은 되는 환자라야 나로부터 '엄마'라는 칭호를 얻게 되었고, 나는 수많은 '엄마'와 '언니'에게 둘러싸인 사람이 되었다.

병원 내 환자의 이름을 거의 다 외우게 된 어느 날, 병원에 입원하고 있는 환자들 중 그나마 가장 상태가 나은 환자들이 있는 2층의 한 병실에 들어섰다. 그 병실에는 4명의 '엄마' 환자와 5명의 '언니' 환자가 있었고, 내가 담당하는 3명의 환자가 있었다. 회진할 때 나는 일단 환자가 있는 곳으로 바싹 다가가서, 가볍게 손을 잡거나 어깨를 감싸 안고 불편한 곳이 없는지를 묻는 방식(여자 환자에게만)을 취하는데, 그날 역시 평소 하던 대로 내 환자의 침대 쪽으로 가서 살짝 걸터앉고는 "박○○ 언니, 점심은 많이 드셨어요?"라고 말을 건넸다.

"아이고, 장 원장님은 친절하기도 하요. 저렇게 늙은 사람 손도 잡아 주고…. 거기는 원장님이 손잡아 주니께 얼매나 좋소?"

옆 침대에 있는 환자가 부러운 듯 말을 했다. 문득 병실에 있는 다른 환자들을 보니 그분들 역시 나와 내 환자를 물끄러미 바라보고 있었다. 괜히 머쓱하니 쑥스럽기도 하고 뭐 어려울까 싶은 생각도 들어서 "기분이다. 그럼 내가 매일 한 번씩 안아 드릴게요."라고 약속을 해 버렸다.

이윽고 시작된 '프리 허그(Free Hug)'. 굳이 순서를 정해 놓은 것은 아니었지만 자연스레 한 침대에서 다음 침대 쪽으로 포옹의 물결이 이어졌다. 언젠가 상담심리학 시간에 배운 '포옹하기'를 생각하며, 침대로 다가가서 한분씩 꼬~옥 안고 "건강하세요."라고 말하는 것도 잊지 않았다.

이상했다. 정말이지 이상한 일이었다. 장난처럼 시작한 일인데 그 일이 가져온 반향이 너무 컸다. 처음엔 조금 쭈뼛거렸지만 이내 환자들이 내 품 속으로 쏙 하고 들어왔다. 따뜻하고 포근한 느낌이 온몸으로 퍼졌다. 마침내 9명의 환자들과의 포옹이 끝났을 때 난 알 수 없는 기분에 사로잡혔고, 환자 몇명은 눈물을 글썽였다.

언젠가 인터넷에서 한 외국인이 벌이고 있는 '프리 허그' 운동에 대한 사진과 기사를 보았다. 그때 나는 '잘 모르는 상대와 포옹을 한다는 것이 얼마나 이상스럽고 우스꽝스러운 짓인가' 라는 생각을 했었다.

그런데 그게 아니었다. 단 한 번의 포옹이 가져오는 양방향적인 위력은 실로 놀라웠다. 단 한 번의 '포옹'을 통해 내가 관심 받고 있고 사랑받고 있음을 느낄 수 있었다. 내가 누군가에게 따뜻한 존재가 될 수 있고 누군가를 행복하게 만들 수 있음도 알게 되었다. 어릴 적 엄마 품에서 느꼈던 안전함과 편안함, 그리고 무한한 사랑을 우리 모두 그리워하고 있었음도 알게 되었다.

그 병원을 떠나올 때까지 나의 '프리 허그'는 계속되었다. 점심을 먹고 나른 해질 즈음 나는 내 '엄마'와 '언니'들이 있는 곳으로 갔고, '엄마'와 '언니'들은 나를 기쁘게 맞아 말로 표현 못할 행복감을 전해 주었다. 물론 그분들도 나만큼 행복했으리라 믿는다.

환자들은 다시 내 설렘과 열정의 대상으로 바뀌었다. 질병을 지닌 환자들은 내 맘에서 개인사를 가진 한 인간으로 바뀌었고, 나는 임종을 맞는 분들의 손을 잡고 진지하게 기도를 하게 되었다. 보호자들은 더 이상 날 짜증나게 하는 존재가 아니었고, 이 세상 소풍 끝내는 환자들을 나와 같이 배웅해주는 존재가 되었다.

환자를 대하는 내 태도가 점차 매너리즘에 빠지고 있을 때, 나도 모르게 환자를 병든 사람으로만 취급하고 있을 때, 난 그날의 '프리 허그'를 기억하려 애쓴다. 그리고 그날 주고받았던 그 따뜻함과 평온함을 오랫동안 잊지 않으려 한다.

8회 대상 수상작이다. 수상소식을 듣고 "그러면 안 되는데" 했다는 필자는 뒤에 읽어도 부끄럽지 않은 글을 쓰고 싶다는 꿈을 계속 꿀 수 있는 계기가 된 것 같다는 말로 수상의 기쁨을 표현했다.

'사람'을 만나다

생명입니다

이선화 (일반의)

　의사면허를 받고 인턴으로서 처음 근무하게 된 파트는 일 많고 힘들기로 소문난 외과계 중환자실이었다. 간 이식으로 유명한 병원인 만큼 보통 하루에 한 건 이상씩 간 이식 수술이 이루어졌다. 이식수술을 받은 환자들은 수술 후에 중환자실에서 치료를 받아야 할 뿐만 아니라, 이식된 장기가 거부 반응으로 망가지는 것을 막기 위해 면역 억제제가 투여되고 무균실에 격리된다. 이런 환자들 중에서는, ICU psychosis, 말 그대로 중환자실 입원 중 환청이나 환각을 경험하는 경우가 종종 나타난다고 한다.

　김영길(가명) 환자도 이런 경우였다. 38세의 젊은 나이에 간이식 수술을 받고서 중환자실 무균실에 격리된 지 2주 정도 지났을까, 이 환자는 손과 발을 침대에 묶어 놓지 않으면 콧줄이고, 혈관줄이고 몸에 붙어 있는 걸 다 떼어버리고 난동을 피웠다. 게다가 계속 끊임없이 헛소리를 하곤 했다. 애기가 울고 있다, 할머니가 내 옆에서 나를 보고 있다, 검은 물체가 지나다닌다, 이런 말을 혼잣말처럼 중얼거리거나 때로는 큰 소리로 외치곤 했다. 중환자실, 게다가 격리실에서 한 달 넘게 있다 보면 몸이 정상적이라고 해도 누구나 정신이 이상해지지 않을 수 없을 것 같지만, 중환자실 근무 기간이 긴 간호사들은 이런 환자가 있는 것을 매우 싫어하게 마련이다. 이런 환자를 처음 본 나야 불쌍하고 안타까운 마음이 먼저 들지만 말이다. 정상적인 의사소통이 불가능해진 김영길 환자는 결국 안정제를 맞고서야 조용해지곤 했다.

외과계 중환자실에서의 첫 주가 흐르며 겨우 적응해갈 무렵, 새벽부터 정신없이 일하느라 지치고 힘든 어느 날이었다. 잠시 틈이 나서 휴게실에 멍하니 앉아있으려니 어떻게 알고서는 호출이 왔다.

"선생님, 중환자실 김영길 환자 센트럴 라인(central line, 중심정맥관) 제거해 주세요."

환자의 중심정맥관 위치를 바꿀 때가 되었나보다 생각하면서 한없이 무거워져버린 발걸음을 옮겼다. 호출을 받고 간 중환자실 앞에는 면회시간이 되었는지 보호자들이 모여 있었다. 이들이 만나게 될 중환자실 환자들 중에는 일반병실에서 치료받을 정도로 건강해져서 내일 모레면 중환자실에서 나오게 되는 분도 있을 테지만, 언제쯤 중환자실에서 나올지, 혹시나 나오게 된다고 할지라도 과연 살아서 나올지 확신할 수 없는 분도 있었다. 김영길 환자는 아무래도 후자에 가까워 보이는 환자였다.

중심정맥관 제거에 쓰일 의료용구 세트를 갖고서 환자가 누워있는 무균실의 문을 열었다. 방에 들어서자마자 그가 뭐라고 막 소리를 치면서 묶여있는 팔다리를 흔들어댔다. 끈이 묶여있는 팔뚝과 발목은 벌겋게 달아올라 있었다.

"가만히 계세요! 가만히 계셔야 목줄을 제거해 드리지요!"

"움직이시면 안돼요! 잠깐만 움직이지 마세요!"

중환자실 간호사와 함께 소리치면서 환자를 안정시키자 알겠다면서 조금 잠 잠해지는가 싶더니 이내 곧 뭐라고 소리치면서 팔다리를 움직여댔다. 이렇게 환자와의 싸움 아닌 싸움이 지속되자 함께 있었던 간호사는 이제 이런 상황에 진절머리가 난다는 듯이 "이제는 말도 다 알아듣고 그러시면서 왜 자꾸 이러시 냐"면서 "환자분 마음대로 해요"라고 소리치고서는 격리실을 나가버렸다.

간호사의 행동이 효과가 있었는지 환자분이 잠시 조용히 있었다. 머리만 움 직이지 않고 좀 가만히 하고 있어도 시술이 가능하기에 머리만이라도 움직이 지 말라고 소리치면서 중심정맥관을 유지하고 있는 봉합사를 제거하려고 시 도했다.

"움직이시면 칼에 찔리셔요, 움직이시면 안돼요!"

"에이, 뭐야!"

11번 블레이드가 봉합사에 닿는 순간, 환자가 다시 소리치면서 온 몸을 뒤 틀며 내 팔을 쳤고 블레이드와 소독 도구들이 바닥으로 떨어졌다.

한숨을 쉬면서 떨어진 의료용구에 눈길을 돌리며 허리를 굽히는데, 몸부림 치면서 느슨하게 풀린 기저귀에서 무언가 시커먼 것이 나오고 있었다. 환자의 대변이었다.

바로 이 때였다. 왼쪽 손목 동맥과 혈압계를 연결하고 있는 투명한 줄 속의 새빨간 동맥피, 짙은 갈색 소변이 담겨있는 주머니에 연결된 굵은 소변줄, 심 한 황달로 검은색에 가까운 온 몸과 상복부에 길게 나있는 수술자국이 흰 침 대시트에 떨어져 있던 시커먼 대변과 함께 내 눈 속으로 어지럽게 들어오기 시작하더니, 떨어진 의료용구를 집고 허리를 펴면서 환자의 노란 얼굴을 볼 때는 눈물이 되어 나왔다.

속상했다. 비참했다. 연약하고 불쌍한 존재.

소변, 대변도 마음대로 못하고 하루 종일 격리된 채 언제 이곳을 벗어나게 될지 알 수 없는 상태.

이런 삶의 의미는 무엇일까? 과연 의미가 제대로 있을까? 왜 우리는 이렇게 살아야 하는 것일까? 도대체 이러한 시간과 경험이 왜 있어야 하는 것인가?

산다는 것은 진정으로 고해(苦海)구나. 인생은 진정 고해야.

평소에도 눈물 많은 나였기에 한 번 흐르기 시작한 눈물은 멈출 줄을 몰랐다.

간호사가 다시 새 세트를 가져다주었고 나는 다시 환자의 중심정맥관을 잡고서 제거를 시도했다. 한참을 그러던 중 계속 소리치며 몸부림 치고 있던 환자의 노란 눈과 내 붉어진 눈이 마주쳤다. 갑자기 조용해진 환자는 쉴 새 없이 흐르고 있는 내 눈물을 빤히 쳐다보았다. 이제까지의 혼란스러웠던 시간이 일순간 정지하고 환자의 맥박에 맞추어 규칙적으로 울리는 기계음만 격리실을 채우는 것 같았다. 바로 그 순간, 환자의 노란 눈에서 투명한 눈물이 주르륵 흘러내렸다. 조금 있으려니 환자는 소리 내어 엉엉 울기 시작했다. 그런 환자를 보면서 나도 함께 엉엉 울었다. 우리는 둘 다 아무런 얘기도 하지 않았다. 그저 서로 다른 마음으로 함께 눈이 퉁퉁 붓도록 울었다.

환자의 중심정맥관은 제거되었고 얼마 지나지 않아 1년차 선생님이 반대편 위치에 중심정맥관을 삽입했다. 난 놓아버렸던 감정을 겨우 추스르고 그 사이 밀린 일들을 하기 위해서 중환자실을 나왔다.

다음 날 새벽, 김영길 환자와의 사이에 있었던 일은 이미 머나먼 옛날 일처럼 느껴졌다. 그는 여전히 엉뚱한 얘기를 했고 몸에 연결된 여러 줄들 중 가장 만만해 보이는 코줄을 여러 차례 뽑으려고 했으며 잠깐이라도 묶어놓으면 좀 풀어달라고 소리를 쳤다. 날마다 이식 수술을 막 끝내고 중환자실로 옮겨오는 환자들에 관계되어 인턴이 해야 할 일들은 산더미처럼 쌓여있었기에 수술 끝난 지 2주가 훨씬 넘어선 김영길 환자가 있는 격리실에 들어갈 일은 갈수록 없어지게 되었다. 다만 가끔씩 열어본 전자 차트에서 좋아지고 있는 환자의 여러 검사 수치들을, 의아하지만 감사한 마음으로 확인해볼 뿐이었다. 조금씩 병원 일과 환경에 익숙해진 만큼 내 안에서의 질문들은 옅어져갔다. 정신없이 한 달이라는 시간이 지나가고 외과계 중환자실에서의 근무도 끝나갈 무렵에 김영길 환자가 이제는 일반 병실로 올라갈 수 있을 만큼 좋아졌다는 얘기를 듣게 되었다.

김영길 환자가 일반 병실로 올라간다는 날, 중환자실에서의 마지막 혈액 검사가 시행되었고 나는 왼쪽 팔목의 동맥줄을 제거하기 위해 오랜만에 그 방에 들어갔다. 착잡한 마음으로, 하지만 애틋한 마음으로 환자에게 말을 걸었다. 물론 또 엉뚱한 소리를 하실 것이라고 생각해서 아무런 기대도 하지 않았다.

"김영길님, 오늘 일반 병실 올라가신다면서요?"

"네, 선생님. 고맙습니다."

환자의 멀쩡한 대답을 듣고 나는 너무 깜짝 놀라서 주사기를 놓칠 뻔했다. 예기치 못한 일에 당황해서 아무런 말도 못하고 동맥줄을 제거한 후 알콜 솜으로 지혈을 하면서 환자의 왼쪽 팔목을 꽉 쥐었다. 아무렇지도 않은 듯 다시 얘기를 시작했지만 떨리는 목소리를 감출 수는 없었다.

"제가 초보라서 그동안 잘 보살펴 드리지 못한 거 같아서 죄송해요."

"아니에요, 너무나 잘 해주셨어요."

그 순간 기적이 일어나는 것 같았다. 이 환자하고 이렇게 중환자실에서 인사를 할 수 있게 되다니 하나님께서 기적을 베푸신 게 아닐까?

나는 이런 저런 이야기를 물어봤다. 환자에겐 아들 두 명이 있는데 아이들한테 해준 것도 없이 이렇게 병원에만 있어서 너무 미안하다고 했다. "얼른 낫고 건강해지셔서 빨리 퇴원하셔야지요."하고 나는 대답했다.

"그러기 위해서는 마음도 평안해야 하구요. 몸과 마음은 따로 있는 것이 아니니까요."

"……."

"괜찮으시다면 제가 김영길님을 위해서 마음 평안해지시라고, 복 받으시라고 기도해도 될까요?"

환자는 고개를 끄덕이더니 눈을 꽉 감았다.

나는 눈물을 가까스로 꿀꺽꿀꺽 삼키면서 기도를 시작했다.

"김영길님의 몸과 마음이 건강해질 수 있도록 도와주세요. 그 가정에도 복을 많이 주시고 늘 편안하고 안정된 마음 가질 수 있게 해 주세요."

눈을 꼭 감고서 어느새 눈물을 흘리고 있었던 환자가 기도가 끝나자 얘기한다.

"고맙습니다. 너무 잘 해 주셨어요."

"아니에요, 건강한 모습으로 아드님 하루 빨리 뵙길 기도할게요."

붉어진 눈 때문에 고개를 푹 숙이고 중환자실을 나오면서 나는 마음속으로 그에게 용서를 빌었다.

'김영길님, 미안해요. 실은 김영길님이 나을 것 같지 않은 상태로 소리치고

난동 피우면서 의료진들 괴롭힐 때, 전 김영길님의 삶에 과연 무슨 의미가 있을지 의문을 품었어요.'

김영길 환자와 함께 펑펑 운 날 밤에, 함께 의사의 길을 걷고 있는 남편과의 대화가 생각났다. 생명의 경중이란 없다. 아니, 없어야만 한다. 공원을 아장아장 걷는 아기나 가장 활동적으로 경제 활동을 하는 40대 남자나 홀로 찬 방에 누워 거동이 불편한 노인 모두, 그 생명의 가치는 각각 무한한 중요성을 갖고 있다. 생산성이 없다는 이유로, 어느 누구도 인간에게 부여된 생명의 의미를 깎아 내릴 수는 없는 것이다. 중환자실에서 오늘내일하며 금방이라도 돌아가실 것 같았던 할머니였는데 몇 차례 고비를 넘기고서는 정말 건강해져서 퇴원하셨다는 이야기도 생각났다. 김영길 환자의 인생에 대해 내가 감히 어떻게 의미를 찾을 수 없으며, 힘든 인생일 것이라고 판단할 수 있단 말인가.

눈물을 삼키며 고개를 들어 뒤돌아보았다. 중환자실 앞에는 오늘도 환자 보호자들이 모여 있었다. 면회시간이 되었는지 보호자들은 조용히 차례를 기다리면서 신발을 갈아 신고, 가운을 입고, 손을 씻고 있었다. 이 일련의 과정을 물끄러미 바라보고 있으니 종교 의식처럼 경건해 보였다. 환자가 중환자실에서 나올 때까지 매일 행해지는 이러한 의식 가운데에서 마음속으로 드리고 있을 가족들의 기도가 내게도 전해오는 것 같았다. 그리고 이 기도들 중에서 분명히 김영길 환자의 두 아들의 목소리도 있을 것이다.

6회 장려상 수상작이다. 레지던트 지원에는 떨어졌지만 수필은 당선되어 기쁘다는 필자는 쉽지 않았던 인턴시절을 버틸 수 있었던 것은 오직 '환자' 덕분이었다며 그들과 함께 눈물 흘리고 손을 잡아주던 기억을 떠올렸다.

죽비

강은호 (충북 음성꽃동네 인곡자애병원 정신과)

K의 병명은 정신분열병이었다. 고등학교를 졸업하고 얼마 지나지 않아 발병했다. 병력이나 질환의 특성상 꽤 오래 전부터 서서히 증상이 진행했던 것 같았다. 그의 증상이 감당하지 못할 정도가 되어서야 부모는 문제의 심각성을 깨달았을 것이다. 그의 집은 남도 끝자락 부근 시골 마을이었다. 부모는 농사를 지었고, 학력 수준이 낮았으며, 가난했다. 그런 그의 부모는, 어떤 경로를 통해서인지는 모르겠으나 K를 서울, 그것도 강남의 부유한 사람들이 많이 다닌다고 소문이 났던 그 종합병원에 입원시켰던 것이었다. 그리고 그가 입원한 지 일주일이 채 못 되던 그날은, 내 당직일이었다. 가운 왼쪽 주머니에 새겨진 '의사'라는 단어 앞에 '정신과'라는 세 글자가 붙은 지 얼마 안 된 때였다.

그의 주치의가 아니어서, 나는 병동에 어떤 이름을 가진 어떤 환자가 있다는 정도만 알고 있는 상태였다. 심한 급성기 증상으로 그는 병실보다는 주로 집중관찰이 가능한 간호사실 안쪽 1인용 보호실에서 지내는 날이 많았다. 심한 환청과 피해망상에 시달리고 있었고, 사고는 지리멸렬했다. 누가 누군지 잘 분간을 하지 못했고, 퇴행이 심해 침대에 누워 소변을 지릴 때도 있었다. 그런데 그의 증상 중에 특이한 것은, 여기저기 신체적인 통증을 호소하면서 아무에게나 팔다리를 주물러달라고 하는 것이었다. 물론 정신분열병을 비롯한 여러 질환에서 원인을 설명하기 힘든 신체 증상이 동반되기는 하지만, 치료진에게 그처럼 집요하게 팔다리를 주물러 달라 요구하는 경우는 그다지 흔한 일은 아니었다. 그런데 딱 그날 밤, 깊은 시각에 병동에서 콜이 온 것이었다.

"선생님, 여기 병동인데요, ○○○씨가 또 주물러달라고 하네요. 안된다고 했는데도 계속 아프다고 그러고 있어요. 어떻게 할까요?"

"휴, 글쎄요…, 일단 가볼게요."

보호실에 들어가기 전, 담당간호사에게 환자의 경과를 물었다. 주치의의 경과 기록과 간호 기록도 살펴보았다. 정신과에서 치료진과 환자와의 신체접촉은 복잡한 의미를 가지고 있으며, 긍정적인 영향뿐만 아니라 많은 경우 매우 부정적인 영향을 미칠 수도 있다. 게다가 그의 주치의나 간호사들은 모두 여자였고, K는 건장한 19세 남자였다. 팔다리를 주물러 달라는 그의 요구는 받아들여지기 어려운 것이었다.

고민스러웠지만 어쨌거나 일단은 보호실에 들어갔다. 문을 여는 순간, 무슨 젓국 냄새 같은 것이 훅 풍겨왔다. 분비물과 체취, 오줌이 뒤범벅된 것 같은 독하고 비린 냄새였다. 보호실 한쪽 벽 침대에 그가 비스듬히 누워 뜻 모를 말들을 계속 중얼거리고 있었다. 눈은 초점이 없이 흐리멍덩했고, 침과 콧물 같은 것들이 입가에 말라붙어 있었다. 머리는 정말 '떡'이 되어 있었고 환의 맨 위 단추 근처에는 밥풀 몇 개가 고춧가루와 섞여 눌어붙어 있었다. 하루에도 여러 번 계속 갈아 입혔을 텐데도 옷은 지저분했다. 환의뿐만 아니라, 침대 시트 여기저기에도 김칫국물 같은 것들이 얼룩져 있었다. 옆으로 다가서는 나를 보더니 그는 팔다리가 저리고 아프다며 주물러달라고 소리를 질러댔다. 잠시 망설였지만, 나는 무릎으로 앉아서 그의 팔다리를 주무르기 시작했다.

"자, 왼쪽 다리부터 펴 봐요."

그러고 나서 우리 둘 사이에 대화는 오고 가지 않았다. 내가 주무르는 동안 그는 계속 중얼거리고 있었고, 그의 환의를 뚫고 인간의 가장 원초적이고, 퇴행적인, 본능적인 냄새만이 전해왔다. 괴로웠다.

5분이나 지났을까. 이젠 내 손이 저리고 아파오기 시작한다. 가운을 입은 상태에서 그러고 있자니 온몸에 땀이 흐른다. 한 평 반 남짓한 작은 보호실에서, 이 비릿한 냄새의 제국에서 내 체취와 땀 냄새가 그의 것들과 뒤범벅되어 가고 있다. 아, 그런데 오늘따라 여긴 왜 이렇게 더울까…, 환기는 왜 이렇게 안 되는 거지, 환풍기가 원래 없었나? 가슴이 답답해…. 숨이 턱턱 차오르는 군. 아…. 이 냄새, 정말 미치겠군.…그런데 지금 도대체 몇 시지….

양 팔과 양 다리를 한 번씩 다 주물렀다. 얼굴이 땀으로 범벅이 되고 셔츠며 바지까지 다 젖었다. 그에게 좀 나아졌는지, 가 봐도 되겠는지 물었다. 그리고 다음부터는 사람들한테 자꾸 보채지 말라는 말도 덧붙였다. "네"라는 말이 들렸는지, 고개를 잠깐 끄덕였는지 기억도 나지 않는다. 여전히 그의 눈은 풀려 있었고, 자신이 어디에 있는지도, 내가 의사라는 것도 모르는 것처럼 보였다. 한참 시간이 지난 듯 했는데, 막상 밖에 나와 시간을 확인해 보니 20분 정도였다.

시간이 좀 지나고 돌아봐도 꽤나 판단이 어려운 상황이었다. 안 해주면 이 환자는 자신이 거절당하고 버림받았다고 느낄 수도 있을 것이었고, 반대로 요구를 들어주는 것은 더 퇴행을 조장하거나, 주치의도 아닌 나와의 관계가 정작 주치의와의 관계에 좋지 않은 영향을 줄 수도 있었다. 그렇게 되면 치료는 더 어려워질 수도 있다. 하지만 솔직히 그때는 별 생각이 없었다. 일단 너무 안쓰러워 보여서 그의 요구를 들어주긴 했지만, 그 잠깐의 시간이 너무 힘들고, 그가 너무 더럽다고 느껴졌을 뿐이었다. 그때 나는 정신과 1년차 초년병이었다. 정신과 의사로서 뭔가 막연히 '멋진' 것들만을 생각하고 있던 때였다.

당직실에 돌아온 후 나는 기진맥진한 상태로 잠에 빠져 들었다. 그리고 그는 그 뒤로도 며칠 더 보호실에서 지냈다. 그의 요구는 그 이후로 어느 정도 줄었고 나는 그와 직접 마주칠 기회가 거의 없었다. 1주일 정도가 더 지나자 증상이 많이 나아졌는지 그가 병실 복도에 나타나는 시간이 늘어났다. 나는 이미 그 일을 대수롭지 않게 잊어버렸고, 그를 무관심하게 지나쳤다. 어쩌면 그가 또 다리를 주물러달라고 할까봐 겁이 났었는지도 모른다. 다시 1, 2주 정도가 지난 것 같은 어느 날, 오더를 내고 의국으로 들어가는데 뒤에서 누가 나를 불렀다.

"선생님."

K였다. 그때 모습과는 달리 깨끗한 환의를 입고 있었고 위생상태도 좋아 보였다. 얼굴은 생기를 띠고 있었고, 표정이 살아있었다.

"아, 네….."

"저 있잖아요, 많이 좋아졌죠?"

"네, 그래요."

"그런데 지난번에 저기 안쪽 방에 있을 때 제 다리 한참 주물러주신 분 맞
죠?"

아! 하는 내 짧은 감탄사 후에 그의 말이 이어졌다.

"지난번에 너무 고마웠어요. 저 내일 퇴원해요. 덕분에 많이 좋아진 것 같아
요. 이젠 안 아파요. 나가서도 잘 지낼게요."

"네…."

뒤통수에서 불이 번쩍했다. 나는 뭐라 말할 수가 없었다. 그때 그 방에서의
20분이 왜 그리 오랜 시간처럼, 왜 그렇게 힘들다고 느꼈을까. 왜 그렇게 그
를 더럽다고 생각했을까. 오히려 미안함과 죄책감에 얼굴이 화끈거렸다. 어느
새 그는 등을 돌려 자기 방으로 걸어가고 있었고, 이번엔 내 눈의 초점이 흐려
졌다. 그는 복도를 천천히 나는 듯 멀어져 갔다.

그 뒤로 나는 그의 소식을 한 번도 듣지 못했다. 그리고 정신과 수련을 마친
후 전문의가 되었고, 지금은 만성정신병원에서 심각한 기능 저하가 있는 환자
들을 보고 있다. 환자들을 볼 때마다 가끔 K가 생각나는 경우가 있다. 어디서
어떻게 지내고 있을까. 일반적인 경과로 보아, 아마도 몇 차례 입·퇴원을 반
복했을 수도 있고, 전반적인 생활 기능이 많이 떨어졌을 가능성도 있다. 내 행
동이 결과적으로 그에게 도움이 되었는지 아닌지는 여전히 알 수 없다.

다만, 그 극심한 혼돈 상태에서의 그가 그날의 일과 나를 어떻게 기억하고
있었을까. 지금 생각해도 신기한 일이다. 만성 환자들을 보며 무기력해질 때
마다 나는 그를 떠올리며 마음을 다잡곤 한다. 아무리 증상이 심한 환자들도
나는 그들이 여전히 보고, 느끼고, 생각하며 기억하는 부분이 있다는 것을 이

젠 알고 있다. 어쩌면 그가 나에게 준 가르침이 그런 것이 아니었던가. 그의 목소리는 죽비소리처럼 내 안에서 여전히 울리고 있다. 나는 평생 그에게 빚을 지고 살고 있다.

6회 장려상 수상작이다. 남들에게는 작고 사소한 듯 보일지 모르지만 K와의 인연은 대단히 중요한 것이었다고 회상하는 필자는 앞으로도 작은 것을 놓치지 않고 겸허하고 가난한 자세로 살아가겠다는 다짐을 전했다.

치매, 잊어감의 아름다움

신홍범 (서울 을지병원 신경정신과)

"이 사람이 요즘 들어 깜박깜박해요."

"아, 아니라니까. 이 나이에 안 그런 사람이 어디 있어?"

앞에 앉은 노부부의 말이다.

"이 사람이 예전 같지 않아요. 가스레인지 불에 냄비를 올려놓았다가 태운 것이 한두 번이 아니고, 그 전날 분명히 한 약속도 잊어버리고 나중에 엉뚱한 말을 해요."

나는 할머니에게 최근에 있었던 일들에 대해서 하나하나 확인해 보았다. 본인 역시 기억력이 예전 같지 않다는 것을 느끼고 있었다. 그러나 병이라고는 인정하려 들지 않았다. 병원에까지 오게 된 것이 화도 나고, 불안하기도 한지 할머니는 선생님 앞에 불려온 초등학생처럼 안절부절 못 했다. 치매가 의심되어 인지기능검사와 치매 관련 기본 검사를 처방했다.

일주일 후 결과를 보러 온 할아버지는 처음보다 더 걱정스러운 얼굴이었다. 두 시간이면 끝난다고 하던 검사가 세 시간이나 걸렸으니 할아버지의 마음이 더욱 초조했을 것이다. 기억이 나지 않는 것, 잘 안 되는 것을 어떻게든 더 해보려다가 시간을 넘긴 모양이었다. 검사 결과지 여기저기에서 하나라도 더 맞추려고 안간힘을 쓴 흔적을 발견할 수 있었다. 수능시험을 보는 수험생 못지않게 긴장해서 애쓰며 그 검사를 받았을 할머니의 모습을 상상하는 건 어렵지 않았다. 검사 결과를 종합해 볼 때 초기 치매로 진단할 수 있었다.

검사 결과에 대해 이야기하고 진단을 알려주는 것이 의사에게 무척 힘들 때가 있다. 완치되지 않고 진행하는 병이며 '나를 잃어가는 병'인 치매라고 이야기해야 할 경우가 바로 그렇다. 치매는 정신에 대한 사형선고인 셈이다. '치매'라는 말에 '바보'라는 의미가 있어 병명을 바꾸자는 움직임이 있다. 일본에서는 '치매' 대신 '인지증'이라는 말로 순화시켜 쓴다고도 한다. 또 치매라는 말을 듣고 환자들이 받을 정신적 충격을 고려하여 완곡하게 "'우울증'이 조금 있으신 것 같다"는 식으로 이야기하는 의사들도 있다.

난 이번에도 '인지증, 우울증' 여러 단어를 떠올리고 있었다. 그러나 내 앞에 앉은 노부부의 눈은 이미 내가 무슨 말을 하려는지 알고 있는 것 같았다. 여느 때와 마찬가지로 담담하게 그분들에게 검사 결과와 그 병을 설명해 드렸다. 치매는 뇌가 늙어 가면서 뇌 속에 신경전달 물질이 부족해서 생긴 병이니 그걸 보충해 주는 약을 처방하겠노라고 했다. "약 잘 드세요"라는 말끝에 "너무 염려 마시라"는 말을 곁들이며 착잡한 표정의 노부부를 돌려세웠다.

일주일 후, 할머니 혼자 진료실로 들어오셨다. 인지기능검사를 하면서 자신에게 문제가 있다는 것을 인정하게 되었다고 한다. 며칠 전, 같이 가겠다는 할아버지를 뿌리치고 시장을 다녀오다가 집을 찾지 못해 헤매면서 울었다는 이야기도 했다.

"내가 치매에 걸릴 줄은 꿈에도 몰랐어. 앞으로 대소변도 못 가리게 되면 창피해서 어떡해. 낫지도 않는 병에 비싼 병원비 내며 치료받기도 미안해. 이렇게 사느니 차라리 죽는 것이 낫겠어."

딱히 누구 들으랄 것도 없이 중얼거리며 눈물을 글썽이셨다.

나는 책과 논문을 통해, '치매는 생물학적인 병이며 약으로 병의 경과를 늦출 수 있다'는 믿음을 갖고 있다. 그 동안 정해진 진단 기준에 비추어 치매 환자들을 진단하고, 증상에 따라 약물을 처방했다. 그리고 그 환자들은 별말 없이 진료실에 와서 약을 타 가며 잘 지낸다고 했다.

이 할머니에게도 같은 약을 처방했고 교과서대로 치료를 했는데도, 할머니는 치료받기 전보다 더 아파하며 슬퍼하고 있다. 가슴이 답답하고 초조하다. 여러 해 동안 쌓아 온 의학 지식에 대한 믿음이 흔들리고 있었다. 이제 더 무엇을 해야 할지 난감하기만 하다. 이 할머니를 위해 신경정신과 의사인 난 무엇을 할 수 있을까. 어떻게 도와야 하나?

우울한 사람, 불안한 사람 혹은 혼자 감당하기 어려운 고통을 지닌 이들이 모두 내 환자다. 나는 그들의 마음을 헤아리고, 고통에 대해 함께 이야기해 본다. 그 과정에서 환자 자신이 겪는 괴로움의 근원에 대해 깨닫고 자신을 이해하고 자신의 성격을 바꾸어 가도록 돕는 것이 내 일이다. 그리고 살아온 날보다 살아갈 날이 더 많고, 성격이 굳어지지 않아 바꾸기가 쉬운 젊은 사람이 정신 치료에 적합하다고 배워 왔고 나 역시 그렇게 믿고 있었다.

그런데 지금 내 앞에 앉아 있는 이는 알자마자 곧 잊어버려서 배우기 어렵고, 살아갈 날이 그렇게 길지 않은 70대의 치매 환자다. 그녀에게 어떻게 정신치료를 할 것인가? 난 그에 관해서는 들어 본 적이 없었다.

지푸라기라도 잡는 심정으로 아마존(미 인터넷 서점)을 검색해 보았다. 〈노인 정신치료〉라는 미국 서적을 발견했다. 책 정보를 보니 차례에 '치매환자의 정신치료'라는 것이 있어 주문했다. 치매라는 병 자체가 기억을 잃어 가는 것인데 어떻게 정신 치료가 가능하겠나, 하는 의구심도 있었지만, 한편 뭔가 방법이 있을 것이라는 기대도 있었다.

설레는 마음으로 책을 받아서 치매 환자의 정신 치료 부분을 펼쳤다. 치매를 초기, 중기, 말기로 나누어 각 경우 환자를 도와주는 법이 나와 있었다. 특히 이 할머니처럼 초기 치매로 진단 받은 이를 대상으로 한 부분도 있었다. 자신이 조금씩 기능을 잃어간다고 느끼는 사람에게 정신적으로 지지해 주고 상실에 대해 충분히 애도할 수 있게 도와주는 방법이었다.

사랑하는 가족을 잃거나 신체 일부를 잃는 것이 상실이다. 암이나 치료할 수 없는 병에 걸렸을 때도 상실에 준하는 감정 반응을 보인다. 처음에는 그 상황을 부정하다가 그것이 현실임을 인정하면서 그렇게 되어 버린 자신과 세상에 화를 내며 치료를 거부하기도 한다. 다른 치료나 종교에 매달리면서 타협도 해 보지만 결국에는 모든 것을 그대로 받아들이게 된다. 치매 역시 상실이다. 소중한 내 기억과 정신을 잃어 가는 것이다. 치매로 기억을 잃어 가는 노인이 겪는 아픔과 절망은 다리를 잃은 축구 선수의 그것 못지않게 클 것이다. 할머니는 상실에 맞닥뜨려 애도하는 중이고, 나는 그 과정을 도와주어야 했다.

한 달 후 할머니가 진료실을 찾아왔다. 그와 많은 이야기를 나누었다. 치매 진단을 받은 후에 느꼈던 막막함, 살아오면서 특별히 나쁜 일을 한 적이 없는 내가 왜 치매에 걸렸는가 하는 억울함, 나중에 홀로 남을 할아버지에 대한 걱정과 미안함, 자신이 알지도 못 한 채 '노망든 행동'을 할 것에 대한 걱정과 부끄러움 등에 대한 이야기였다. 그 어른은 마음이 조금씩 정리되어 간다고 했다. 나는 할머니의 이야기를 들으면서 '또 하나 배웠구나' 하고 느꼈다. 때로 환자가 의사의 스승이다.

불행히도 현재 치매를 예방하거나 완치하는 방법은 없다. 증상이 더 진행되지 않도록 막아 주는 약물들만이 있을 뿐이다. 어느 누구도 나이 들어서 치매에 안 걸릴 것이라고 확신할 수는 없다. 어떤 의사의 말처럼 치매는 우리 머릿속에 들어 있는 시한폭탄과 같다. 폭발물을 완전히 없앨 수는 없다 하더라도 불발이 되거나 터지는 시기를 늦출 수 있으니 그나마 다행이다. 환자의 고통을 완전히 없앨 수는 없지만 함께 나누며 위로해 줄 수는 있을 것이다.

할머니는 한 달에 한 번 할아버지 손을 잡고 내 진료실을 찾는다. 할머니는 기억력이 점점 떨어지면서 최근 것을 더 자주 잊는다고 한다. 동시에 옛날 생각이 많이 난다고 한다. 마치 양파 껍질이 벗겨져 나가듯 나중에 얻은 기억은 사라지고 그 속에 남은 옛날 기억들이 속살을 드러내는 것이다. "요즘은 남편이랑 결혼하고 신혼 살림하던 때와 아이들 낳아서 키우던 시절이 생각나요. 그때 참 재미나게 살았는데…. 온종일 그 기억에 취해 사는 게 매우 좋아요. 치매라고 해서 다 나쁘지만은 않네요."라며 환하게 웃으신다.

꼭 치매 때문은 아니더라도 살면서 좋은 기억을 많이 만들어 놓고 싶다. 나중에 그 기억에 취해 살 수 있도록.

6회 장려상 수상작이다. 이 글을 '부끄러운 노인정신의학 수련기'라고 칭하는 필자는 책에서 배울 수 없는 많은 것들을 환자에게서 배운다며 할머니에게 배웠던 것을 동료 의사들과 함께 나누고 싶다는 바람을 전했다.

선물

전현태 (서울 한마음병원 정신과)

그가 다시 찾아왔다는 전화를 받았을 때, 너무 화가 나서 이번엔 정말 가운 벗고 한 판 붙고 싶은 심정이었다. 벌써 열흘째였다. 퇴원한 다음 날부터 그는 단 하루도 거르지 않고 병원 현관에서 주치의 나오라며 난동을 피우고 있다. 청원경찰조차 없었던 병원에서는 소란이 생기면 모든 것을 주치의가 알아서 해야 했다. 사십 명 가까운 입원환자 주치의를 맡고 있는 데다 발표 준비, 병동 관리, 의국일 등 몸이 열개라도 부족한 마당에 매일같이 술 마시고 찾아와서 주치의인 나를 보겠다고 난리치는 그가 내겐 전혀 달갑지 않았다. 막상 찾아가서 만나면 히죽거리면서 수십 분간 입원해 있을 때의 시시콜콜한 사건들, 신세 한탄, 치료진 흉을 늘어놓았다. 마음에 여유가 있으면 그런 이야기도 듣고 있겠지만 해야 할 일이 산더미처럼 쌓여 있는데 술 취한 사람의 넋두리를 듣고 있다는 것은 정말 견디기 힘든 일이었다. 그래도 처음 며칠은 그러려니 했다. 그런데 한 시간이 넘게 붙잡아놓고 그것도 모자라 하루에도 몇 번씩 찾아오기를 반복하자 내 인내심에도 한계가 오기 시작했다.

그는 알코올 의존 환자였다. 십년이 넘게 병원 생활을 해왔으며 일년에 절반 이상을 병원에서 보냈다. 결혼도 했었지만 변변한 직장 없이 일주일 내내 취해 들어와서 주정만 부리는 그런 남자를 받아줄 천사 같은 여자와는 아니었다. 부인은 아이만 하나 낳아놓고 집안에 있는 돈을 알뜰히도 챙겨서 가출을 했다. 집나간 여편네를 찾는다고 여기저기 취해 돌아다니다가 교통사고를 당해서 그의 한쪽다리는 불구가 되었다. 아이는 돌볼 사람이 없어서 형네 집에 맡겨놓고 하루가 멀다 하고 찾아가서 돈 내놓으라고 행패를 부렸다. 처음엔 너무 안쓰러워 형도 그냥 넘어갔지만 하루 이틀도 아니고 계속되는 술버릇을 참고 있을 수만은 없었다. 결국 그때부터 화려한 입원경력이 시작되었고 조금만 취했다 싶으면 여지없이 병원에 끌려오는 신세가 되었다. 그러다가 하나뿐인 형도 그를 포기하게 되면서 보호자가 없어졌고 병원 측에서도 입원을 꺼리게 되었다.

그러나 나로서는 선택의 여지가 없었다. 어떻게 해서든 그를 입원시키는 것 말고는 이 막무가내의 싸움을 끝낼 수 없었다. 의국장 선생님에게 부탁하여 방법을 찾아보았다. 보호자가 없는 상황에서는 정신보건법상 자의입원이나 시·도지사에 의한 입원을 시킬 수밖에 없었는데 그는 이제 입원이라면 지긋지긋하다며 손사래를 쳤다. 취한 상태였지만 그 말을 하는 순간만큼은 진실인 것 같았다. 하지만 더 이상 이 무의미한 싸움을 지속하고 싶지 않았다. 결국 사회 복지사의 도움을 받아 그를 입원시켰다. 사실, 입원을 시켰다고 해서 나아질 것도 없었다. 술에서 깨어나자마자 그는 '인권'을 이야기했다.

"아니, 누구 맘대로 입원시켰어! 이거 불법감금이야. 사람 인권을 이렇게 함부로 무시해도 되는 거야! 원장 나와! 원장!"

어이가 없었다. 물에 빠진 사람 구해주니 보따리 내놓으라는 식이었다. 정말 염치없는 사람이라는 생각이 들었다. 그러면서도 마음 한구석은 찜찜하기만 했다. 내가 편해지려고 입원을 시킨 것은 아닐까 하는 자괴감에 입맛이 씁쓸했다. 그와 마주치는 것조차 부담스러웠다. 면담을 한다 해도 이런 저런 트집을 잡으며 무조건 퇴원시키라는 이야기를 할 것이 불을 보듯 뻔했다. '이래 가지고 무슨 주치의를 해' 하는 마음에 담당을 바꿔달라고 의국장 선생님에게 부탁을 했지만 '네가 뿌린 씨니까 네가 거둬' 라는 싸늘한 답변만이 아리게 되돌아왔다. 이러지도 저러지도 못하는 사이 병동에서 그의 목소리는 날이 갈수록 커져갔다.

그렇게 며칠이 지나고 저녁 회진시간이었다. 오늘은 또 어떤 욕을 얻어먹을까 두려운 기대감으로 그가 있는 병실에 들어섰다. 어디선가 끙끙대는 신음소리가 들려왔다. 그의 침대였다.

"무슨 일이예요? 어디 아파요?"

"아니, 괜찮아요. 그냥 배가 좀 아파요. 아이고."

자기 전에 한 번씩 그럴 수 있다는 전혀 근거 없는 이야기를 남기고 병실을 나왔다. 고소했다. '그렇게 힘들게 하더니 쌤통이다' 하는 생각이 들었다. 한편으론 환자에게 그런 생각을 한다는 것이 부끄러웠지만 솔직한 심정이었다. 회진이 끝나고 의국에 내려와서 다음날 있을 발표 준비를 하다가 필요한 것이 있어서 주치의 방으로 가는 길에 그의 병실 앞을 지나쳤다. 끙끙대는 소리가 어렴풋이 들리는 것 같아서 마음이 좋지 않았다. 설마…. 발걸음이 무거웠다.

그냥 지나칠 수가 없었다. 병실 문을 열자 신음소리를 참아가며 침대 위를 구르고 있는 그의 모습이 희미한 조명 사이로 비쳐왔다. 식은땀으로 온몸이 젖은 채 괜찮으니까 나가라는 말을 절규하듯이 하고 있었다. 배를 만져보니 그냥 아픈 배가 아니었다.

"괜찮기는 뭐가 괜찮아요! 응급실 가야겠구면."

화가 났다. 나도 모르게 큰소리가 나왔다. 그 소리를 그에게 하는 건지 나에게 하는 건지도 모르게 머릿속은 공명상태가 된 듯 방향을 알 수 없게 흔들리고 있었다.

정신병동은 본원 응급실과 차로 약 20분 정도 떨어져 있었다. 허둥지둥 응급실에 도착하여 이런 저런 검사를 하고 결과를 기다렸다.

"언제부터 그렇게 아픈 거예요?"

"오후부터요."

"근데, 왜 진작 말하지 않았어요? 그랬으면 이렇게 새벽에 고생 안 해도 되잖아요?"

"쪽팔려서 그랬지. 말썽만 피우다가…."

정말 밉기도 했지만 안쓰럽고 불쌍했다. 내과에서는 췌장염 진단을 내렸다. 금식하고 내과 병실에 당분간 입원해 있으면서 항생제와 통증치료를 하고 지켜보자했다. 새벽 3시였다. 보호자도 없는 사람을 응급실에 혼자 눕혀 놓기가 뭐해서 병실에 올라갈 때까지라도 곁에 있어야겠다고 생각했다. 그러다보니 밤을 꼬박 새워야 했고 다음날 발표는 말 그대로 엉망진창이었다. 더 엉망인 것은 그가 이틀 뒤에 내과 병실에서 사라져 버린 사건이었다. 또 화가 났다. 그런 몸을 가지고 병원을 나갔다는 것에는 의사로서 화가 났고 잠도 못 자고 기껏 치료해 놨더니 성의도 몰라주고 가버렸다는 것에 대해서 인간적으로 화가 났다.

그러나 그것도 잠시였다. 그는 더 이상 병원에 나타나지 않았고 시간이 지나면서 많은 환자들이 기억 저편으로 아련해지듯이 그의 존재 또한 희미해져 갔다. 나는 전공의 2년차가 되었으며 1년차 때에 비해 비교적 여유로운 마음으로 그 해 겨울을 맞이했다.

"방송국에서 전화가 왔는데 받아 보세요."

아침 회의가 끝나고 의국 아가씨의 재촉하는 목소리가 들려왔다. 방송국? 뭘까. 의아했다. 전화기 너머의 음성은 자신을 PD라고 소개했고 아무개 씨를 아느냐고 물어왔다. 낯익은 이름이었다. 한동안 잊고 있었지만 그 이름을 듣는 순간 나도 모르게 가슴이 철렁했다. PD는 방송국 차원에서 연말 음주 조심 캠페인을 벌이는데 알코올 중독자의 생생한 경험을 다큐멘터리로 만들면 더 효과가 크겠다는 생각으로 지원자를 모집한 결과 최종적으로 그가 낙점되었다고 했다. 그런데 나한테는 왜 연락했을까?

"지금 그 분이 갱생의 길을 걷고 있는데 선생님 도움이 컸다면서 선생님을 꼭 인터뷰 해달라는 거예요."

뭐? 갱생? 내 도움? 어처구니가 없었다. 갱생도 믿기지 않을뿐더러 내 도움이라니? 난 정말 꾸준하게 그를 미워했고 귀찮아했으며 부담스러워한 것 밖에 없는데……. PD는 말을 잇지 못하고 있는 내게 피해가 되지 않으면 크리스마스 전날 인터뷰를 따서 설날 특집으로 내보내고 싶다고 했다. 이유가 어찌 됐든 갱생에 대한 내 의심을 풀고 싶어서 일단 그렇게 하자고 했다. 어떻게 변했을까? 그렇게 나를 애먹이던 사람.

인터뷰 날이 왔다. 오후가 되자 카메라와 두꺼운 수첩을 든 서너 명의 사람들이 의국을 찾아왔다. 먼저 진료하는 모습을 찍고 알코올 중독에 대한 간단한 인터뷰를 하고 싶다고 했다. 나는 그의 모습을 찾았지만 보이지 않았다. PD는 그가 지금 진료실에서 기다리고 있다고 했다. 긴장이 되었다. 방송국 카메라도 나를 떨리게 했지만 그를 다시 본다는 것이 심장을 뛰게 했다.

진료실에 들어서는 순간 그가 일어서서 꾸벅 인사를 했다. 나도 얼떨결에 악수를 청했다. 따뜻했다. 굳은 얼굴이었지만 혈색은 좋았다. 잠시 후 카메라가 돌아가고 나는 PD가 정해준 약간의 대본을 따라 진료라는 것을 했다. 그러나 그의 얼굴을 똑바로 바라 볼 수가 없었다. 어색하기도 했을 뿐더러 묘한 죄책감이 자꾸만 나를 고개 숙이게 했다. 형식적인 질문과 대답 몇 마디가 오갔다. 정말 가시방석 같은 자리였다. 그냥 빨리 그 자리를 피하고 싶은 마음에 재판관이 사형수에게나 하는 질문을 던졌다.

"끝으로 하고 싶은 말은 없으세요?"

그 때 맞은편에서 건너오는 그의 음성에 귀가 번쩍 뜨였다.

"그 때 선생님이 절 살리셨어요. 밤새 곁에 계신 선생님 모습을 보면서 참 많이 느꼈어요. 더 이상 이렇게 살아서는 안 되겠다고요. 어떤 식으로든 은혜를 갚으려고 했는데 제가 가진 게 없네요. 이렇게라도 좋은 선생님을 방송으로 알리는 게 제 조그만 선물이라고 생각해 주세요."

순간 아무 말도 할 수 없었다. 창피해서 어디엔가 숨고만 싶었다. '내 마음은 그게 아니었는데, 내 마음은 그게 아니었는데…' 하는 부끄러운 울림만이 머릿속을 떠다녔다. 멍한 상태에서 인터뷰가 끝나고 그가 작별인사를 건네 왔다. 공동체 마을에서 새 삶을 시작했으니 안심하시라는 말과 함께 그는 내 손을 잡았다. 여전히 그의 손은 따뜻했다.

그로부터 십년이 지나고 난 지금도 많은 알코올 중독자들을 만나고 있다. 그들은 예전에 다른 그들이 그랬던 것처럼 나를 많이 아프게 한다. 하지만, 그 아픔 뒤에는 뜻하지 않았던 기쁨도 함께 있다. 그것은 누군가의 진심이 전해 주는 따뜻함이다. 그가 내게 전해준 선물은 아직도 마음이 아파올 때마다 상처를 온기로 어루만져 준다. 사람이 사람 곁에 있다는 것은 그래서 아름다운가 보다.

6회 우수상 수상작이다. 정신과 치료란 신출귀몰한 범인을 쫓는 느낌이라는 필자는 용기를 잃지 않고 회복의 길을 향해 가고 있는 병원의 환우들에게 새로운 삶이 시작되기 바란다는 간절한 마음을 전해왔다.

사랑에 대한 예의

김강석 (보건복지부 바이오이종장기개발사업단)

벚꽃이 흩날리던 4월의 어느 날, 유난히 부산스러운 한 입원실이 있었다. 그 소란함의 주인공은 병원 복도를 뛰어다니는 두 사내아이와 침대 한켠에 짐을 가득 쌓아 올린 부부였다. 게다가 어느 방송국에서 취재를 나왔는지 이따금씩 카메라도 돌아가고 있었다. 뭔가 사연이 많은 가족인 듯 보였다. '주치의가 고생 좀 하겠구나.'라고 생각하며 차곡차곡 오후 회진준비를 하고 있는데, 차트를 보니 그 시끌벅적했던 병실의 환자는 바로 내가 주치의로 있는 담당 과장님의 환자였다. 믿기지 않았지만, 그 환자는 스물 셋이라는 어린 나이에 직장암으로 투병 중이었고, 복도를 누비던 두 아이의 엄마였다. 지금 그녀는 부산의 한 병원에서 말기 암 판정을 받고 항암치료를 위해 서울로 올라온 것이었다. 배 안은 종양덩어리로 가득 차 있었고, 달리 손써볼 수 없는 상황이었다. 아마도 암으로 유명하다는 이 병원, 저 병원을 다니다 마지막 희망을 안고 이곳으로까지 온 듯 보였다. 담당 과장님이 오시고 앞으로 받을 항암치료와 치료계획에 대해 간략히 설명해 주셨다. 일단 바로 다음날부터 약물투여를 시작하기로 하고 보호자를 불러 그녀가 받을 치료를 위한 항암제에 관한 동의서를 받았다. "내일부터 항암제를 투여하는데 부작용이 있을지도 모르니 주사가 끝나도 몇 일간은 입원해 계셔야 합니다. 주사는 2주마다 이틀 동안 맞는데 그렇게 3번이 끝나면 다시 CT 찍고 다시 경과를 말씀드릴게요." 대개의 보호자는 이쯤 되면 항암치료로 어느 정도의 효과를 기대할 수 있는지, 환자의 여명(餘命)이 얼마나 되는지 물어보기 마련이다. 특히 이처럼 젊은 환자의 경우에는 더 많이 기대하기 때문에 초보 의사인 나로서는 적당히 둘러대고 자리를 피하기가 일쑤였다. 하지만 예상과 달리 보호자는 별다른 말이 없었다. 오히려 두려움이나 절망의 감정은 이미 초월한 듯 보였다. 다만 그동안 마음고생이 심했는지 야윈 모습에 두 눈만 반짝거릴 뿐이었다. 가는 곳마다 똑같은 얘기를 들어서인지, 더 묻지도 않았다. 지금 심정으론 어떤 희망적인 얘기라도 그를 안심시킬 수 없을 터이고, 반대되는 얘기라면 믿지 않을 것임이 분명했다. 아마 지금 두 아이의 아버지이자 한 여자의 남편인 그의 양 어깨에 얹힌 책임감은 감히 상상할 수도 없는 수준일 것이다. "잘 부탁드립니다." 그 날 그가 마지막으로 남긴 한 마디였다. 다음날부터 항암치료가 시작됐다. 워낙 몸이 약했던 환자는 영양상태도 좋지 않아서인지 많이 힘들어 보였다. 또 잘 보이지 않는 혈관 탓에 부득이하게 중심 정맥을 잡는 시술을 해야만 했다. 오며 가며 간간이 들여다볼 때면 남편이 밥도 먹여주고 다리도 주물러주는 등 참 다정해 보였다. 힘든 병원생활을 하는 그녀에게 24시간 한시도 곁을 떠나지 않고 간호하는 남편이 큰 힘이 되고 있었다.

그렇게 이틀이 지나고 3일째 되던 날, 그녀는 돌연 남들처럼 퇴원해서 2주 후에 다시 오겠다고 했다. 아이들이 시끄러워서 다른 환자들에게 방해도 되고, 밖에서 하고 싶은 일도 있다고 했다. 어떻게든 만류해야 했다. 하지만 지금은 괜찮지만 틀림없이 며칠 후에 힘들어진다고 아무리 얘기해도 소용없었다. 처음 맞는 주사인데다가 몸이 많이 약해져 위험하다고 달래도 보고, 겁도 줘 봤지만 통하지 않았다. 남편도 설득해 봤지만, 그는 아내가 원하는 대로 해 주고 싶다고 해서 결국 각서까지 쓰고 퇴원하고야 말았다. '왜 그렇게 병원이 싫었던 걸까. 나가면 고생일 텐데.' 쉽게 이해되지 않았다. 무슨 일이 생기면 응급실로 꼭 오라고 단단히 주의를 주고 보냈지만 석연치 않았다. 병원에서 몇 달씩 고생만 하다 떠난 환자들이 생각날 때면 계속 잡아두는 것이 무슨 의미가 있나 싶어서 환자가 원하면 잠깐이라도 밖으로 보내 줘야겠다고 마음먹지만 그때뿐이다. 막상 이런 상황이 닥치면 환자가 밖에 나가서 무슨 일이 생길 경우 그 화살이 전부 내게로 돌아올까 겁이 난다. '네가 퇴원시켜서 이렇게 되지 않았냐.'고 따지는 사람이나 '멀쩡했는데 병원 와서 이렇게 됐다.'고 언성부터 높이는 사람들을 보다 보면 점점 나 자신을 방어하는 데만 익숙해져 가는 것 같다. 그런 와중에 이들 가족처럼 화목하고 따뜻한 온기를 가지고 있는 사람들도 참으로 오랜만에 보는 것 같다. 나는 부디 2주 후에 건강한 모습으로 그 가족을 다시 만날 수 있기를 바랐다.

　　그로부터 며칠이 지났을까. 병원에서 한 통의 전화가 걸려 왔다.

　　"여보세요?"

　　"선생님, 저 응급실 인턴입니다."

　　"네, 무슨 일 있어요?"

"응급실에 외과환자 한 분이 오셨는데 하혈이 심해서요. 환자이름은 아무개, 나이는…." "아… 그 환자 저희 환자인데 항암치료 받고 퇴원한 지 얼마 안 됐는데 알겠습니다. 지금 금방 내려갈게요."

일주일도 안 돼 다시 찾아온 응급실이었다. 그러게 위험할 수도 있다고 했는데 가버리더니, 결국 이런 일이 생겼다. "선생님, 또 왔어요." 날 보더니 멋쩍은 웃음을 지으며 자리에서 부스스 일어난다. 출혈이 심해 창백해진 얼굴은 퇴원할 때보다 더 야위어 보였다.

"이럴까봐 위험하다고 한 건데. 그냥 계시지 그러셨어요. 지금 입원실도 없을 텐데."

"죄송해요. 선생님"

답답했다. 그 환자는 배 안 곳곳에서 종양이 자라고 있어 언제 어디서 출혈이 생길지 모르는 상태였다. 다행히 더 이상 출혈이 계속되지는 않았지만 하마터면 위험할 뻔했다. 이것 보라고 죽을 뻔 하지 않았냐고 다시는 무리해서 퇴원한다 그러면 안 된다고 단단히 일러줄 참이었다.

"꼭 갔다 올 데가 있었어요. 이제 다 나을 때까지 있을게요."

이내 잠시 시선을 떨어뜨리고 머뭇거린다. '나을 때까지' 라고 말하고 있지만 어쩌면 '마지막까지' 라는 말이 먼저 떠올랐나 보다. 순간 모든 걸 알고 있는 환자에게 한두 마디 잔소리 더하려던 내가 부끄러워졌다. 매번 알면서도 똑같은 실수를 반복한다. 그때 원무과 수속을 마친 남편과 두 아이가 들어왔다. 엄마가 많이 아픈 걸 아는지 아니면 졸음이 왔는지 꼬마 형제는 그날따라 의젓했다. 남편도 많이 놀란 듯 보였다.

입원실이 없어 하루를 응급실에서 보내고 다음날 병동으로 올라왔다. 항암치료는 더 이상 할 수가 없었다. 한 번의 항암치료로 체력이 급격히 저하되었고, 환자와 보호자도 원치 않았다. 항암치료는 포기했지만 보름 남짓 입원해 있으면서 영양제 치료와 수혈을 받은 탓에 차차 몸이 회복되어 가고 있었다.

"선생님 이제 항암치료도 못하게 됐는데, 고향 근처 병원으로 가고 싶습니다. 여기서는 마음이 편치 않네요."

보호자용 간이침대에 두 아이를 눕히고, 밤마다 빈 의자에서 누워 자는 남편이 안쓰러웠나 보다. 특히 5살 먹은 큰아이가 엄마 곁을 잠시도 떠나지 않으려 해서 병원 어린이집에도 못 보내고 있었다.

"여기는 아이들 맡길 데도 없고, 혹시나 체력이 회복되고 좋아지면 다시 치료받으러 올게요."

하루라도 진통제를 맞지 않으면 아파서 못 견뎌 하면서도 남편과 아들 생각이 항상 먼저였다. 보통 환자들은 아프면 소리 내고, 두려움에 울고, 어쩔 수 없이 이기적으로 변해가기 마련인데 끝까지 웃음을 잃지 않았다.

퇴원하는 날에는 아침 일찍부터 꼬마 녀석들은 병동에서 편지도 쓰고 인사하러 다녔다. 여전히 장난기 가득한 얼굴이었다. 끝까지 날 아저씨라고 불렀던 녀석들인데 가는 날이 되자 "선생님, 안녕히 계세요" 이러면서 배꼽 인사도 했다. 남편은 올 때처럼 말이 별로 없었다. 한 손으로 아내의 어깨를 꼭 안으면서 부축하고, 다른 손으로는 아이들의 손을 잡고서 그렇게 병원 문을 나섰다. 아이들이 사라진 탓에 조용해진 병실이 조금 어색했다. 든 자리는 몰라도 난 자리는 안다는 말이 조금은 실감났다.

한주 두주가 지나고 한 달쯤 되었을까. 오랜만에 친구 녀석한테 전화가 왔다. TV를 보다가 우리 병원과 내가 나와서 연락했다고 했다. 무슨 소리인가

하고 봤더니 '인간극장'이라는 TV 프로그램에 그 환자와 가족 얘기가 나온 것이었다. 한 달이라는 시간이 잊히기에 충분한 시간이었는지 나도 모르게 까맣게 잊고 지냈다. 어떻게 지내고 있는지도 궁금하고 내가 아는 사람이 방송에 나온다니 신기하기도 했다. 그 가족은 내 예상보다 더 드라마 같은 삶을 살고 있었다. 고아로 자란 두 사람이 만나 어렵게 결혼생활을 시작한 얘기로 시작해서, 두 아이가 태어나면서 행복했던 순간들, 그리고 늦게나마 신혼여행을 떠나려던 날 아침에 아내가 복통으로 쓰러지면서 '말기 암' 판정받은 얘기로 이어졌다. 서울로 올라와 항암치료를 받고 난 뒤에 어디에 갔었는지, 무엇을 하며 보냈는지도 알 수 있었다. 꼭 갔다 올 데가 있다고 한 그날은 미처 가지 못했던 신혼여행을 대신해 가족들끼리 고향 남해에 여행 간 것이었다. 바닷가를 뛰어다니는 아이들과 행복해하는 부부의 모습에선 그 어떤 그늘도 보이지 않았다. 여행을 다녀와서 갑작스러운 출혈에 다시 서울로 황급히 올라온 얘기도 나왔고, 아이들을 잠시 고아원에 맡겨놨다가 가슴 아파했던 일도 있었다. 왜 그렇게 아이들이 엄마 품을 떠나지 않으려 했는지 그제야 알았다. 마지막까지 아이들과 남편에게 끝까지 사랑을 주고 싶었던 그녀는 퇴원하고 고향에 내려간 뒤에 결국 세상을 떠났다.

코끝이 찡했다. 이제까지 병원을 떠난 환자가 어떻게 살아가는지, 병원을 오기 전에는 어떻게 살아왔는지 한 번도 본 적도 들은 적도 없었다. 방송이 아니었다면 내가 빼앗을 뻔했던 그 시간이 그들에게 어떤 의미였는지도 영영 모르고 지나쳤을 것이다. 마지막으로 행복한 시간을 만들어 주고 싶었던 엄마의 마음과 아이들의 즐거워하는 모습이 머릿속에서 한참 떠나질 않았다. 그녀가 보여준 것은 사랑하는 방법뿐만 아니라, 마지막까지 사랑에 대한 예의를 지키는 마음 그 자체였다. 요즘처럼 추워지는 겨울이 되면 문득 이제는 초등학생이 되었을 그 아이들이 잘 지내고 있는지 궁금할 때가 있다. 따뜻한 장갑이라도 한 켤레 보내주고 싶은 마음에 종소리가 울리는 구세군 자선냄비를 볼 때면 누군가를 위한 작은 희망을 보태 본다.

8회 장려상 수상작이다. 필자는 수상소감에서 한미수필에 두 번 글을 보내는 동안 응원해준 아내에게는 제대로 된 편지 한 장도 못 써줬다며 아내에 대한 애정을 표시했다. 또 공중보건의사로 근무하는 동안 마음에 와 닿는 글감을 만나면 한 번 더 투고 하겠다는 약속을 전했다.

마이 슈퍼스타

윤석민 (경기 수원 이향주내과)

나의 주인공들은 초라하다. TV속 영화 속 주인공들 같은 화려한 삶은 없다. 나의 주인공들은 삶이 힘겹다. 화려한 집도 멋진 차도 우아한 삶도 없다.

정부에서 주는 최저 생계비와 빛이 안 드는 눅눅한 반지하가 나의 주인공들의 주무대이다.

매주 오는 동네지만 강북구 수유동, 미아동의 골목은 흡사 미로와 같다. 익숙해졌다고 자부하기가 무색하게, 올 때마다 번지수를 보며 또 헤맨다. 이렇게 좁은 골목을 사이로 두고 옹기종기 작은 집들이 모여 있다. 이렇게 좁은 건물들에 방들이 들어서 있는 것을 보면 놀랍다 못해 경이롭기까지 하다. 그리고 이렇게 좁고 좁은 방에 나의 주인공들은 하루하루 삶을 살아간다.

병원 밖의 세상을 알고자, 더 많은 사람을 만나고 경험을 하고자 많은 선후배들이 가는 길과는 조금 다른 길을 선택했던 나. 그런 선택을 하고 지내 온

지도 벌써 2년째 접어든다. 그중에 '아름다운 생명'이라는 NGO와 강북구 독거노인 방문을 시작한 것도 벌써 1년. 일주일에 한 번씩 홀로 지내시거나 어려운 환경 속에서 지내시는 어르신들을 찾아뵙고 건강상태를 체크하거나, 적절한 진료를 받아야 할 분이 있다면 적절한 의료기관과 연결해 주는 일을 하고 있다. 혈압계, 청진기, 혈당계 등 기초적인 장비를 가지고 사회복지사 선생님과 함께 좁은 골목을 누비며 가가호호 방문한다. 방문 진료를 다니다 보면 공중보건의 시절 시골길을 달려 방문 진료를 했던 그 때가 기억이 난다. 장소가 시골에서 서울로 옮겨졌다는 것과 이동거리가 조금은 줄었다는 것 외에는 너무나 흡사하다. 물론 두 지역의 삶의 패턴이나 모습은 많이 다르지만 삶이 힘겹고 많은 관심이 필요한 분들이 아직 우리 주위에 많다는 것은 마찬가지인 것 같다. 그런데 정작 변화가 생긴 것은 다른 것이 아닌 나 자신이었다. 이 분들을 만나고부터. 특히 이 두 어르신을 만나고부터….

봄의 나른함이 서서히 지나가고 제법 파란 나뭇잎이 무성해지던 초여름이었다. 방문할 가정은 두 어르신이 사는 수유동의 빨랫골 언덕. 자동차 하나 지나가기 힘든 미로 같은 골목을 지나 방문해야 할 집에 도착했다. 도착한 집 밖에는 박스, 폐지 등이 가지런히 쌓여 있고 그 옆으로 좁은 문이 나 있다. 인기척을 내고 들어가니 왼쪽 방에 굳은 표정의 할머니 한분이 누워 계신다. 인사를 드려도 시큰둥하시다. 나는 첫 방문이라 낯설다 쳐도 구면인 사회복지사 선생님에게도 밝은 표정은 아니다. 낯설고 조금 불편했지만 방에 들어가 얘기를 나누다 보니 잠시 가졌던 선입견과 오해가 풀렸다. 중풍으로 약간의 안면 마비와 함께 거동이 불편하신 상태였던 것. 그래서 얼굴 표정은 무뚝뚝하시지만 왠지 좋은 분 같다는 생각을 했다. 인사를 건네고 방을 둘러보았다. 여기저

기 쌓여 있는 약 봉지들. 그리고 조금은 지저분하고 어지러운 방. 혈압계를 꺼
내서 혈압을 재는데 할아버지가 들어오신다. 할머니랑은 다르게 반갑게 맞아
주시는 할아버지. 할아버지는 동네의 재활용 쓰레기를 수거해 고물상에 팔아
서 생계를 이어가신단다. 집 입구에 쌓여 있는 폐지, 박스들은 할아버지께서
하루 종일 동네를 다니며 부지런히 모으신 흔적들이었다. 요즘은 다른 어르신
들도 돈벌이로 이 일을 하는 경우가 많아 경쟁도 치열하다시며 삶의 고단함을
토로하신다. 그래도 할머니와는 다르게 혈색도 좋으시고 건강해 보이신다. 할
아버지 말씀인즉 할머니가 배탈이 한번 나신 이후로 식사를 잘 못하신단다.
그리고 계속 누워만 있어서 그런지 전체적인 몸 상태가 안 좋아 보인다고 우
리에게 도움을 요청해 오신 것이다. 동사무소에서 자원봉사 형태로 오시는 아
주머니가 계시긴 하지만 일주일에 한 번이고 몇 시간 있다가 가시는 거라 결
국 집안 살림은 할아버지 몫이다. 거기다 할머니가 아프시면 할아버지 혼자
전전긍긍 하시는 것이었다. 병원에 입원하자고 해도 할머니의 완강한 반대로
무산된다. 아마도 예전에 입원하셨을 때 안 좋은 기억과 넉넉지 못한 살림 때
문이리라. 배를 청진하고 촉진해 보았다. 설사도 하셨다고 하고 미열도 있으
신 게 장염에 걸린 듯하다. 그렇게 심하진 않았지만 어르신들에게 '작은 병'은
없을뿐더러 식사도 제대로 못하시니 악순환이 되었다. 게다가 주로 눕거나 앉
아 계셔서 그런지 꼬리뼈 부근에 작은 욕창이 생기고 있었다. 우리는 준비해
간 캔 영양식을 드리며 식사를 못하시면 이거라도 꼭 드시라고 당부하고 탈수
가 되지 않도록 물도 계속 드시도록 말씀드렸다. 그리고 되도록이면 병원에
꼭 가실 것을 말씀드렸다. 할머니가 못 가시면 할아버지라도 다녀오셔서 약을
처방받아 오시도록 했다. 또한 욕창이 확장되는 것을 예방하는 자세 변경 방

법과 숙지해야 할 사항을 알려 드렸고 욕창 부위 소독과 치료를 했다. 마음이 편치는 않았지만 다른 집 방문을 위해 발길을 돌려야만 했기에 수척하고 무표정한 얼굴의 할머니를 뒤로하고 할아버지의 밝은 배웅을 받으며 집을 나섰다.

다음 주 다시 어르신 댁을 찾았다. 여전히 집 앞에는 박스와 폐지들이 쌓여 있다. 할아버지의 부지런함과 삶의 무게가 느껴지는 것이 왠지 마음이 애틋하다. 집안에 들어서자 할아버지는 집안에서 정리를 하고 계시고 할머니가 여전히 방에 앉아 계신다. 할아버지가 반갑게 맞아 주신다. 그런데 얼핏 보아도 저번과는 다른 할머니의 모습을 볼 수 있었다. 누워만 계셨던 저번 주와는 다르게 앉아서 TV도 보시고 이것저것 주변 정리도 하신다. 우리가 들어가자 여전히 얼굴 표정은 그대로지만 반가운 마음으로 맞으시는 느낌을 받는다. 혈색도 좋아 보이시고 저번 주 뵈었을 때보다 호전되신 듯하다. 우리가 두고 간 캔 영양식도 드셨고 병원에서 처방받아 온 약도 드시면서 조금씩 회복되셨다고. 욕창 부위를 봤더니 저번보다 훨씬 좋아져 있었다. 내심 무척 기뻤다. 할머니가 좋아지신 것도 이유였지만 뭔가 해냈다는 보람과 자부심으로 말이다. 내 진료와 교육 덕에 좋아지셨다고 생각하니 왠지 우쭐해졌다. 한껏 고양된 기분에 두 어르신께 여러 당부사항을 다시 한번 말씀드렸고 가져왔던 캔 영양식을 보란 듯 내밀고 가려고 했다. 그런데 할아버지가 완강히 거절하신다. 이유인즉슨 아무리 형편이 어렵지만 받고만 살수 없다고…. 신경 써 준 것만으로 감사하다고. 그리고 돈을 주시며 받으라고 하신다. 옥신각신한 끝에 돈은 사양하고 가져간 것들을 두고 나왔다. 할아버지가 결국 우리의 호의를 받으셨지만 얼굴은 그리 밝지는 않으셨다. 나만 느낀 것일수도 있지만 조금 어두운 얼굴이었다. 인사를 드리고 다음 집 방문을 위해 나왔지만 자꾸 할아버지의 얼굴이 마음에 걸린다. 집에 가는 길에도 계속 눈에 밟히고 마음이 쓰인다. 왜 그러셨을까?

집에 도착하여 웹 서핑을 하다가 어느 블로그에 있는 글을 읽게 되었다. 장애인의 날에 장애인들이 모여 장애인의 날을 폐지하자는 집회를 하고 있는 것에 관련된 글이었다. 자신들을 한 인간으로서가 아닌 동정의 대상으로만 본다는 것에 대해 토로하면서…. 그리고 그 포스팅 밑에 다음과 같은 글이 이어져 있었다.

"만약 당신이 나를 도우러 여기 오셨다면 당신은 시간을 낭비하고 있는 겁니다. 그러나 만약 당신이 여기에 온 이유가 당신의 해방이 나의 해방과 긴밀하게 결합되어 있기 때문이라면, 그렇다면 함께 일해 봅시다."

— 멕시코 치아파스 주의 어느 원주민 여성

갑자기 머리가 멍해졌다. 한동안 이 글을 계속 되뇌며 모니터 앞에 앉아 있었다. 병원에서의 삶과는 다른 생각을 가지고 살아보겠다고, 더 많은 경험과 다양한 사람을 만나겠노라고 결정하고 선택했던 나는 결국 편견과 아집과 자만에 둘러싸인 채로 모습만 다르게 살고 있었던 것이다. 내가 가진 것이 우월하기 때문에 열등하고 부족한 사람들에게 나누어 주고 있다는 엄청난 교만. 이런 열심에 대한 자기 만족감. 이런 삶에 대한 막연한 보상을 바라는 혼탁한 동기. 같은 시대의 이웃들을 동정의 시선으로만 보는 편견…. 이런 나를 돌아보게 되면서 할아버지의 얼굴이 떠올랐다. 왠지 어두웠던 할아버지의 얼굴이. 살림은 넉넉지 않지만 그래도 자신의 인생을 책임지고 싶으셨던 할아버지. 도움을 받는 게 고맙지만 동정의 대상이 아닌 한 인간으로서 서고픈 작은 자존심. 도움을 받을 수밖에 없는 인생에 대한 회한과 한숨. 이런 것들을 생각하지 못한 채, 배려하지 못한 채 내 전문 지식과 봉사로 할아버지와 할머니가 큰 혜택을 입는 거라고 만족하며 뿌듯해 했던 내 모습이 떠올랐다. 내 몰이해와 무지함과 유치함에, 혼자 있었지만 부끄러워 한참동안 고개를 들 수 없었다. 장애인들을 동정의 대상으로만 봤던 편견을 가진 사람들과 마찬가지로, 스페인과의 분쟁으로 힘겨운 멕시코 치아파스의 한 여인을 구호의 대상으로만 봤던 사람들처럼 어렵고 힘들게 사시는 어르신들을 동정의 대상, 도움의 대상으로만 바라 봤던 것이다. 경제적으로 조금 어렵고, 생활하는 게 조금 불편할 뿐이지 할아버지와 할머니는 그들 인생의 찬란한 주인공이었던 것이다. 태어나고 어린 시절을 보내고 청년기를 보내며 만나서 사랑하고 가정을 이루고 살아오신 그분들의 인생에 나는 관심이 있었던가. 멋진 주인공으로서의 그분들의 삶을…. 오히려 그분들의 삶에 불쑥 끼어들어 주인공이 되길 원했던 것이다. 그저 아름다운 그분들의 드라마 한쪽에 잠시 나오는 조연에 불과한데도 말이다. 주인공인 그분들을 빛내기보다는 그 영역을 차지하려 했던 나는 최악의 조연이었다. 그간 내가 만났던 많은 환자들을 떠올려 보았다. 시골에서 방문했던 많은 어르신들, 진료실에서 만난 많은 사람들, 인턴시절 스쳐 갔던 환자들, 그리고 이렇게 만난 할머니 할아버지까지. 그동안 나는 얼마나 많은 사람에게 좋은 조연이었을까? 내가 만나는 한사람 한사람의 소중한 인생을 존중하고 사랑하며 그분들을 빛내기 위해 역할을 다했던 사람이었을까? 누구의 마음 하나에 남는 진실한 사람이었을까?

일주일 후.

다른 집을 방문했다가 다시 어르신 집을 찾았다. 부끄러워 고개를 못들 것 같았지만 그래도 할머니, 할아버지가 보고 싶었다. 동정을 받는 대상으로서가 아니라 누구도 모방할 수 없는 아름다운 드라마 주인공들을…. 그리고 그분들의 드라마에 기억 남는 사랑스런 조연으로 다시 출연하려는 마음과 함께….

집에 도착했을 때 할아버지는 높이 쌓인 박스들 앞에서 손님과 이야기를 나누신다. 상황을 보아하니 그동안 모은 박스와 고물을 고물상에 넘기시는 것 같다. 만면에 웃음이 가득하다. 나도 덩달아 웃는다. 집으로 들어가니 할머니가 앉아 계신다. 오늘은 웬일인지 할머니가 웃으신다. 여주인공의 살인미소를 받았으니 훌륭한 조연의 자격을 얻은 걸까? 이런 생각을 하며 부쩍 좋아지신 할머니를 보니 참 기쁘다. 간단히 안부를 묻고 혈압도 체크하고 욕창 부위를 봤다. 상처도 많이 좋아지고 있다. 다행히 더 크게 안 번지고 곧 회복될 것 같다. 할아버지가 들어오신다. 욕창 부위를 확인하는 나를 보시더니 상처도 많이 좋아지고 저번에 두고 간 캔 영양식도 잘 드시고 많이 좋아졌다고 고맙다고 계속 말씀하신다. 그리고 이렇게 누추한데 찾아와 주는 것도 고맙다고 계속 말씀하신다. 나는 몸 둘 바를 몰라 아니라고 할머니가 좋아지셔서 오히려 감사하다고 말했다. 이건 진심이었다. 그냥 고마웠다. 그분들을 만난 것도, 그리고 왠지 이 드라마의 좋은 조연으로 허락해 주신 것 같아서. 그동안 내 편견을 너그러이 용서하신 것 같아서….

앞으로 수없이 만나게 될 내 소중한 주인공들과 그들의 인생 드라마에서 그저 그런 조연으로서가 아닌 오래 기억에 남는 조연으로 살고 싶다. 내가 만나는 분들이 이 사회에서는, 그리고 다른 사람들에게는 소외되고 보잘것없어 보이는 분들일지 몰라도 나에겐 슈퍼스타들이다. 한 가지 바람이 있다면 그분들의 인생 마지막, 엔딩 크레디트가 올라갈 때 좋았던 사람, 고마웠던 누군가로 각인되어 아름답게 장식되는 것이다. 단 한사람에게라도 그런 인생이 될 수 있다면 내가 의사로 살아가는 한평생은 그 어느 것보다 값진 배역이었음에 감사할 수 있을 것 같다. 자, 다시 시작이다. 나의 슈퍼스타, 내 최고의 주인공들을 위해….

Ready Action!!!! ■

8회 우수작이다. 이번 수상이 글쓰기의 초고수들에게 인정받은 느낌이기도 하지만 가야 할 길이 멀다는 사실을 재차 확인하는 기회가 됐다고. 지금까지 만나왔고 만나게 될 슈퍼스타들에게 걸맞는 진실하고 성실한 삶을 살겠다는 다짐도 함께 전해왔다.

저에겐 특별한 분들이에요
- 정신과 환우와의 여행

이현권 (국립서울병원 정신과)

"선생님, 안녕하세요?"

"아, 네. 안녕하세요?"

"이현권 선생님, 낮 병동 환자들은 선생님에게 뭔가 특별한 것 같아요."

"그렇게 보이세요? 저 분들도 저에겐 특별한 분들이에요."

낮 병동에 있는 환우들이 부지런히 삼삼오오 병동으로 간다. 아마 지금쯤 출근(?)시간일 것이다. 나 역시 동료들과 바쁜 병원의 일상으로 들어가기 위해 심호흡을 크게 하고 병동으로 간다. 종종 마주치는 환자들. 저들은 나에게 인사를 한다. 아니 내가 먼저 인사하는 경우가 많다. 저들은 나를 보고 웃는다. 나는 안다. 저들은 웃어도 아무런 느낌 없는 로봇 같아 보이지만 그 웃음에는 그들이 나타낼 수 있는 많은 감정들이 담겨있다는 것을.

올 봄 3월, 힘든 소아 병동을 마치고 가장 편하다고 소문난 스케줄인 낮 병동으로 왔다. 낮 병동. 대부분 정신분열병, 재활을 목적으로 하는 병동으로 입원 치료를 받은 후 집에서 출퇴근 형식으로 운영하는 곳. 여러 프로그램이 있어 환자들은 거기에서 무엇인가 재활 치료를 받는 듯하지만 실상은 수년간 형식적으로 다니는 분들이 많다고 들었다. 적어도 처음에 든 느낌은 저들은 '변화'를 원하지 않는 듯 하다는 것이었다. 이런 병동 내의 매너리즘과 환자들 특유의 음성증상은 시너지 효과를 발휘해서 초장부터 무기력감에 빠지게 되었고 결국 '에이, 그냥 시간이나 때우고 가야지' 하는 얄팍한 생각이 머릿속에 스쳤다. 물론 그 다음 고민은 남는 이 시간들을 어떻게 하면 보낼까, 하는 즐거운 상상이었다. 하지만 마음 깊은 한 곳에 채워지지 않은 빈 구석이 있었다는 것을 뒤에 알게 되었다.

*

6월이다. 다른 전공의 선생님들은 2개월인데 나만 4개월의 혜택을 입었다는 주위의 부러움도 이제 거의 끝날 무렵. 3개월 반이라는 시간이 지나고 이제 2주 정도가 남았다. 지나고 보니 흔히 우리 병원 전공의들 사이에서 유행했던 '낮 병동 모드'라고 불리는 의국에서 여유로운 생활을 거의 해본 적이 없다. 정신분열병 환자들이 재활과 사회 복귀, 적응을 하기 위해서는 직업재활이 얼마나 중요한 것인가를 깨닫고 그것을 위해 동분서주 뛰어다녔다. 그 과정 중에서 생각의 전환을 경험했다. 이전엔 단지 정신병 환자를 환청, 망상 등 증상으로만 이해하고 그것을 치료하는 방법만을 고민했었는데 사실 그런 증상은 인생의 한 부분이고 정작 저들에게 더 필요한 것은 나머지의 '삶'이라는 것이었다. 그런 고민들은 직업재활이라는 주제로 결론을 내리고 저들에게 '직업'을 줄 수 있는 병원이나 사회의 시스템이 필요함을 깨닫게 되었다.

전공의로서 장애인 직업을 담당하는 곳이면 어디든 가서 보려고 했고 직업재활을 훌륭히 하는 병원도 가서 배우려 했다. 이런 과정 중에 당연히 따라오는 것은 이전에 볼 수 없었던 저들의 고통스러운 삶을 그 안에 들어가서 볼 기회였다. 그 때에 생각했다. "이제, 채워지지 않았던 내 마음의 빈 구석이 채워졌나…."

나에겐 또 하나의 부담감이 있었다. 60여명의 환자들과 캠프를 간다는 것이었다. 설악산. 그것도 1박으로. 비록 정신과 전공의로 2년 반 정도 정신과 환자들과 함께 했지만 '같이 이틀을 보내고 잠을 같이 잔다는 것', 더욱이 내가 책임자로 간다는 것은 여간 부담스럽지 않았다. 환자들끼리 싸우면 어쩌지? 다른 곳에 이탈하면 어떻게 찾지? 사고가 나면 어떻게 하나, 이해되지 않는 행동을 하면 어쩌지? 지금까지 병원이라는 세팅 하에서 저들은 통제해왔는데, 이제 그런 것이 없지 않는가? 무엇보다도 지금까지 난 저들에게 어느 정도의 권위를 가진 의사의 모습이었는데 캠프에서 가운을 벗으면 어떤 위치에서 저들과 관계를 맺어야 되는가. 저들은 나보다 대부분 나이도 많다. 나이 많은 분들(간호사, 작업치료사, 과장님)은 너무나 자연스럽게 하는데, 그리고 그렇게 힘들어 보이지 않는 것 같은데 나에게 과연 무엇이 부족한 것일까? 아직까지 채워야 할 것이 남았단 말인가?

다행이었다. 비가 오지 않았다. 그래서 오히려 시원하기까지 했다. 여행하기 딱 좋은 날씨인 듯 했다. 얼마나 감사한 일인가! 사실 숙박비를 줄이기 위해 장마철에 이동할 수밖에 없었다고 한다. 하긴 비수기와 성수기에 방값 차이가 엄청나니…. 환자들은 관광버스와 병원버스에 나누어 타기 시작한다. 혹시나 오지 않으면 어쩌나 걱정을 했지만 기우였다.

저들은 나보다 30분 이상 일찍 와서 기다리고 있었다. 사실 매일 약을 먹어야 하는 우리 환자들을 책임지고 하루 이상의 여행을 가는 것은 보호자의 동의가 필요한 중요한 사건(!)이었다. 물론 보기엔 정신과적 증상이 없어 보이지만(물론 외형상 보면 정신과 환자와 같은 분들도 많다) 아직도 저들 중에는 환청과 싸우고 이해할 수 없는 망상 때문에 주변 사람들과 다투는 경우도 종종 있기 때문이다. 증상이 없는 것이 아니라 약의 도움으로 증상과 현실 사이에서 적응을 하며 살아가는 분들이 대다수였다. 뒤에 들은 놀라운 사실이었지만 60여명의 환자 분들 중 발병 후 이렇게 장거리 여행을 한 경험을 하신 분들은 정말 몇몇 분밖에 되지 않았다는 것이다. 하지만 그들은 얼굴에선 여행의 즐거움이 보이지 않았다. 마치 의무적인 일을 해야 한다는 듯 아니면 긴 여행에 대한 부담감인지 힘들어 보이기까지 했다. 표정이 없는 것이 증상인 대다수의 분들 중에서 삶의 경로가 바뀌는 이 병을 앓은 후 수십 년 만에 바다를 본다는 사실, 또한 생애 처음으로 해돋이를 본다는 설렘은 한참 지난 뒤 그들의 표정에서 읽을 수 있었다.

*

이제 설악산으로 출발이다. 심호흡을 한 번 했다. 내 앞에는 모든 환자에게 나누어 주는 봉지가 놓여있고 그 안엔 바나나, 흰떡, 음료수, 껌 등이 담겨있었다. 어릴 적 단체로 소풍가는 기분. 하지만 난 그 기분을 만끽 할 수 있는 입장은 아닌 것 같았다. 앞으로 어떤 일이 닥칠지 예상을 하고 그것에 대한 대처방법을 정리했다. 그리고 옆에 앉은 노련한 간호사에게 이것저것 의견을 묻고 걱정을 이야기 했다. 어느 정도 마음에 안심이 된다. 그제야 가져온 카메라에 신경이 쓰이기 시작했다. 흔히들 말하는 DSLR. 모든 디지털 카메라가 그렇지만 살 땐 비싸고 최고의 것이라 선전하지만 1년만 지나면 그때의 영광은 언제인 듯 사라지고 고물 취급을 받는 것. 내 것도 역시 마찬가지만 과거의 영광을 주인이 알아주기를 바라는 듯, 그리고 아직까지 작품을 남길 수 있다는 자신감을 주인에게 보이는 듯했다.

카메라를 손으로 매만지며 어떤 것을 찍을까 머릿속에서 시뮬레이션을 그려보았다. 물론 난 이것으로 자유롭게 작품을 만들지는 못할 것이다. 정신과 환자들의 예민한 인권 문제가 있으니. 하지만 무엇인가를 담고 싶은 충동이 내 마음을 들뜨게 했다. 그게 무얼까? 즐거운 상상이었다.

*

모두 빨간 옷을 입었다. 월드컵 기간이 아닌가? 나도 역시 준비한 붉은 악마 티셔츠를 입었다. 그 빨간 옷 행렬이 백담사로 향한다. 점점 그 행렬의 응집력이 떨어진다. 자꾸 탈락자가 생긴다. 대략 2~3km정도의 길을 걷기도 힘든 분들이다. 하지만 더디게 간다고 해도 모두들 불만이 없다. 기다리고 있었다. 그것도 웃는 모습으로. 나는 그 모습을 사진으로 담았다.

그날 밤. 일정을 마친 후 카메라 액정 화면을 보았다. 많은 환자의 인물사진을 찍었다. 백담사, 낙산, 식사하는 장면, 노래방에서 노래하는 장면 등등. 처음엔 의사라는 무게감이 저들에게 다가가는 것을 힘들게 하고 또한 저들도 저들의 머릿속에 있는 의사라는 사람이 자신의 사진을 찍는다는 것에 익숙하지 않아 서로 머뭇거렸지만 지금은 서로가 서로에게 무엇인가를 관계한다는 느낌을 주게 됐다. 누가 먼저인지 모르지만 시간이 지나면서 저들은 내가 카메라를 들이대면 웃는다. 관계한다는 느낌. 이것은 인물사진에서 무척 중요한 것으로 좋은 사진은 사진 속에 찍는 이와 찍히는 이의 관계성이 나타난다고 한다. 그리고 잘은 모르지만 인물사진엔 그 사람의 '모습'이 나타난다고 한다. 흔히 인물사진을 찍을 때 하는 고민은 이 사진 한 장으로 그 사람을 어떻게 표현하느냐 하는 것이다. 파인더로 본 그들의 모습. 실제의 모습과 뭐 다르겠느냐만 실제의 모습과 뒤에 나올 정지된 동작의 사진을 예상하고 카메라 파인더에 집중을 해서 본 모습은 전혀 다른 느낌을 준다. 나도 모르게 어떤 사진을 찍어야 하나하고 생각하게 되었다. 정신과 환자. 그래 저들은 정신과 환자다. 그런데 난 대체 무엇을 찍어야 하는가.

   *

새벽 4시경에 부스스한 모습으로 일어났다. 거의 잠을 자지 못했다. 짧은 하루였지만 정리되지 않은 수없이 많은 정보와 느낌이 머릿속에 떠나지 않았기 때문이다. 옆엔 이불을 덮지 않고 곤하게 자고 있는 우리 환우들이 있었다. 더 잘까 하는 생각이 있었으나 일출을 보기 위해서 미리 준비해야 할 것이 있기 때문에 카메라를 챙기고 아직 밤기운이 가득한 낙산 해수욕장으로 걸어갔다. 아, 맞아. 낙산 해수욕장에 잠자리를 정한 것도 환자들에게 일출을 보여주기 위해서가 아니었던가? 사실 저들 중엔 발병 후 일출을 본 사람은 거의 없었다. 해는 매일 뜨고 지는데 그 일상적인 해를 의미 있다고 생각할 만한 여유가 없었을 것이다. 매일 먹어야 하는 약. 환청. 그리고 자신을 괴롭히거나 남을 힘들게 하는 생각 즉, 망상 아니면 세상의 것을 느끼려하지 않은 음성증상들. 그리고 하루하루 힘든 현실 때문에. 그래서 낙산으로 숙소를 잡기를 잘했다고 생각했다. 적어도 이 시간에 떠오르는 해를 보는 것은 저들에게 잊지 못할 추억이 아닐까, 여겨졌다. 아니 이 여행 추억의 클라이맥스가 바로 이 일출 장면이 아닌가 싶었다.

과연 몇 명이나 나올까? 카메라를 세팅하고 사진이 잘 나올만한 곳을 물색하면서 생각했다. 많은 이들은 어제 수면제가 포함된 약을 한 주먹씩 먹지 않았던가? 물론 매일 먹는 약이지만. 그리고 어제 자정이 넘도록 노래방에서 놀지 않았던가? 그런 생각 중에도 어두침침한 밤하늘은 장막이 거치듯 조금씩 빛의 색깔을 더하는 듯 했다. 그러면서 드러나는 바다와 해변. 점점 하루의 시작을 알리는 시간이 다가오고 있었다. 검은 그림자가 줄지어 나타나기 시작하였다. 아! 나오시는구나. 어둠 속에서 몇 명의 환우들이 걸어 나오고 있었다. 얼굴은 자세히 보이지 않지만 이제 형체로 누구인지 알았다. 반가웠다. 점점 그 수가 늘어나더니 멀리서 잡은 내 카메라의 광각 렌즈에 꽉 찰 정도의 인원이 모였다. 그들의 얼굴을 보았다. 증상으로 인해 감정이 나타나지 않는 얼굴이지만 난 느낄 수 있었다. 얼마나 이 시간을 기대해왔는지. 그 설렘이 얼마나 컸었는지. 사실 하루에 10시간 아니 12시간 이상을 자야 되는 분들이 아닌가? 그러자 문득 걱정이 들었다. 혹시나 해가 뜨지 않으면 어쩌지? 불길한 생각이 스쳤다. 제대로 된 일출은 한 달에 한 두 번 볼까 말까라는 강원도 주민들의 말. 참! 그리고 비록 비는 안 오지만 지금 장마철이 아니었나? 일출을 보지 못하면 어떻게 저들의 마음을 위로하지.

붉은 옷을 입은 환우들은 해변가에 긴 줄로 앉거나 일어서서 바다를 바라보고 있었다. 검은 바다가 점점 파래질수록 환우들의 붉은 옷은 더 선명해지는 듯 했다. 환우들은 그래도 부동자세로 바다를 바라보고 있다. 카메라가 점점 빛이 증가한다는 사인을 보낸다. 불안해진다. 환우들 중 담배를 피우는 분들이 생긴다. 그래도 시선은 여전히 바다를 향해 있다. 바다에서 그 붉은 기운이 살짝 보인다. 모두들 흥분한다. 하지만 그것은 순간이었고 이내 파란 바다와 하늘의 경계가 선명해지기 시작했다. 해가 구름 속에 숨은 채 다시 하루가 시작한 것이었다. 힘들게 말을 꺼냈다.

"오늘 아쉽게 일출을 보지 못했네요. 전 그래도 여러분들과 이 자리에 있는 것이 참 행복합니다. 그래서 지금 이 순간을 사진으로 남기고 싶네요."

카메라 파인더로 얼굴을 보았다. 아쉬움이 묻어나오는 표정이었지만 나를 보고 웃고 있었다. 오히려 나를 위로하는 듯. 허접한 내 위로. 내 미안함. 저들을 향한 내 마음이 전해진 것인가?

그제야 난 채워지지 않았던 그 무엇인가가 내 마음 속에 채워지는 느낌을 받았다.

"저들도 나와 같은 것을 느끼는구나."

이런 당연한 생각(!)이 들면서 가슴에서 무엇인가가 벅차오르는 것 같았다.

*

차 안에서 모두들 자고 있다. 피곤할 것이다. 정말 강행군이었다. 1시간이면 가는 비선대에 2시간 만에 도착했다. 간 분들은 대략 20분 정도. 중간에 포기를 했지만 저들은 그래도 처음부터 포기하지는 않았다. 앉다가 가다가 중간밖에 못 갔지만 우리는 모두 저들을 칭찬했다. 남들이 자신에게 해를 줄 것 같아서 바깥출입을 못했던 환자분. 어제까지 버스에서 나오지 못했던 그 환우가 우리와 함께 비선대까지 올라갔다. 우리는 그 평범하지 않은 평범함을 보고 놀라며 즐거워했다. 저들에게 줄 거라고 믿고 있었던 1박 2일의 짧지만 긴 추억들. 하지만 저들은 자신에게보다 나에게 정신과 의사로서 잊지 못할 그리고 무엇으로도 얻을 수 없는 감사의 선물을 안겨주었다.

카메라 액정화면을 보고 있다. 이틀이지만 거기엔 저들의 여행, 아니 내가 저들을 통해 느꼈던 감정과 생각이 화면을 통해 고스란히 남아있었다. 카메라 안에선 저들은 웃고 있었다. 그렇다. 나는 환자의 '웃는 모습'을 찍고 싶었던 것이었다. 감정이 없고 표정이 없지만 난 그래도 순간 나타나는 웃는 모습을 포착하고 싶었다. 그리고 지금껏 보지 못했던 그 웃는 모습이 보이기 시작했던 것이다. 낮 병동 다니면서 수년 동안 거의 웃지 않았던, 아니 웃는 모습을 보이지 않았던 한 내 환자는 이 사진 속에서 활짝 웃고 있었다. 너무도 예쁘게. 나는 이 사진을 보여줄 것이다. 그리고 이 모습이 당신의 모습이라고 자신 있게 말할 것이다. 또 하나의 사진이 지나간다. 초점이 맞지 않은 실패한 사진이지만 난 그 사진을 지우지 않았다. 두 명의 환우가 손을 꼭 잡고 걸어가는 사진. 저들의 살아가는 삶. 희망. 그리고 우리가 저들에게 주어야하는 것들…. 그리고 내가 저 사진을 통해 저들의 모습을 세상에 보여주고 싶기 때문이다.

6회 장려상 수상작이다. 정신과 의사임에도 정신과 환자에 대해 갖고 있었던 굳어진 편견이 이 여행으로 허물어졌던 것이 마치 판타지처럼 느껴졌다는 필자는 그 강렬했던 기억 때문에 이 글을 쓰게 됐다고 밝혔다.

거리의 세상살이

고근준 (서울 다시서기 진료소)

이제 거리의 가로수 위로 한가득 내려앉은 단풍들이 도심의 풍경을 장식하고 있다. 세상의 발걸음은 이를 느끼기 위한 찰나의 시간조차 아까운지 아침부터 저녁까지 바쁘게 돌아간다. 이곳 서울역에서는 가로수나 길을 지나다니는 사람들의 옷차림에서 잠깐이나마 가을을 느껴볼 수 있다. 그런가 하면 역 광장 한편에서는 선선한 가을바람에도 추위를 느끼는 조금 이른 계절의 풍경도 발견할 수 있다. 허름한 사계절용 외투, 하룻밤을 지새우기 위한 자리 위에 생활용품을 켜켜이 쌓아 넣은 배낭. 벌써부터 겨울 차림새를 한 노숙인들이 이제야 가을을 맞이한 가로수 한 그루 한 그루 그 사이마다 자리 잡고 있다.

오늘도 서울역의 '형님' 들은 거리를 지나치는 사람들을 피해 쉬어갈 자리, 잠을 청할 자리를 찾아서 거리를 지킨다. 잠잘 곳을 찾아 거리를 헤매고, 배고픔을 견디는 것은 감내해야 할 업보려니 하고 넘기겠지만, 이따금 찾아오는 질병으로 인한 고통은 참기 힘든 서글픔이다. 한 푼도 없으니 약 한 알도 살수 없기에 허기진 배고픔에 지친 이들에게 찾아온 감기는 괴로움을 넘어 때로는 서러움이 되기도 한다.

그래도 서울역에는 거리의 형님들을 위한 '다시서기 진료소'가 있다. 다시 일어나고 싶은 노숙인들을 위한 무료 진료소인 다시서기 진료소는 마치 함께 노숙을 하듯 서울역 광장 한구석에 자리하고 있다. 일이 없으니 돈도 없고, 그래서 의료보험조차도 오래 전에 끊겨버린 이들에게 눈앞의 병원은 그림의 떡이기 때문에 아픈 몸으로 이끌고 갈 곳은 서울역의 다시서기 진료소밖에 없다. 서울역 진료소는 그렇게 있는 사람은 못 와도 없는 사람은 마음 편히 찾을 수 있도록 노숙인의 중심에 서 있다.

"오늘도 술 많이 드시네요." "그만 드시고 나중에 진료소로 한 번 나오세요." 오늘도 거리에서 판이 벌어지고 있다. 누군가가 월급 턱을 냈나보다. 모두 없는 처지지만 모여 있는 것만으로도 위안이 되는지 약간의 여유라도 생기면 서로 나누고 술을 권한다. 하지만 그것도 하루 이틀이지, 몇날 며칠을 술만 먹으니 몸이 좋아질리 있는가. 나는 지나가다 "지난번 혈액 검사결과가 안 좋은 것 알지 않느냐?"며 인사 겸 술자리 훼방 겸 창피를 주고 돌아선다. 밥 먹기도 힘든데 술은 먹고 싶고 배도 고프고…. 그들은 그저 몇 통의 막걸리로 술기운을 올리며 배도 채운다. 힘든 생활을 이해는 하지만 그래도 술 좀 그만 드시라고 넌지시 건넨 말에 가끔은 며칠이나 술을 안 마실 때도 있다고 하니 그나마 다행이다.

아파서 진료소를 찾는 이들이지만, "약 잘 드셨어요?"라는 말보다는 평범한 이들에게는 그냥 지나치며 건네는 인사일 뿐인 "식사는 하셨어요?"라는 말이 훨씬 현실적이다. 며칠이고 컵라면만 먹고 사는데 속이 안 좋은 것은 당연지사니, 약보다는 밥을 좀 먹어야 병도 좋아진다는 것쯤은 벌써 몸으로 느끼고 있기 때문이다. 그럼에도 불구하고 약이라도 먹으면 조금 덜할까. 오늘도 진료소엔 십여 명의 아저씨들이 서성이고 있다.

"혈당이 아주 높으신데, 아셨어요?"

"전에 좀 높다고 들었는데, 어쩌다 보니 치료는 못했어요."

기계에서도 측정이 안 될 정도니 얼핏 생각해도 수년 넘게 꽤나 고생했으련만 그는 그저 참다 참다 한번 들러봤다고만 한다. 하루 종일 몸이 무겁고 힘들었다는 그의 말에 좀 일찍 오시지 하다가도 먹고 살려니 검사하려고 하루 쉬는 게 힘들어서 이제야 오게 됐다는 말에 딱히 할 말이 없다. 그렇게 혈액 검사 한번 하려면 수년을 벼르고 별러야 하니 그 어려운 생활을 어림짐작할 수 있다. 그래도 일을 앞으로도 계속하려면 혈당 관리, 몸 관리를 철저히 해야 된다는 당부와 함께 조금이라도 이상이 있으면 다시 진료소를 찾도록 한바탕 교육한 다음에야 안심이 된다. 이렇게 당부를 해도 때때로 거리에서 쓰러진 뒤에야 겨우 다시 찾아오는 이들도 있어서 다짐까지 받곤 한다. 어디가 이상하다고 곁에서 말해주는 가족이라도 있으면 당장 병원을 찾기도 하겠지만 거리에서 홀로 사는 처지에 병을 치료한다는 것은 의사라도 힘들 것 같다는 생각이 들기도 한다.

"행님아! 사는 게 뭐 있습니까?"

열 살은 많아 보이는데 나를 항상 '형님'이라고 부르는 아저씨가 있다. 일 년 중 술에 취하지 않은 날은 얼마 안 되지만 무슨 이야기든 늘 웃으며 말하던 거리의 아저씨.

"술 좀 그만 드시고 몸 좀 챙기세요. 그래서 어떻게 살겠습니까?"

거리에서 만난 그와 나누는 인사말은 항상 이런 식이다. 혈액 검사에서 간기능이 안 좋다고 나왔으니 약 좀 드셔야겠다고 해도 "내 몸은 내가 알죠. 약 먹어서 나을 게 아니죠." "맞아요. 술을 안 드셔야 낫죠!" "인생이 천년만년 살면 뭐 좋겠습니까? 사는 게 다 그렇죠."

의사의 자질구레한 잔소리도 통하지 않는다. "(할 말이 없네) 어쨌든 조금만 드세요." "형님, 들어 가이소" 이렇게 형, 아우하며 몇 년째 얼굴을 봐도 그놈의 술을 말릴 수가 없으니 아무래도 의사보다 술이 더 독한 놈인 것 같다.

"왜 그랬어요?" 어느 날인가는 이제 이십대 초반으로 보이는 아가씨가 거리에서 오래 생활한 듯한 모습으로 팔 전체에 붕대를 감고 찾아왔다. 칼에 베이고도 한 달 남짓 붕대만 감고 지냈다고 한다. 말은 '그냥 다쳤을 뿐'이라고 얼버무리지만 흘러내린 고름과 새살이 얼키설키 덮인 상처 부위는 모양새만으로도 긴 사연을 말해주고 있었다. 대단하다 싶으면서도 답답하다. "왜 이제 왔어요?"라는 말에도 그냥 옅은 미소만 지을 뿐이다. 말 못할 사연이 많은지 이곳저곳 자해로 생긴 상처가 아무렇게나 아물어 있었다. 한 시간 가량 상처 부위를 씻고 소독하고 또 겹쳐진 살들은 다시 겹쳐 봉합했다. 마취를 했음에도 불구하고 이를 악무는 모양새가 꽤 깊은 통증을 말해주는 듯했지만 서로 체념하듯 참아야했다. 항생제 등을 처방을 하며 진료를 마무리하고 혈액 검사를 한 뒤 돌려보냈다. 며칠 뒤 나온 피 검사결과에서는 체내 혈액이 정상치의 절반 정도밖에 남지 않았다는 심한 빈혈이 소견으로 적혀 있었다. 말 못할 고민으로 몸에 칼을 댈 정도이니 퍽 힘든 삶이었으리라 짐작은 했지만, 그래도 심하다 싶었다.

그리고 그 아가씨가 다시 진료소를 찾았던 날 보여주었던 환한 미소가 잊히질 않는다. 처음 봤을 땐 말 한마디도 제대로 하지 않고 시종일관 표정이 굳어 있었는데, 그날은 기쁨과 행복이 가득한 미소가 만연한 얼굴이라 마치 다른 사람처럼 보였다. 또 남편의 손을 잡고 찾아왔었다. 그녀의 남편은 계면쩍은 듯 지방에서 일하고 몇 달 만에 돌아오니 그런 일이 있었더라고 이야기했다. 아마 함께 할 사람이 있다는 것이 한 달이나 방치해뒀던 상처를 치료하도록 하고, 다시 살고 싶게 한 이유가 되었으리라.

"저 일 좀 시켜주세요!"

하루는 여든은 훌쩍 넘어 뵈는 어르신이 찾아와 일을 달라고 한 적도 있었다. '아니, 저는 의사예요. 어떻게 일을 시켜드려요.' 안에서 맴도는 말이 차마 입 밖으로 나오지는 않았다. 어르신은 자신의 이야기를 털어놓았다. 그동안 어떻게든 일하며 누구에게도 손 한번 안 벌리고 살았는데, 이젠 나이가 많아서 더 이상 써주질 않는다고 하셨다. 당신은 아직도 일할 수 있는데…. 이젠 살 수가 없다며 눈물을 흘리셨다. 이미 분가한 자식들도 형편이 어려워 손 벌릴 수도 없다고 괴로워하며 일만 시켜주면 잘 살아갈 수 있다고도 하셨다. '아이고, 또 할 말이 없어지니 어떻게 도와 드리나.' 일단 혈액 검사와 진찰을 한 뒤, 고혈압이나 다른 질환에 대한 검사를 했다. 연세가 있으시지만 약간의 고혈압 외에는 건강하시니 그나마 다행이다.

'그럼. 어떻게 일을 구해드리나.' 우선 사회복지사와의 상담을 주선해드리고, 자활근로 등 사회복지사업에도 어르신의 근무를 의뢰했다. 며칠 후 어르신은 우리 진료소의 자활근로를 하게 돼 일 년여 동안 일하셨다. 이제는 자활에서 수급으로 조정해 생활을 영위하고 계신다. 일 못하는 괴로움은 이곳에서는 곧 삶과 직결된 문제이기 때문에 몸보다는 가슴이 더 괴로운 문제인 듯 했다. 자신의 처지가 어려워져도 자식에게 손 벌리기는 어려운 시대이다. 그럼에도 불구하고 많은 이들이 정부의 지원을 받아 생활에 약간의 도움을 받을 수 있으니 좋은 세상임에 틀림이 없다.

어떤 아저씨는 내 꽁무니에다 대고 한 달씩이나 자신을 죽여 달라고 애원하기도 했다. "살기 싫어요. 저 좀 죽여주세요." "(아이고~ 머리야! 아저씨 때문에 내가 죽겠소) 제발 술 좀 먹지 말고 오세요." 사십대 중반인 이 아저씨는 젊어서 꽤나 잘 나갔던 것 같다. 차림새며 겉모양은 신사인데 술만 마시면 나를 쫓아다니면서 세상살이, 과거 이야기를 한 시간쯤 하다 결국은 나 좀 죽여 달라고 했다. 나보고 어쩌라는 건지. 사연인즉슨 세상살이가 너무 힘든데 병들어 몸도 불편하고, 이대로 비참하게 가는 것보다야 깨끗하게 생을 마감하고 싶다는 것이다. 이건 맞장구를 칠 수 없어 안 된다고 하면 마냥 나를 따라다니니 머리만 멍할 뿐이다. 좋은 환경에서 잘 살고 있다 하루아침에 실업자가 되고, 이어 가족이 떠나가고 엎친 데 덮친 격으로 몸까지 병들어 일도 못하게 됐다고 한다. 참으로 막막한 상황에 일 년 정도 거리에서 술을 친구삼아 지내다 보니 문득 내가 왜 여기까지 왔는지도, 왜 살아야 하는지도 모르겠다는 식의 괴로운 생각만 들어 정말 죽고만 싶어진단다. 그 상황이라면 나라도 그럴 수 있겠다 싶지만 그래도 사람 목숨이 죽고 싶다고 죽을 수는 없지 않은가. 몇 번이고 도망 다니는 그를 쉼터로, 또 알코올치료를 위한 병원으로 소개해 입소할 수 있도록 조치했다.

몇 달이나 지났을까. 전과 달리 말쑥하니 너무 멋진 모습의 아저씨가 찾아왔다. 정부가 지원하는 직업교육센터에 다니고 있단다.

"아이고, 이젠 죽겠단 말은 안 할게요. 고마워서 인사 왔어요."

"아이고! 감사해라. 제가 더 감사해요."

죽겠다던 사람이 일을 하면서 살아갈 의미가 생겼다는 것을 보니, 세상살이가 참 어렵긴 어려운 것 같다. 어쨌든 이제야 나도 좀 살겠다. 그런데 상처에 바르는 약은 있는데 아픈 세상을 치료할 수 있는 약은 언제 나오는 걸까.

진료소의 하루는 이렇게 거리의 형님들과 함께 저물어 간다. 멀리서 구세군 자선냄비의 종소리가 서울역의 바쁜 걸음들을 따라가고 있다. 저기 한편에선 길게 줄지어 무료급식을 받고 있는 거리의 노숙인들의 모습과 찬양대의 조용한 합창소리가 어우러지고 있다. 거리의 겨울은 세상의 그것보다 조금 더 길게 동면에 들어간다. 그럼에도 불구하고 항상 봄처럼 나누는 손길이 있기에 비록 거리일지라도 추위 정도는 쉬이 지나가리라 믿는다.

8회 장려상 수상작이다. 서울역 진료소에서 세 번째 겨울을 맞으며 수상 소식을 들었다는 필자는 이젠 눈이 오면 노숙자들의 잠자리부터 걱정된다고. 거리의 형님들이 어려움 속에서도 희망을 잃지 말고 행복하고 따뜻하게 지낼 수 있기를 기도한다는 말을 전했다.

자기를 바라보는 진솔한 시선 돋보여

올 해의 투고작은 모두 60편이었다. 예년보다 투고편수가 줄어 심사위원들로서는 마음이 편치 않았다. 하지만 투고된 글들을 읽어 가면서 위축되었던 마음이 금세 풀렸다. 수준이 예년을 훨씬 웃돌았기 때문이다. 아니, 수준의 문제가 아니었다. 정확히 말하자면, 그 글들이 의사로서 겪은 경험을 과장하지 않고 진솔하게 표현하고 있었기 때문이다. 그리하여 근엄해 보이기만 하는 의사 뒤에 숨겨진 인간의 이야기들을 우리는 접할 수 있었던 것이다.

원래 기억을 글로 불러내다보면 과장되기 쉽다. 기억하는 행위 자체에 얼마간의 나르시시즘이 작동하고 있기 때문이다. 그렇게 나르시시즘에 빠져있는 자신을 부끄러운 마음으로 확인할 때 비로소 진정한 글쓰기는 출발한다. 그 순간 누구나 겪는 사소한 사건은 한 사람의 일생에서 가장 소중한 기억으로

빛난다. 이번 투고작들은 그와 같은 글쓰기의 전제에 어느 때보다도 충실했고, 그래서 자연스럽게 그 이야기들을 음미할 수 있었던 듯하다. 지난 다섯 차례의 경험을 통해 축적된 성과가 조금씩 드러나고 있는 것은 아닐까 조심스럽게 생각해보기도 했다. 그 이야기들 가운데에서도 다음 네 편에 심사위원들의 시선이 오래 머물렀다.

「마음까지 봉합해줄 수 있다면」은 야간진료 시간 혼자 찾아온 어느 환자와의 인연에 대한 이야기이다. 그 환자는 젓가락에 찔려 입천장에 깊은 구멍이 뚫린 어린 소녀였다. 사태가 간단치 않은 듯해 부모님과 함께 종합병원으로 가보라고 하자 소녀는 울먹인다. 알고 보니 소녀는 고아였던 것이다. 문득 자신의 실수를 깨닫고 정성을 다해 봉합 수술을 하지만 이번에는 소녀의 입천장이 아니라 마음에 뚫린 구멍이 신경 쓰이지 않을 수 없다. 그 마음의 상처를 봉합하기 위한 노력이 실로 감동적이다. 환자의 육체뿐만 아니라 마음까지 치유하려는 노력이야말로 환자와 의사 사이의 수평적인 관계를 이루기 위한 중요한 조건이 아닐까 싶다.

10년 전 전공의 시절을 회고하고 있는 「선물」에는 알코올 의존 환자의 횡포로 인해 골치 아픈 일을 겪었던 이야기가 담겨 있다. 그래도 '나'는 복통을 호소하는 '그'를 위해 함께 밤을 새우기도 했건만 다음 날 '그'는 야속하게도 사라져버리고 만다. '나'에게는 배신감만 남았다. 그러던 중 방송국으로부터 공동체 마을에서 새 삶을 시작하고 있는 '그'의 소식을 듣게 된다. 알고 보니 '그'가 방송국에 '나'에게 인터뷰를 해달라고 부탁했던 것이다. '나'는 그것을 '그'가 보낸 '선물'이라고 느낀다. '그'와의 관계에서 '나'가 느꼈던 여러 가지 복합적인 감정을 떠올리는 '나'는 부끄럽기만 하다. 환자를 대하면서 느끼는 인간으로서의 감정을 섬세하고도 솔직하게 기록하고 있어 뚜렷한 실감을 주고 있다는 것이 이 글의 장점이다.

「귀를 기울이면」은 공중보건의 시절 음성 꽃동네에서의 경험을 그리고 있다. 처음에 '나'는 하나같이 제 한 몸 가누기도 힘겨운 아이들의 모습에서 어떠한 생명력도 희망도 찾을 수 없었다. 무뇌수두증을 갖고 태어나 꽃동네에 버려진 원범이 또한 그들 가운데 하나였다. 하지만 원범이는 그런 '나'의 생각이 틀렸다는 것을 일깨워주었다. 그들은 논리와 상식 너머에서 자신의 존재를, 존재하기에 겪는 감정을 그들만의 언어로 끊임없이 말하고 있었던 것이다. 다만 '나'가 그 목소리에 귀를 기울이지 않았던 것이다. 사실 언제나 진리라는 것은 잠정적으로만 유효할 따름인 과학과 상식의 저편에 있는 어떤 것 아니겠는가. 이 글의 신선한 감동은 논리와 상식 이면의 실상과 접하는 생생한 체험으로부터 유래한 것이다.

「조카 은지」는 스스로 '천생 소아과' 의사와는 거리가 있기에 '능숙한 보통 의사'라도 돼야겠다고 생각했던 한 의사의 이야기이다. 그러니 처음에 백혈병 환자 은지의 척추는 '나'에게 해부학적 구조물로밖에는 보이지 않았다. 사물을 대상으로 하는 일은 능숙하다고 믿었던 터였다. 하지만 탭핑(요추천자)은 거듭 실패하고, 그 순간 비로소 해부학적 구조물이 아닌 어린 환자의 가냘픈 허리가 눈에 들어온다. 그런데도 다음 날 은지는 '나'를 삼촌이라 부르며 과자를 건넨다. 은지는 의사 대신 사람을 바라보고 있었던 것이다. 다행히 은지는 퇴원했고 이제는 삼촌이 아니라 선생님이라 부른다. 이 글은 의사(선생님)와 인간(삼촌), 이 둘 사이를 끊임없이 왕복할 수밖에 없는 것이 의사의 운명임을 새삼 절실하게 일깨운다.

　심사위원들은 논의 끝에 「조카 은지」를 대상으로, 그리고 나머지 세 글을 우수상으로 결정했다. 의사로서의 자신의 운명을 응시하는 「조카 은지」의 밀도 높은 시선이 깊은 인상을 주었기 때문이다. 수상자들께는 축하의 박수를, 아쉽게 수상하지 못한 투고자들의 노력에는 심심한 격려의 말씀을 전한다.

- 황동규·성석제·손정수

인생을 부조하는 날카로운 삼각도

올해의 투고작은 모두 74편이었다. 어느 시점 이후 조금씩 줄어들던 투고 편수가 다시 늘어나기 시작했다는 사실이 무엇보다 심사위원들을 고무시켰다. 우리들의 옅은 흥분은 투고작들을 읽기 시작하면서 조금 더 고조되었다. 어느 해보다 투고된 글들의 수준이 높았기 때문이다. 전반적으로 문장이나 이야기의 구성에서 완성도가 높아졌고 글들 사이의 수준 차이도 적어졌다. 그러니 한편 한편을 집중해서 읽을 수밖에 없었고, 그것은 상당한 노동이었지만, 그 글들이 전해주는 긴장이 역설적으로 글을 읽는 수고를 견딜 만한 것으로 만들어주었다. 그 글들 가운데에서도 특히 다음 네 편이 심사위원들로부터 상대적으로 높은 점수를 얻었다.

「가상환자」는 곧 병아리 의사가 될 의대생들의 임상실기 시험장에서 일어난 해프닝을 담고 있다. 말기암 통보를 받는 환자 역을 맡은 가상환자의 연기에 순진한 의대생이 그만 눈물을 흘려버린 것이다. 연기인 줄 알면서도 눈물을 글썽이는 젊은 학생의 반대편에 엄격한 평가의 잣대만 들이대는, 눈물샘이 말라버린 교수인 '나'가 있다. 그것을 깨닫는 순간 참으로 오랜만에, 그리고 낯설게 간호사 몰래 돌아서서 흰 가운 소매 끝으로 눈가의 물기를 닦던 젊은 암 전문의의 모습이 빛바랜 흑백사진으로 스쳐 지나간다.

「병원에서 핀 코스모스」는 한 순박한 환자 부부와의 인연에 대한 이야기이다. 고추농사를 지으면 다정하게 살아가던 그들 부부에게 아내가 위암에 걸리는 위기가 찾아온다. 두 번의 힘겨운 수술을 겪으면서도 그들은 서로에 대한 애정으로 위기를 잘 극복해간다. 그들의 맑은 심성과 인간에 대한 절대적인 믿음은 매너리즘에 빠져가던 '나'에게 신선한 충격을 선사한다. 더불어 그 사건은 환자를 통해 보고 배우는 것이 임상에서 얻는 지식과 경험뿐만 아니라 그 이면에 있는 그들의 또 다른 아픔과 진심이라는 것을 깨닫게 해준다.

「7분 24초의 통화기록」에는 119 종합상황실에서 일어난 사건이 등장한다. 2개월간 응급의료 체계의 한계를 실감하며 의사로서의 존재감을 잃어가고 있던 '나'에게 한 가지 사건이 일어났던 것이다. 이 날도 한 나절을 무료하게 보내고 늙은 오랑우탄처럼 축 늘어져 있던 '나'를 한 통의 다급한 전화가 일깨운다. 기도 폐색으로 위급한 상황에 놓인 아이로 인해 울먹이며 전화를 건 젊은 엄마와의 7분 24초간의 통화가 이어진다. 마침내 아이가 삼켰던 것을 토해내고 울음을 터뜨리는 순간 "어머니, 정말 잘 해내셨어요"라고 소리치는 청년의사의 목소리는 떨리고 있었다. 아니, 그의 온몸과 혼이 떨렸을 것이다.

「두 번의 이별」은 소록도 나환자촌에 공중보건의로 부임한 '나' 가 거기에서 만난 어느 할머니와 두 번의 이별을 겪었던 일을 그리고 있다. 할머니가 의식을 잃고 '나'를 알아보지 못하게 된 것이 첫 번째 이별이라면, 끝내 할머니가 돌아가시면서 두 번째의 이별이 찾아온다. 연민의 대상이라고만 생각했던 할머니는 '나'의 관념을 초월하는 큰 사랑을 보여주었던 존재였기에 그 두 번의 이별은 더욱 아프게 다가온다. 이 두 번의 이별은 서서히 풍화작용으로 희미하게 닳아가고 있던 '나'의 인생을 굵은 선으로 다시 부조하는 날카로운 삼각도였다.

오랜 논의 끝에 심사위원들은 이 네 편의 글 가운데 「두 번의 이별」을 대상으로, 나머지 세 편을 우수상으로 결정했다. 고통 받는 사람에 대한 막연한 연민이 같은 인간으로서의 동질감으로, 그것이 다시 환자들 속에서 정상인으로서 겪는 이질감과 원죄의식으로 이동해가는 과정이 실감 있게 드러난 점이 높은 평가를 받았다.

글쓰기는 이처럼 자신의 삶에서 가장 소중한 순간을, 그 순간의 흥분과 긴장을 지금 이곳으로 불러오는 일이다. 그 과정에서 자신이 살아 있음을, 살아야 할 이유가 있음을 벅차게 확인하는 일이다. 이런 행복한 글쓰기의 시간이 진료와 시술에 묶인 영혼들에 더 널리 깃들기를 바라는 마음을, 당선자와 투고자들에 대한 축하와 격려와 더불어 전한다.

– 황동규 성석제 손정수

표현되지 않은 것은 진실이 아니다

의사로서의 경험과 전문성을 문학적으로 살려내는 솜씨들이 어지간했다. 어떤 이들은 신도 불공평하다고 원망할지 모르겠다. 흔히 남들이 부러워하는 의사라는 전문직을 가진 데다 썩 그럴듯한 감수성과 문장 감각까지 갖춰 지닌 이들이 많았기 때문이다. 무엇보다 환자를 대하는 의사의 밝은 눈과 따스한 마음이 어우러지고, 정확한 판단력과 희생적 처치력으로 새로운 생명의 불꽃을 지피는 광경들이 인상적이었다.

1차 심사를 거쳐 고른 31편을 대상으로 우리는 2차 심사를 했다. 화제(경험)의 진정성, 화제(경험)에 대한 필자의 성찰이나 감각, 글의 완성도 등을 두루 고려하면서 우리는 한 편 한 편을 사려 깊게 다시 읽었다. 각자의 독서 결과를 바탕으로 함께 토론하면서 우리는 '나눔', 'My Super Star', '부정에 대한 합리화', '프리 허그(Free Hug)' 등 네 편을 마지막 논의의 테이블 위에 올려

놓았다.

'나눔'은 매우 드라마틱한 작품이다. 만성신부전증 환자의 신이식 수술을 제재로 했다. 효성이 지극한 아들이 자신의 콩팥을 제공하겠다고 하는데 어머니는 검사도 하지 못하도록 손사래를 친다. 검사 결과 친자식이 아니었음이 밝혀지는 것이 어머니로서는 무엇보다 두려웠던 것. 죽은 친구의 자식을 데려다 키웠던 것. 그러나 어머니의 두려움과는 달리 사실을 담담히 받아들이고 더 감사하며 결국 수술에 성공하는 이야기다. 화제의 극적인 측면이나 이야기의 가치 측면에서는 단연 압도적인 작품이었다. 그러나 사건에 대한 극적인 보고만 할 뿐 필자의 감각이 전혀 보태지지 않은 점이 논란거리였다. 그것은 극적 장점일 수도 있고, 수필로서는 단점에 해당될 수도 있기 때문이다.

'My Super Star'는 독거노인 방문 봉사 진료 경험을 풀어낸 에세이다. 응모작들 중 이런 봉사 체험이나 공중보건의 경험을 제재로 한 글이 많았으나, 특히 이 작품은 환자들의 상태는 물론 그들이 처한 상황 등을 매우 구체적이고 핍진하게 묘사하는 수완을 보여주었다. 게다가 나름의 유머 감각을 바탕으로 늑진하지 않고 경쾌한 리듬으로 자신의 경험과 감각을 형상화하는 수법이 상당했다. 전체적으로 자신의 경험 부분을 좀 더 압축적으로 제시할 수 있었더라면 더 상큼한 에세이가 되었을 것이다.

'부정에 대한 합리화'는 자기 병에 대한 부정하려는 방어기제를 작동하는 환자를 합리화시켜주는 '심의'(환자의 마음까지 챙겨주는 의사)에 관한 에세이다. 그런 '심의'가 되고자 했던 교수의 이야기를 중심으로 하여, 그것을 과학적 의학의 시선에서 의심하다가 차츰 이해하게 되는 제자의 성찰을 보탠 작품이다. 자신이 다루고 있는 화제에 대한 성찰의 깊이 측면에서 다른 작품들과 달리 진정성이 느껴졌지만, 경험과 성찰을 유기적으로 결합하는 과정이 다소 매끄럽지 못한 게 아쉬웠다.

'프리 허그'는 표현되지 않은 것은 진실이 아니라는 생각을 실감케 한다. 표제 그대로 의사와 환자의 프리 허그를 제재로 삼았다. 요양병원의 신출내기 의사가 처음에는 견디기 어려워 하다가 프리 허그로 환자들에게 허심탄회하게 다가가면서 의사로서의 새로운 길을 발견하게 되는 과정의 이야기를 군더더기 없이 형상화했다. 문장의 가독성도 좋은 편이다. 소재가 된 요양병원의 환경 탓도 있겠지만 전체적으로 의사로서의 전문적 경험의 측면이 다소 미약하다는 지적도 있었지만, 그런 측면도 인술에 속할 수 있겠다는 의견도 제시되었다.

이렇게 네 작품을 대상으로 토론하다가 우리는 결국 이의의 여지가 가장 적은 마지막 '프리 허그'와 '포옹'하기로 하고, 다른 세 편에 우수상의 영예를 드리기로 했다. 장려상까지 포함하여 모든 수상자들에게 축하의 인사를 보내며, 글보다 더 아름다울 그들의 영혼에 경의를 표한다. 아울러 이번에 기회를 다른 분에게 양보한 많은 응모자들에게도 머잖아 은혜로운 사건이 생기기를 빈다.

– 황동규, 성석제, 우찬제

한미수필문학상 심사위원

▪ 황동규

· 시인, 서울대 영문과 교수

· 서울대 및 동대학원 영문과 졸업.

· 1958년, 시 '시월', '즐거운 편지', '동백나무' 등으로 등단.

· 〈삼남에 내리는 눈(1975)〉, 〈악어를 조심하라고?(1986)〉, 〈몰운대행(1991)〉, 〈풍장(1995)〉, 〈버클리풍의 사랑 노래(2000)〉 등 10권의 시집과 〈젖은 손으로 돌아보라(2001)〉 등 몇 권의 산문집.

· 현대문학상, 이산문학상, 대산문학상, 미당문학상 등 문학상 7회 수상.

▪ 성석제

· 소설가

· 연세대학교 법학과 졸업

· 1986년 시 '유리 닦는 사람', 1995년 단편 '내 인생의 마지막 4.5초' 로 등단.

· 〈홀림(1999)〉 〈내 인생의 마지막 4.5초(2003)〉 〈황만근은 이렇게 말했다 (2002)〉 〈소풍(2006)〉 〈참말로 좋은 날(2006)〉 등

· 한국일보 문학상, 동서문학상, 이효석 문학상, 동인문학상, 현대문학상, 오영수 문학상 수상

- **손정수**
  - 문학평론가
  - 서울대 법학과 및 동대학원 국문과 졸업.
  - 1998년, 조선일보 신춘문예로 등단.
  - 평론집 〈미와 이데올로기〉, 이론서 〈개념사로서의 한국근대비평사〉, 〈텍스트의 경계〉 등.

- **우찬제**
  - 문학평론가, 서강대 국어국문학과 교수
  - 서강대 경제학과 및 동 대학원 국문학과 졸업
  - 1987년 〈중앙일보〉 신춘문예 당선으로 비평 활동 시작
  - 〈욕망의 시학(1993)〉, 〈상처와 상징(1994)〉, 〈타자의 목소리(1996)〉, 〈고독한 공생(2003)〉, 〈텍스트의 수사학(2005)〉 등의 비평서
  - 소천이헌구비평문학상, 김환태평론문학상 등 수상

나는
당신의 진료를
거부합니다

엮은이 | 청년의사 편집국
(licomina@docdocdoc.co.kr)

초판 1쇄인쇄 | 2009년 6월 17일
초판 1쇄발행 | 2009년 6월 23일

펴낸이 | 이왕준
주간 | 박재영
편집 | 김민아
디자인 | 김태린

펴낸곳 | (주) 청년의사
주소 | 121-854 서울시 마포구 신수동 99-1 루튼빌딩 2층
전화 | (02)2646-0852
FAX | (02)2643-0852
전자우편 | webmaster@docdocdoc.co.kr
홈페이지 | www.docdocdoc.co.kr

출력 | 나모에디트
인쇄 | 대원인쇄

The Korean Doctors' Weekly

ISBN | 978-89-91232-17-5
가격 | 12,000원